Thomas Armstrong

Spiritualität des Kindes

Thomas Armstrong

Spiritualität des Kindes

Pädagogik im neuen Bewußtsein

Titel der amerikanischen Originalausgabe:
The Radiant Child
Originalverlag: The Theosophical Publishing House,
Wheaton, In., USA.

Umschlag: Conny und Siegmar Gerken, Christi Zoog
Satz: ZERO Typografischer Betrieb, Moers
Gesetzt aus der ITC Garamond

ISBN 3-922-026-59-1

Inhalt

Vorwort von Chris Griscom

Es gibt eine Sprache, die von der linearen, rationalen Welt vergessen wurde: die Sprache unseres spirituellen Ursprungs. Vielleicht sind die Kinder dieser Welt die einzigen Wesen, die sich an sie erinnern oder Zugang zu dieser universellen Sprache haben, denn Kinder sind nicht vollständig von diesem göttlichen Ursprung getrennt. Mit ihrem unbegrenzten Sichtvermögen sehen sie hinter den Schleier der dritten Dimension bis in die entferntesten Weiten des Kosmos, um mit allem Lebenden zu kommunizieren, mit Wesen, Tieren und den Kräften der Natur.

Das Kind sieht sich nicht von diesen Kräften getrennt, sondern eher als ein Teil von ihnen. Dank diesem Einssein erleidet das Kind nicht die Verwirrung der Trennung und erinnert sich daran, daß es Teil einer großen Kraft ist.

Der Mensch zeichnet sich durch seine Spiritualität aus. Es ist ein Geburtsrecht, das jeder Seele gegeben wird, die sich zu einer Verkörperung entschließt. Es ist die spirituelle Kraft, die den Anstoß für das Wachstum der Seele gibt und uns Möglichkeiten eröffnet, die zu empfangen wir gekommen sind. Spiritualität ist ein entscheidendes Element im evolutionären Potential des Menschen. In dem Maß, in dem sich unser spirituelles Verständnis erweitert, verstärkt sich unsere Fähigkeit zu überleben, einander zu helfen und eine Welt zu erschaffen, in der die Menschheit sicher und glücklich leben kann. Statt zu versuchen unseren Kindern die Sprache und Realität einer erkrankten Welt beizubringen, täten wir gut daran, in die weit entfernte Erinnerung unserer eigenen Kindheit einzutauchen, in der auch wir fähig waren, die Sprache der Spiritualität zu sprechen. Weil das Kind sein Selbst in der spirituellen Welt beibehält, ist es nicht durch das Unmögliche oder das Unwahrscheinliche und all jene endlosen Begrenzungen belastet, die uns auferlegt sind. Deshalb ist die Welt des Kindes voller Farben und Klänge, voller Liebe und Gefühl. In jener Welt vermittellt jede Erfahrung ein Gefühl der Verbundenheit, eine Beziehung, die nicht durch religiöse, kulturelle oder gesellschaftliche Beschränkungen, von dem was man sein sollte, reduziert ist.

Ohne solche bewußten mentalen und emotionalen Beschränkungen können Kinder in die Zukunft und in die Vergangenheit sehen; das vorhersagen was geschehen wird und in die Herzen aller derer schauen, die um sie herum sind. Besonders kleine Kinder betrachten andere oft durch die elektromagnetischen Ströme ihrer Auras und beschreiben Erwachsene in ihren ersten Lebensjahren in den Farben, die sie um sie herum sehen. Obwohl die Erwachsenen die Fähigkeit diese zu sehen lange verloren und vergessen haben, könnten wir den Kindern helfen, ihr kostbares Potential nicht zu verlieren, indem wir die Beobachtung des Kindes fördern, statt sie für etwas auszuschimpfen was manchmal merkwürdig, seltsam oder erschreckend zu sein scheint.

Es ist sehr traurig, daß die Welt der Erwachsenen der Sprache des Kindes nicht mächtig ist und vergessen hat, wie man zuhört, ohne zu urteilen, denn viele der Äußerungen von Kindern sind tatsächlich prophetisch oder rufen Erinnerungen hervor, die das zelluläre Gedächtnis vieler Körper und vieler Leben konkretisieren. Ob ein Erwachsener die Möglichkeit eines reinkarnierten Körpers nun begreifen kann oder nicht, die Beschreibung des Kindes von jenem Leben kann erhellende Informationen über die Eltern-Kind-Beziehung, Persönlichkeitstendenzen und karmische Notwendigkeiten liefern, die von der Seele verkündet werden.

Wenn ein Kind einen Funken aus einem vergangenen Leben wiedergibt, ist das eine Gelegenheit für uns, durch dieses Fenster in die Erfahrung der Seele zu schauen. In der Art, wie das Kind in diesem Moment die Wirklichkeit wahrnimmt, werden diese Erfahrungen seinen Lebensweg beeinflussen. Anstatt diese Mitteilungen zurückweisen oder über deren Wahrheitsgehalt zu diskutieren, täten wir gut daran, dem Kind zu helfen, sie auszurdrücken und loszulassen.

In der heutigen Welt sind wir Zeuge der verödeten Wirklichkeit von Gesellschaften, die ohne spirituelle Erziehung, deren Ausdruck oder die Erfahrung unseres spirituellen Wesens entstanden sind. Wenn die Menschheit überhaupt weiterbestehen soll, müssen wir zurückkehren, tief in uns nach den Erkenntnissen unseres spirituellen Wesens suchen und danach, wie sie unser Leben bereichern können. Indem wir die kosmischen Gesetze direkt erfahren, die uns ebenso beeinflussen wie alle anderen himmlischen Körper, können wir die Welt besser verstehen und neue Lösungen finden. Ich sage voraus, daß wir, wenn wir weise genug sind, in der nahen Zukunft die Sprache der Spiritualität wieder erforschen werden, vielleicht mit unseren Kindern als unseren Lehrern. Wenn wir Spiritualität als lebende Energie außerhalb religiöser Dogmen erfahren, können wir sie leicht in unser Alltagsleben integrieren und ihr erlauben, die Essenz in unserer kostbaren Beziehung zwischen uns und unseren Kindern zu werden.

Spiritualität kann leicht in ein Lehrprogramm aufgenommen werden, so wie wir es an der *Nizhoni Schule für globales Bewußtsein* getan haben*. Unser spirituelles Wesen auszudrücken ist für Kinder sehr natürlich. Wenn wir daran teilnehmen, wird unser Leben bereichert und unsere Zukunft gesichert, denn das wichtigste Element um Erfolg zu haben ist die Kenntnis des Selbst, vom Sinn unseres Lebens und dem Zugang zu unserem unbegrenzten menschlichen Potential.

Die Menschheit braucht eine neue Generation von Geschichtenerzählern und ausgezeichneten Künstlern, die die Grenzen der Wahrnehmung ausdehnen, damit durch die mutige Erforschung der einzig wesentlichen Grenze, der Grenze des menschlichen Bewußtseins, neue Wege des Lebens und Liebens beschritten werden können.

Armstrongs Buch, *Spiritualität des Kindes,* ist eines der wichtigsten Bücher seiner Art, weil es die großartige spirituelle Welt des Kindes so klar illustriert. Vielleicht erinnern Sie sich, während Sie dieses Buch lesen, an das sprirituelle Kind, das noch in Ihnen lebt und zur mehrdimensionalen Kommunikation fähig ist. Das wird Ihr Leben bereichern und Sie lehren, wie Sie über die Schwelle zurückkehren können, in Welten, die Ihre Realität beeinflussen. Vielleicht kann es Ihnen eine neue Schwingung des Friedens schenken, damit die Kinder Ihrer Kinder niemals aus dem Gewebe der menschlichen Familie herausfallen, das der zeitlosen kosmischen Seele entspringt.

* Informationen zur Nizhoni Schule Seite 191

Danksagung

Es gibt viele Menschen, bei denen ich mich für ihre Unterstützung und Ermutigung während der Entwicklung dieses Buches, eines zehn Jahre umfassenden Prozesses, bedanken möchte: Zunächst bei Pascal Kaplan für die Organisation der „Child Quest"-Konferenz im kalifornischen Walnut Creek im Oktober 1978. Diese Konferenz, die gerade zur Zeit meiner Ankunft in Kalifornien stattfand, war einer der Auslöser für meine Forschungen. Vielen Dank auch an Jim Peterson, dessen Vortrag über die Metaphysik der kindlichen Entwicklung bei dieser Konferenz mir gezeigt hat, was auf diesem Gebiet möglich ist.

Dank an David Surrenda und Steve Sholl-Buckwald dafür, daß sie mir die Gelegenheit gaben, an der John-F.-Kennedy-Universität in Orinda, Kalifornien, Seminare über die transpersonale Entwicklung von Kindern abzuhalten. Diese einmalige Lehrerfahrung trug dazu bei, mein eigenes Wissen über das spirituelle und übersinnliche Leben des Kindes zu festigen. Besonderer Dank gilt Ralph Metzner, dessen Ermutigung, Unterstützung für meine Ideen und sorgfältige Anmerkungen zu meinen ersten Entwürfen von unschätzbarem Wert waren.

Vielen anderen Menschen gebührt Anerkennung für ihre Hilfe bei den Nachforschungen zu diesem Buch. Dazu gehören Joan Alpert vom C.-G.-Jung-Institut in San Francisco, Mary Rubach von der Rudolf-Steiner-Bibliothek an der Waldorf-Schule in San Francisco, Vern Haddick vom California Institute of Integral Studies und Diane Choquette von der Graduate Theological Union Library in Berkeley. Dank auch an Paul Herman, Tanya Wilkinson, Miles Vich, John Welwood, John Algeo, Ann Keohane, Carl Hurwitz, Blair Tremeroux, Tim Bost, Helen Bee und Annette Hollander für ihr Feedback zu bestimmten Teilen des Manuskripts.

Einigen Menschen muß ich für ihre Unterstützung bei meinem ganz persönlichen Prozeß im Zusammenhang mit der Entstehung dieses Buches danken. Dazu gehören Jack Canfield, Martha Crampton, Jane Leifer, Frank Barr, Alan Youell, Murshida Ivy Duce, Jack Downing, Lenore Lefer, Sylvia Delong, Sarah Wentworth, Pam Stowe und Thomas, Nina und Natalie Blanks-Steinberg. Und dann möchte ich Ken Wilber für seine Pionierarbeit auf dem neuen Gebiet der transpersonalen Entwicklungspsychologie Dank sagen.

Vielen Dank schließlich der Kern-Stiftung, die meine Forschungen in den letzten zwei Jahren unterstützt hat, Dora Kunz und der Theosophical Society of America und Shirley Nicholson für ihre begleitende Hilfe während jeder Entstehungsphase dieses Manuskripts.

Erstes Kapitel

Die verborgene Seite der Kindheit

Süßes Kindchen, dein Gesicht
scheint ein Abbild edler Züge.
Süßes Kindchen, weinte nicht
so dein Schöpfer in der Wiege?

Weinte wohl um mich, um dich,
als ein Kind er war, ein kleines.
Schaue immer sein Gesicht
himmlisch lächeln auch auf deines.[1]

William Blake

Ein achtjähriger Junge in England erlebt sich selbst plötzlich als uraltes, zeitloses Individuum. Im US-Staat Pennsylvania sieht ein Kind bei der Erstkommunion Christus auf sich zukommen. In Washington beschreibt ein siebenjähriges Mädchen, das beinahe ertrunken wäre, die Erfahrung als himmlisches Erlebnis. In Oklahoma hat ein Indianerjunge im Krankenbett eine Vision davon, sein Volk zu heilen, und teilt diese Vision in späteren Jahren mit seinem Stamm.

In der ganzen Welt berichten zunehmend mehr Kinder und auch Erwachsene, die auf ihre Kindheit zurückblicken, von unüblichen oder *außernormalen Erfahrungen.* Diese Erfahrungen gehen über unsere konventionellen Vorstellungen davon, was „Realität" ist, hinaus und scheinen den grundlegenden Prinzipien der Entwicklungspsychologie zu widersprechen. Wir wissen bisher noch nicht, wie weit verbreitet Kindheitserfahrungen dieser Art in der allgemeinen Bevölkerung sind. Wenn sich herausstellen sollte, daß es mehr als ein paar einzelne Beispiele oder einmalige Abweichungen bei Ausnahmefällen sind, dann könnte das Vorhandensein dieser Kindheitszustände unser Denken über die Kindheit radikal verändern.

In den letzten zwanzig Jahren haben wir sehr viel über die tieferen

Regionen der Psyche gelernt. Beiträge aus den Gebieten der Parapsychologie, der vergleichenden Religionswissenschaften und der transpersonalen Psychologie haben unser Verständnis des Bewußtseins explosionsartig wachsen lassen. Die Erfahrungen von Heiligen, Heilern, Medien und Schamanen werden zunehmend als Momente von Bewußtheit gesehen, die weit über unsere normalen Konzepte von den Möglichkeiten des Menschen hinausreichen. Viele erkennen jetzt, daß es sich bei dem Potential, über das diese außergewöhnlichen Menschen verfügen, in Wirklichkeit um Fähigkeiten handelt, die *allen* Menschen zur Verfügung stehen. Aber bisher ist wenig erforscht, in welchem Ausmaß diese Ebenen der Erfahrung in der Kindheit vorkommen. In diesem Buch werde ich die These aufstellen, daß die Kindheit einen riesigen Fundus von außergewöhnlichen Erfahrungen darstellt. Sie anzuerkennen und anzunehmen würde zu einem dramatischen Wandel in der Art und Weise führen, in der wir als Eltern Kindern aufziehen und erziehen.

Emotionale Ausdruckskraft, Spontaneität und Phantasie sind wohlbekannte Charakteristika der Kindheit. Das, worauf ich hinweisen möchte, geht jedoch über diese Eigenschaften hinaus. Ich sage, daß Kinder Zugang zu Erfahrungen haben, die nicht nur ein Produkt ihrer Phantasie sind, daß Kinder Zugang zu Ebenen der Wahrnehmung haben für das, was Abraham Maslow „the farther reaches of human nature" genannt hat, also die „entfernteren Bereiche" der menschlichen Natur.

Die meisten Menschen verstehen unter Kindheit eine Zeit, in der das Bewußtsein weniger entwickelt, weniger entfaltet und primitiver ist als die reife Bewußtheit eines Erwachsenen. In psychologischen Kreisen findet sich eine Menge Unterstützung für dieses Bild der Kindheit. Die Behavioristen sehen das Neugeborene beispielsweise als unbeschriebenes Blatt, auf dem die Kultur ihre sozialen Programme und Verhaltensmodifikationen aufzeichnen kann. Die psychodynamische (Freudsche) Schule sieht den Säugling als eine Masse von primitiven Instinkten, die allmählich in verschiedene sozial konstruktive Kanäle geleitet werden. Die Psychoanalytikerin Margaret Mahler schreibt, daß sich „der Säugling in diesem Stadium der halluzinatorischen Desorientierung" befindet, „in dem die Bedürfnisbefriedigung seinem eigenen allmächtigen, *autistischen* Umkreis angehört".[2] Die kognitiven Psychologen (samt Piaget) schließlich gehen davon aus, daß der Säugling ein Bündel primitiver sensomotorischer Strukturen besitzt, die sich bis zum Ende der Adoleszenz allmählich entwickeln und zu abstraktem Denken heranreifen.

Jedes dieser Modelle geht davon aus, daß das Kind sich von *weniger* zu *mehr* entwickelt. Das leuchtet natürlich ein. Jeder, der Kinder beobachtet, merkt, daß sie nicht über die Fertigkeiten, die Geläufigkeit, die Anpassungsfähigkeit oder die Kontrolle verfügen, die ein durchschnittlicher Erwachsener aufweist. Über diese grundlegenden Wahrheiten will ich mich nicht mit den Experten streiten. Hingegen werde ich in diesem Buch die Meinung vertreten, daß es eine verborgene Seite der Kindheit gibt, die neben und über dem, was leichter zu beobachten ist, als gültige Dimension der Kindheit anerkannt werden muß.

Eine solche Vorstellung von Kindheit ist bisher nur von ein paar Mystikern, einer Handvoll Dichtern und einigen wenigen transpersonalen Psychologen anerkannt worden. Die Worte Christi, „wer nicht das Reich Gottes annimmt wie ein Kind, der wird nicht hineinkommen", sind vielleicht das beste Beispiel für diese Art von Anerkenntnis.[3] Weniger gut bekannt sind die östlichen Aussagen über die Göttlichkeit des Kindes. Bei Mencius heißt es: „Der ist ein großer Mann, der nicht sein Kinderherz verliert."[4] Und Laotse sagt, einer, der reich an Tugend sei, ähnele einem kleinen Kind.[5]

In der dichterischen Tradition des Westens preist Thomas Traherne den Reichtum der Kindheit mit folgenden Worten:

> Wie engelgleich kam ich hernieder!
> Wie hell sind alle Dinge hier!
> Als ich ganz neu in seine Schöpfung kam,
> Oh, wie krönte mich ihr Glanz,
> Die Welt glich seiner EWIGKEIT,
> In der meine Seele wandelte;
> Und alles, was ich sah,
> Sprach mit mir.[6]

Das berühmteste Loblied auf den inneren Reichtum des Kindes in der Dichtkunst des Westens ist William Wordsworths „Ode: Ahnungen der Unsterblichkeit durch Erinnerungen an die frühste Kindheit", zu der die folgende wohlbekannte Passage gehört:

> Geburt ist nur ein Schlaf und ein Vergessen;
> Die mit uns aufsteigt, als des Lebens Stern,
> Die Seele: hatte Heimat einst besessen

Woanders – kommt von fern:
Nicht ganz erinnrungslos
Und völlig nackt und bloß:
Wir kommen goldnen Wolkenzügen gleich,
Aus unsrer Heimat, Gott.
Der Himmel liegt auf unsern Kinderreich.[6]

Diese Sichtweise teilte auch William Blake, der als neunjähriges Kind Visionen von Engeln und übernormalen Erscheinungen hatte.

> Blake war außer sich vor Aufregung, als er zum ersten Mal die Ode „Ahnungen der Unsterblichkeit“ las und sah, daß Wordsworth das Kind auch als „mächtigen Propheten“ und „begnadeten Seher“ betrachtete. Er hätte auch der Passage aus dem *Präludium* zugestimmt, in der Wordsworth in der Kindheit „den ersten poetischen Geist unsres menschlichen Lebens“ findet. Das Vorhandensein dieser Fähigkeit im Kinde impliziert sein universelles Vorhandensein im Menschen.[8]

Vom poetischen oder mystischen Blickwinkel aus ist Kindheit eine Zeit, in der die Wahrnehmung frisch und neu ist, ungetrübt von dem, was Ernest Schactel „das Prokrustesbett der kulturell vorherrschenden Erfahrungs-Schemata“ nennt, „die gewisse Erfahrungen erlauben, andere verbieten und viele ausschließen, für die die Kultur entweder keinen oder nur einen unangemessenen Bezugsrahmen hat“.[9] In gewisser Weise verfügt ein Kind über den „Anfängergeist“ des Zen.[10] Alles, was der Säugling sieht, sieht er zum ersten Mal, mit Staunen und Wunder, oder wenn es mit Grauen ist, dann mit einem heiligen Grauen, ähnlich dem „Mysterium tremendum“, das Rudolf Otto in seinem Buch *Das Heilige* beschreibt.[11] Nach diesem Modell ist das Kind kein unreifes Geschöpf. Es verfügt vielmehr über außergewöhnliche Ebenen von Einsicht und einen tiefen Fundus an Inspiration und Erleuchtung.

Wer hat also recht, die Behavioristen oder Wordsworth? Freud oder Christus? Beginnt das Kind sein Leben in einem Zustand der Desorientierung oder in göttlicher Verzückung? Haben kleine Kinder Zugang zu dem Reich der Heiligen und übersinnlich Begabten, oder ist ihre Wahrnehmung der Welt primitiv und unreif? Mein Vorschlag lautet: *Beide* Sichtweisen sind richtig. Um verständlich zu machen, wie das möglich ist, muß ich ein zwiefältiges Bild des Kindes zeichnen. Nach Geoffrey Hodson, einem esoterischen Philosophen, „ist das Kind, wie alle menschlichen Wesen, vor allem dualistisch: ein unsterbliches spirituelles Wesen in einem sterblichen materiellen Körper".[12] In diesem Kontext kann ich von zwei verschiedenen Dimensionen oder Entwicklungslinien im Kind zu sprechen beginnen. Eine Linie beschreibt letzten Endes das Wachstum des Kindes in biologisch/materieller Weise. Dieser Strang ist von der heutigen Entwicklungspsychologie sehr gut erforscht und dokumentiert worden. Ich nenne dies die Entwicklung des Kindes *vom Körper aufwärts.*

Ich behaupte, daß es eine zweite Entwicklungslinie gibt, die zur ersten parallel verläuft, mit ihr in Interaktion tritt und letzten Endes sogar ihre Entwicklung unterstützen kann. Diese verborgene Entwicklungslinie nenne ich das Wachstum des Kindes *vom Wesen abwärts.*[13] Lassen Sie mich nun diese Entwicklungslinien beschreiben.

Bei der Entwicklung „vom Körper aufwärts" beginnt das Kind das Leben als befruchtete Eizelle in der Gebärmutter (als ausschließlich biologische Einheit und vermutlich ohne Bewußtsein). Von da an wächst es zu Keimblase, Embryo, Fötus und schließlich zu einem Neugeborenen heran. Zu irgendeinem Zeitpunkt vor oder kurz nach der Geburt beginnt das Kind ein ganz rudimentäres Bewußtsein zu entwickeln, das hochgradig mit der physischen Existenz verschmolzen ist. Man sagt, in den frühesten Phasen sei das Kind psychisch mit der Mutter vereint. Das heißt, daß es noch kein Gefühl von Unterscheidung zwischen „ich" und „Mutter" oder „anderem" hat. In der Erfahrung des Kindes sind sein eigener Körper und der der Mutter untrennbar verbunden; das Kind kann nicht erkennen, wo der eine aufhört und der andere anfängt. Ken Wilber verweist auf die Vorrangstellung dieser Sichtweise in der modernen Psychologie:

> Freud und die gesamte psychoanalytische Bewegung, die ganze Schule von Jung oder Klein, moderne Ego-Psychologen wie Mahler, Loevinger und Kaplan sowie praktisch alle Erkenntnispsychologen stimmen in folgendem überein: Die erste Bewußtseinsstruktur besteht in dieser Form materieller Bewußtseinsverschmelzung. . . [14]

Das Kind beginnt langsam, feste Bilder vom Selbst und vom anderen zu formen, ein rudimentäres Ich oder eine Selbststruktur zu bilden und sich durch aufeinanderfolgende Stadien von motorischem, wahrnehmendem, affektivem und intellektuellem Wachstum zu entwickeln. Die Entwicklung entlang dieser Linie zeigt eine wachsende Anpassung an kulturelle Normen oder gesellschaftliche Standards und zunehmende Aufmerksamkeit für das, was vereinbarungsgemäß als „objektive Wirklichkeit" gilt. Es ist wichtig zu betonen, daß in dieser Linie der Entwicklung „vom Körper aufwärts" das gesamte zukünftige Reifen des Kindes einschließlich der höchsten Formen des abstrakten Denkens in dem Kontext einer ursprünglich materiell oder biologisch begründeten Matrix stattfindet. Wie Joseph C. Pearce sagte:

> Solange wir leben (oder *sie* lebt), bleibt die Mutter unsere Ur-Matrix, wenn wir uns auch von ihr lösen und in größere Matrizes eintreten. Unser ganzes Leben lang bleibt die Erde die Matrix aller Matrizes. Wie abstrakt auch unsere Streifzüge durch das reine Denken und die selbst hergestellte Wirklichkeit sein mögen, der Geist gewinnt seine Energie aus dem Gehirn, das Gehirn aus der Körper-Matrix und diese wiederum aus der Erd-Matrix.[15]

Andererseits ist das, was ich in diesem Buch zu beschreiben versuchen werde, ein ergänzender Entwicklungsstrang, eine verborgene Linie des Reifens, die das Wachstum des Kindes „vom Wesen abwärts" beschreibt. Damit meine ich, daß es einen Teil im Kind gibt, der seine Wurzeln *nicht* in der von Pearce beschriebenen Mutter- oder Erd-Matrix hat. Das Kind (und damit jeder von uns) verfügt über eine Dimension, deren Grundlagen anderswo liegen.

Wo, werden Sie vielleicht fragen, mag denn „anderswo" sein? Eine angemessene und klare Antwort darauf fällt nicht leicht. Ich kann nur mit dem Hinweis darauf beginnen, daß dies keine neue Frage ist. Manche Traditionen gehen davon aus, diese Ursprünge lägen in einem vorangegangenen Dasein (einer früheren Inkarnation). Andere schreiben sie einem himmlischen Reich zu. Das meinte der Sufi-Mystiker Hazrat Inayat Khan, als er sagte: „Ein kleines Kind bringt den Geist, der es in den Sphären der Engel und auf der Ebene des Jinn geprägt hat, mit auf die Erde."[16] In anderen esoterischen Traditionen hieß es, das Kind steige von astralen oder mentalen Ebenen des Bewußtseins in eine Inkarnation als physisches Wesen hinab. In neuerer Zeit haben die Jungschen Psychologen auf die ursprüngliche Verbindung des Kindes mit dem kollektiven Unbewußten oder Selbst hingewiesen. Keine dieser Philosophien bestreitet die Bedeutung der Eltern bei der Schaffung des physischen Organismus, der zum Kind wird. Sie deuten jedoch darauf hin, daß es einen anderen Teil des Kindes gibt, der sogar schon vor der Zeugung bestand. (Das erinnert an einen berühmten Zen-Koan: „Was ist dein ursprüngliches Gesicht, das du hattest, bevor du geboren wurdest?“)

Das ist die Entwicklungslinie, die Wordsworth meint, wenn er das Kind als „goldene Wolkenzüge“ beschreibt. Dieser Wachstumsstrang „vom Wesen abwärts“ definiert die Reise von einer höheren / breiteren / tieferen / umfassenderen Ebene der nicht-materiellen Existenz zu einer engeren / begrenzenderen / getrennteren / materiellen oder körperlichen Existenz. Diese Reise ist in verschiedenen Traditionen als Vertreibung aus dem Paradies, als der Verlust der Gnade, als Inkarnation der Seele im Körper oder als die Einkerkerung des Geistes beschrieben worden („stet um den Knaben, der heranwächst, schließt sich Kerkerschatten dann... “[17]). Was während dieser Reise geschieht, könnte stark mit den vielen Arten von außernormalen Erfahrungen zusammenhängen, die wir in diesem Buch untersuchen werden.

Es ist deutlich, daß *beide* Entwicklungslinien für das Leben des Kindes notwendig sind. Ohne die Komponente „vom Körper aufwärts“ wäre ein Kind kein Kind. Das heißt, das Kind hätte nicht den wachsenden physischen Körper, der notwendig ist, um die Existenz auf der Erde zu erfahren. Viele Traditionen stimmen darin überein, daß das Geborenwerden kein zufälliges oder sinnloses Ereignis ist. Einigen östlichen Pfaden zufolge schafft es vielmehr die Strukturen, durch die Karma oder Taten aus früheren Leben nun durch Handlungen ergänzender Art ausgewogen werden können. Andere Traditionen sprechen von der Notwendigkeit, aus der irdischen Existenz Lektionen zu lernen, die eine Vorbedingung für die spirituelle Weiterentwicklung sind: Ohne die Entwicklungslinie „vom Körper aufwärts“ hätte das Kind keine Möglichkeit, tiefere Wahrheiten „zu erden“. Betrachtet man es mehr auf einer psychologischen Ebene, hätten Kinder ohne die Entwicklung „vom Körper aufwärts“ keine Möglichkeit, Kontakt zu der Kultur herzustellen, in die sie hineingeboren wurden, und ein Teil von ihr zu werden. Ohne die Komponente „vom Wesen abwärts“ dagegen schiene dem Kind eine sehr tiefe Dimension der Psyche zu fehlen, die notwendig ist, um der irdischen Reise Richtung und Kohärenz zu geben. Ohne das Element

„vom Wesen abwärts" würde das Kind ohne Sinn, Zweck oder Gefühl für Lebensmuster oder Bestimmung nur „vom Körper aufwärts" wachsen.

Die Entwicklungslinie „vom Körper aufwärts" ist in der zeitgenössischen Psychologie ausgiebig beschrieben worden. Die moderne Kinderpsychologie befaßt sich sogar fast ausschließlich mit diesem Aspekt des Kindes. Nehmen Sie ein beliebiges Lehrbuch der Kinderentwicklung oder Kinderpsychologie zur Hand, und Sie werden sehen, was ich meine. Diese Texte beschreiben die spezifischen Stadien, die Kindern beim Laufen, Sprechen, Sehen, Hören, Fühlen, Denken, beim Kontakt zu anderen und dem Ausführen einer ganzen Reihe von Funktionen durchlaufen. Sie sprechen von der Bedeutung der Fürsorglichkeit im pränatalen Stadium, von der Mutter-Kind-Beziehung, von der Wichtigkeit der Beziehungen zu Gleichaltrigen, von der Sprachentwicklung und der Art und Weise, in der ein Kind lernt, die Regeln der Gesellschaft zu verstehen. Sie decken all die Prozesse ab, die ein Kind durchmacht, um Teil der alltäglichen, konkreten, ganz irdischen Welt von Menschen, Vorstellungen und Dingen zu werden. Diese Texte sind sorgfältig bearbeitete Landkarten des Pfades, den Kinder beschreiten, wenn sie ihren Weg aus der vollkommenen Geborgenheit im Materiellen heraus gehen. Sie zeigen, wie Kinder durch eine Reihe immer komplexerer, abstrakterer, flexiblerer und interaktiverer Stadien des Denkens, der Emotionen und der Wahrnehmung gehen. Bei jedem weiteren Stadium nähert sich das Kind dem Verhalten und dem Denken des durchschnittlichen Erwachsenen in dieser Kultur an. Sollte dieser Pfad aus irgendwelchen Gründen blockiert sein, beschreiben die genannten Lehrbücher, welche pathologischen Entwicklungen daraus entstehen.

Bei alledem bleibt einfach wenig Raum für das Wunderbare und Außergewöhnliche. Sollte das Bemerkenswerte und Profunde dann doch im Leben von Kindern auftauchen, reagieren die Vertreter dieser Systeme der Kinderpsychologie vermutlich auf eine der beiden folgenden Arten: Entweder erkennen sie solche Erfahrungen gar nicht, weil auf ihren Landkarten kein Platz für diese Phänomene ist, oder sie reduzieren sie zu Formen und Gestalten, mit denen sie innerhalb ihres Systems umgehen können. „Visionen" werden auf diese Weise zu „primitiven Phantasien", bemerkenswerte Begegnungen mit unglaublichen Wesen werden als „Projektionen der undifferenzierten Psyche des Kindes auf die Welt" gesehen, und so weiter. Die Freudianer neigen dazu, alle Visionen als „Halluzinationen" oder „Primärprozesse" abzutun. Tiefe religiöse Erfahrungen werden auf Regressionen in den Zustand der Verschmelzung mit der Mutter oder omnipotente Bilder des Vaters reduziert. Die Anhänger von Jean Piaget würden vermutlich die frühen religiösen Phantasien oder überweltlichen Wahrnehmungen eines Kindes der „prä-operationalen" Kognition zuschreiben, einer Form des Denkens, die als verwirrt, paradox und den erwachseneren Formen des verstandesmäßigen Denkens als unterlegen gilt.

Ich will nicht leugnen, daß Kinder wirklich phantasieren, projizieren, regredieren und die Welt in primitiver Weise wahrnehmen. Das ist sogar ein wesentlicher Teil dessen, was Kindheit ausmacht. Ich sage jedoch, daß nicht alle Visionen Phantasien, nicht alle religiösen Erfahrungen von Kindern Primärprozesse und nicht alle Begegnungen des Kindes mit dem Außernormalen auf primitive Wahrnehmung zurückzuführen sind. Wenn das Kind projiziert oder phantasiert, wissen wir, daß wir es mit der Entwicklungslinie „vom Körper aufwärts" zu tun haben. Wenn wir uns jedoch sicher sein können, daß das Kind wirklich ein tiefes religiöses Gefühl, eine echte Vision oder eine überweltliche Wahrnehmung erfährt, dann *könnten* wir es mit dem Wachstumsstrang „vom Wesen abwärts" zu tun haben. (Ich sage *könnten*, weil es auch außernormale Erfahrungen gibt, die mehr aus der Entwicklungslinie „vom Körper aufwärts" zu stammen scheinen. Auch hierauf wird später weiter eingegangen.)

Wie bereits erwähnt, liegt ein weiterer Grund dafür, daß wir selten etwas über außernormale Erfahrungen in der Kindheit hören, darin, daß bisher einfach keine Landkarten vorhanden waren, mit deren Hilfe man die tieferen latenten Potentiale des Kindes hätte entziffern können. Die einzig verfügbaren Quellen waren bisher, wie oben beschrieben, die heiligen Schriften und die Poesie. Eltern, Lehrer und andere Menschen, die mit Kindern arbeiten, hatten kaum andere Führer. Da unsere Kultur außernormalen Erfahrungen keinen Raum bietet, vergessen oder unterdrücken Kinder diese Erfahrungen oder leugnen sie auf andere Weise, während sie sich zunehmend an die Kultur anpassen und sich in ihr einbinden. Die Eltern, denen es gelingt, ihre eigenen Ahnungen von den tieferen Möglichkeiten eines Kindes ernst zu nehmen, merken, daß diese Ahnungen häufig von der überwältigenden Zahl von Theorien, Forschungsergebnissen und Erziehungsbüchern beiseite geschoben werden, die die Wahrnehmungen des Kindes „vom Wesen abwärts" ignorieren. So haben wir auf der einen Seite ein im wesentlichen metaphorisches Wissen über die Erfahrungen „vom Wesen abwärts" in der Kindheit und auf der anderen eine riesige Menge empirischer und theoretischer Forschung über die Entwicklung des Kindes „vom Körper aufwärts".

Ich habe dieses Buch geschrieben, um den Dokumentationsprozeß der Potentiale des Kindes „vom Wesen abwärts" in einer Form zu beginnen, die sowohl empirisch und theoretisch wie poetisch und metaphorisch ist. Ich werde viele unterschiedliche Beispiele von außernormalen Erfahrungen in der Kindheit und die Ergebnisse der Kinderpsychologie, der vergleichenden Religionswissenschaft, Mythologie, Metaphysik, Anthropologie, Literatur und Philosophie miteinander verweben, um etwas zu schaffen, von dem ich hoffe, daß es eine Grundlage für weitere Forschungen über diese Dimension der Existenz des Kindes sein wird. Zu dem Feld, in dem die Erfahrung des Außernormalen durch Kinder erforscht wird, gehören nach meiner Vorstellung: die Visionen, Intuitionen, Ekstasen, Begegnungen mit dem Übernatürlichen, Konfrontationen mit dem Unendlichen, Interaktionen mit anderen Ebenen von Existenz und so fort. Darüber hinaus hoffe ich, daß auf diesem Feld die Ergebnisse auch auf das Leben der Kinder angewandt werden, indem man Wege findet, wie Kinder lernen können, solche Erfahrungen zu integrieren, statt sie zu unterdrücken oder zu vergessen, wenn sie älter werden.

Im nächsten Kapitel werde ich viele verschiedene Arten außernormaler Erfahrungen betrachten, die von Kindern und von Erwachsenen, die sich an ihre Kindheit erinnern, berichtet wurden. In den darauffolgenden Kapiteln werde ich versuchen, diese Erfahrungen aus verschiedenen Sichtweisen zu verstehen, einschließlich der transpersonalen (3. Kapitel), der mythologischen (4. Kapitel) und der uralten Weisheit oder esoterischen Wissenschaft (5. Kapitel). Danach werde ich kurz die Rolle des Kindes als Heiler untersuchen (6. Kapitel). Ich werde die traditionellen Ansichten über Kindheit mit den in diesem Buch beschriebenen außernormalen Erfahrungen dadurch zu versöhnen versuchen, daß ich den Vorschlag mache, Kindheit in der Form eines Bewußtseins-Spektrums zu sehen (7. und 8. Kapitel). Schließlich möchte ich zeigen, wie dieser Ansatz die Art, in der wir als Eltern, Lehrer, Therapeuten oder Forscher mit Kindern arbeiten, bereichern kann (9. Kapitel) und warum unsere Vision von Spiritualität und Kindheit das *ganze* Kind einschließen muß, bei dem die Potentiale „vom Körper aufwärts“ und „vom Wesen abwärts“ untrennbar zu einer nahtlosen Einheit verwoben sind (10. Kapitel).

Ich hoffe, daß diese Abenteuerreise in die verborgene Seite der Kindheit Licht auf die Ursprünge von mystischer Erfahrung, religiöser Inspiration, Kreativität, übersinnlicher Wahrnehmung und einer Menge verwandter Fragen werfen wird. Dadurch, daß ich das Außergewöhnliche in der Kindheit erforsche, erforsche ich im wesentlichen das Wunderbare in uns allen. Bei dem Versuch, Wege zu finden, diese Erfahrungen in unsere eigene Kulturgebundenheit zu integrieren, geht es mir letzten Endes um unsere individuelle Emanzipation, unsere kollektive Regeneration und sogar um unsere globale Transformation.

Zweites Kapitel

Die Arten außernormaler Erfahrung in der Kindheit

> „Ich war sechs Jahre alt, als ich erkannte, daß Gott alles sei, und die Haare standen mir zu Berge, und so weiter", sagte Teddy. „Es war eines Sonntags, wie ich mich erinnere. Meine Schwester war damals ein ganz kleines Kind, und plötzlich erkannte ich, daß sie GOTT war und daß die *Milch* GOTT war. Ich meine, was sie tat, das war weiter nichts, als Gott in Gott einströmen lassen, wenn Sie verstehen, was ich damit sagen will."[1]
>
> J. D. Salinger. *Teddy*

Der vielgeliebte Schweizer Heilige Nikolaus von Flüe sah, so die Legende, bereits im Mutterschoß einen Stern und sprach im späteren Leben immer davon, daß er aufgrund dessen wisse, er müsse etwas Licht in die Dunkelheit seines Zeitalters bringen.[2] Da Free John (Franklin Jones), ein bekannter amerikanischer spiritueller Lehrer, erinnert sich an ein ähnliches Erlebnis aus der Zeit seiner frühesten Kindheit:

> Ich erinnere mich daran, wie ich als Baby neugierig herumgekrabbelt bin und dabei ein unglaubliches Gefühl von Freude, Licht und Freiheit in der Mitte meines Kopfes verspürte, der von Energien umspült wurde, die sich frei von oben nach unten bewegten, hinauf, herum und herab durch meinen Körper und mein Herz. Es war eine sich ausweitende Sphäre der Freude aus dem Herzen. . . Dieses Gewahrsein, dieser bewußte Frohsinn und Raum mitten im Herzen ist das „Helle".[3]

Jeder dieser beiden Berichte, einer wirklich, einer mythisch, verweisen darauf, zu wie tiefen Erfahrungen ein Mensch selbst ganz zu Beginn des Lebens fähig ist. Sie illustrieren, daß selbst dem allerjüngsten Menschen profunde und sogar höchste Ebenen der Realität zugänglich sind.

In diesem Kapitel werde ich ein ganzes Spektrum von Erfahrungen vorstellen, die als „außernormal“ bezeichnet werden, weil sie nicht zu unseren üblichen Erwartungen davon passen, wozu ein Kind oder überhaupt ein Mensch beliebigen Alters fähig ist. Diese Erfahrungen werde ich nur mit einem Minimum an Interpretation versehen. Die Aufgabe, diese Erfahrungen aus einem psychologischen, metaphysischen oder anderen theoretischen Kontext zu interpretieren, soll den nachfolgenden Kapiteln vorbehalten bleiben. Die von mir zur Organisation dieser Erfahrungen verwandten Kategorien sind vollkommen beliebig und überschneiden sich oft. Doch dient dieses Material als Ausgangspunkt für die Präsentation umfangreicher – und bislang wenig bekannter – Informationen über die verborgene Seite der Kindheit.

Tiefe religiöse Erfahrungen

Kinder werden, zumindest im Bereich der Psychologie, im allgemeinen nicht als religiös veranlagte Geschöpfe angesehen. E. D. Starbuck, einer der ersten Psychologen, der religiöse Erfahrungen untersucht hat, meinte: „Religion ist für das Kind etwas deutlich Äußerliches und nichts, was einen inneren Sinn hat.“[4] Spätere Forscher tönten in dasselbe Horn und spielten das innere spirituelle Leben des Kindes herab. J. J. Smith schrieb 1944: „Ein Kind ist bei der Geburt ebenso nicht-religiös wie nicht-moralisch, nicht-ästhetisch und nicht-denkend. Es erbt keine dieser Eigenschaften in funktionaler Form, sondern erwirbt sie langsam durch Erfahrung.“[5] In jüngerer Zeit haben Entwicklungspsychologen versucht, die religiöse Entwicklung des Kindes mit den Theorien von Jean Piaget, Erik Erikson und Lawrence Kohlberg in Einklang zu bringen.[6] Die meisten dieser Studien kommen zu der Schlußfolgerung, das religiöse Verständnis des Kindes sei durch seine kognitive, emotionale und soziale Wachstumsstufe begrenzt.

Diese Perspektive ist zwar zutreffend, wenn die religiöse Entwicklung „vom Körper aufwärts“ beschrieben wird, versäumt jedoch anzuerkennen, daß Kinder zu tiefen religiösen Erfahrungen fähig sind, wenn sie „vom Wesen abwärts“ kommen. Die heilige Katharina von Siena hatte bereits im Alter von sechs Jahren ihre erste Christusvision, einen kurzen Blick auf die Ewigkeit, der ihr Leben ändern sollte.[7] William Blake hatte mit ungefähr neun Jahren eine Vision von „leuchtenden Engelsflügeln, die an jedem Zweig wie Sterne funkelten“.[8] In jüngerer Zeit hat John

Lilly, der bekannte Delphinforscher, von einer tiefen religiösen Erfahrung berichtet, die er im Alter von sieben Jahren hatte. Er erinnerte sich daran bei einer psychedelischen Sitzung:

> Ich kniete vor dem Altar; eine einzige brennende Kerze stand auf dem Altar, und der Rest der Kirche war dunkel, nur ein klein wenig Licht drang von draußen durch die Fenster hoch herein. Plötzlich verschwand die Kirche, die Säulen tauchten im Schatten unter, und ich sah Engel, sah Gott auf seinem Thron, und die Heiligen zogen in einem Reich anderer Dimensionen durch die Kirche. Ich war erst sieben Jahre alt und hatte bildliche Darstellungen von Gott gesehen, und so sah ich diese in der Vision. Ich sah auch seine Liebe, seine Fürsorge, und ich sah seine Erschaffung unserer selbst.[9]

Eine Psychiaterin aus New Jersey, Annette Hollander, hat Forschungen mit einer Gruppe von Eltern durchgeführt, die sie als „entkirchlicht" bezeichnet (die also nicht mehr mit irgendeiner bestimmten religiösen Tradition verbunden waren). 88 Prozent der Erwachsenen in ihrer Untersuchung gaben an, in ihrem Leben mystische Erfahrungen oder das Gefühl gehabt zu haben, etwas Heiliges sei in ihrem Leben gegenwärtig. Frau Hollander verweist darauf, daß viele diese Erfahrungen in der Kindheit begannen (sie sagt allerdings nicht genau, wie viele). Die Ergebnisse ihres Fragebogens sind in einem wunderbaren Buch mit dem Titel *How to Help Your Child Have a Spiritual Life* veröffentlicht. Hier ein Beispiel für eine typische Antwort aus ihrem Fragebogen:

> Ich hatte diese unglaublichen mystischen Erfahrungen, als ich im Alter von vier oder fünf bis dreizehn oder vierzehn als Ministrant gesungen habe. Am lebhaftesten kann ich mich an das erinnern, was war, als ich zehn war. Ich dachte mir, jeder würde das erleben.[10]

Schließlich hat sich jemand im Rahmen meiner eigenen informellen Forschungen an die folgende religiöse Erfahrung beim Besuch einer Messe erinnert:

> Ich habe mich auf meine erste Heilige Kommunion gefreut, weil dann Christus in einen kommt. Ungefähr zu der Zeit war ich in der Messe und betete am Altar. Ich schaute auf den Altar, und plötzlich

> fiel ich in – ich zögere, das Wort „Trance“ zu benutzen –, aber mit einem Mal war da statt der Kirche und des Altars eine Wiese voller Blumen, und Christus kam über die Wiese auf mich zu. Ich weiß nicht, wie lang es gedauert hat, aber es hat sich sehr echt angefühlt.[11]

Jede dieser Erfahrungen beinhaltete Symbole und Szenen, die von ihrem Wesen her explizit religiös waren. Natürlich ist es möglich, daß diese Kinder einfach sehr beeindruckbar waren und sich die kulturellen Erscheinungsformen ihrer Religion in einer primitiven oder „magischen“ Weise angeeignet haben. John Lilly antwortet auf dieses Argument mit einer Bemerkung über seine eigene frühe Erfahrung:

> Man kann natürlich das Kind von sieben Jahren insofern abwerten, als man sagt, daß es mit den Visionen von Heiligen und der heiligen Theresa von Avila programmiert worden war, daß die mystischen Aspekte der katholischen Kirche nachdrücklich in diesen jungen Menschen hineinprogrammiert worden waren und somit seine Visionen rein aus Projektionen bestanden.

Dann erinnerte ich mich, daß ich den Fehler gemacht hatte, einer Nonne zu bekennen, daß ich diese Vision gehabt hatte. Sie war entsetzt und sagte, daß nur Heilige Visionen hätten, und machte mich damit völlig fertig. Damals verdrängte ich die Erinnerung und diese Art von Erfahrung, aber bevor ich sie verdrängte, war ich wütend. „Also glaubt sie nicht, daß ich ein Heiliger bin.“[12]

Gipfelerfahrungen

Abraham Maslow hat den Begriff der „Grenz-“ oder „Gipfelerfahrung“ geprägt, um „die wunderbarsten Erfahrungen Ihres Lebens; die glücklichsten Augenblicke, ekstatische Augenblicke, Augenblicke des Entzückens“ zu bezeichnen.[13] Zwar hatten einige der von ihm untersuchten Erfahrungen religiösen Inhalt, aber es gab auch solche ohne, die in verschiedenen nicht-religiösen Umfeldern vorkamen: bei Spaziergängen in der freien Natur, im Zustand der Verliebtheit, beim Lesen eines wunderbaren Buches, beim Betrachten eines Bildes, bei kreativer Arbeit. Fast die gesamte Forschung auf dem Gebiet der Gipfelerfahrungen ist auf Erwachsene beschränkt, was vielleicht daran liegt, daß man Kinder nicht als ausreichend reif für diese hohen Ebenen der Verzückung ansieht. Und doch kann die Kindheit eine Zeit unvorstellbarer Ekstase sein. Betrachten Sie beispielsweise diese Kindheitserfahrung von Ramakrishna, einem bengalischen Heiligen des 19. Jahrhunderts:

> Als er an einem Tag im Juni oder Juli (Ramakrishna war sechs oder sieben Jahre alt) einen schmalen Pfad zwischen den Reisfeldern entlangging und von dem Puffreis aß, den er in einem Korb bei sich trug, schaute er zum Himmel hinauf und sah eine wunderschöne dunkle Gewitterwolke. Sie breitete sich aus und überspannte schon fast den ganzen Himmel, als schneeweiße Kraniche vor ihr vorüberzogen. Die Schönheit des Kontrastes überwältigte den Jungen. Er fiel bewußtlos zur Erde, und der Puffreis flog in alle Richtungen. Einige Leute aus dem Dorf fanden ihn und trugen ihn in ihren Armen nach Hause. Gadadhar (Ramakrishna) sagte später, daß er in diesem Zustand eine unbeschreibliche Freude erfahren hätte.[14]

Die oberste Schülerin und Nachfolgerin Sri Aurobindos, von ihren Anhängern „Die Mutter" genannt, hatte eine Licht-Erfahrung während der Meditationen ihrer Kindheit:

> Sie saß immer still in einem kleinen Stuhl mit Rückenlehne, den ihre Eltern eigens für sie angefertigt hatten. Während ihrer Meditation erlebte sie, wie ein großes strahlendes Licht sich auf ihren Kopf senkte und Aufruhr in ihrem Kopf verursachte. Sie hatte das Gefühl, das Licht würde an Größe und Dauer ständig zunehmen, und sie wünschte sich, es möge sie ganz in Besitz nehmen.[15]

Jean Houston, eine zeitgenössische Psychologin und Pionierin der „Bewußtseinsbewegung" in den USA, erzählt eine liebevolle und humorige Geschichte davon, wie sie sich im Alter von sechs Jahren auf die Suche machte, die Geheimnisse der Religion zu entdecken. Frau Huston berichtet, sie habe nach einer Zeit intensiven Suchens, die von Neckerei seitens ihres Vaters begleitet war, eine Gipfelerfahrung gemacht:

> . . . denn plötzlich drehte sich der Schlüssel, und die Tür zum Universum sprang auf. Ich sah und hörte nichts Außergewöhnliches. Es

> gab keine Visionen, keine Lichtausbrüche. Die Welt blieb dieselbe. Und doch gewann alles um mich herum, ich eingeschlossen, an Bedeutung. Alles – der Feigenbaum im Hof, die Hunde im Wandschrank, der Wandtresor, das Flugzeug am Himmel, der Himmel selbst und sogar meine Vorstellung von der Jungfrau Maria – wurde Teil einer einzigartigen Einheit, ein herrlicher sinfonischer Widerhall, in dem jeder Teil des Universums ein Teil davon war und alle anderen Teile erleuchtete. Und ich wußte, daß irgendwie alles zusammenspielte und sehr, sehr gut war.[16]

Solche Erfahrungen sind nicht auf Heilige und Psychologen beschränkt. Ähnliche Berichte tauchen in einer Querschnittsuntersuchung der britischen Bevölkerung auf, die von der Abteilung zur Erforschung religiöser Erfahrungen am Alister Hardy Research Center des Manchester College in Oxford durchgeführt wurde. Die Forschung begann mit dem Abdruck einer Anzeige in verschiedenen Zeitungen, in der „alle Leser, die das Gefühl haben, ihr Leben sei in irgendeiner Weise von einer Kraft jenseits ihrer selbst beeinflußt worden", aufgefordert wurden, einen Bericht über diese Erfahrung zu schreiben. Bei 15 Prozent der eingegangenen Briefe bezogen sich die Schreiber auf Erfahrungen aus ihrer Kindheit. Diese Menschen erhielten dann einen Fragebogen, und dessen Ergebnisse wurden tabellarisch zusammengefaßt und von Edward Robinson in einem bemerkenswerten Buch mit dem Titel *The Original Vision* präsentiert. Dies ist ein Beispiel für eine Gipfelerfahrung aus dieser Untersuchung:

> Die tiefgehendste Erfahrung meines Lebens hatte ich, als ich sehr jung war – etwa vier oder fünf Jahre alt. . . Meine Mutter und ich gingen über ein Stück Land in Pangbourne Berks, das dort als „das Moor" bekannt ist. Als die Sonne unterging und die leichte Abendkühle eintrat, bildete sich über dem Boden perlmuttfarbener Nebel... Plötzlich erschien mir dieser Nebel wie ein Gewebe von Mariengarn, und die hier und dort auftauchenden Glockenblumen schienen mit leuchtendem Feuer zu strahlen. Irgendwie verstand ich, daß dies das lebendige Gewebe des Lebens selbst war, in das das eingebettet war, was wir Bewußtsein nennen: Hier und dort trat ein leuchtend gebündelter Energiestrahl in dem eher diffusen Ganzen auf. In dem Augenblick wußte ich, daß ich, so wie alle anderen belebten und soge-

> nannten unbelebten Dinge, meinen eigenen besonderen Platz hatte und daß wir alle Teil dieses universalen Gewebes sind, das fragil und doch unglaublich stark und in hohem Maße gut und wohltuend ist. Diese Vision hat mich nie verlassen. Sie ist heute noch so klar wie vor fünfzig Jahren, und zu ihr gehören dasselbe Gefühl von Liebe und die Gewißheit des letztendlichen Guten. [17]

Vergleichen Sie diese Kindheitserfahrungen mit einigen der Erfahrungen des „kosmischen Bewußtseins“ bei Erwachsenen, so wie sie William James und Richard M. Bucke um die Jahrhundertwende untersucht haben:

> Das Gefühl, in einer warmen Glut von Licht gebadet zu werden.[18]
> Erde, Himmel und Meer erklangen wie in einer großen weltumfassenden Harmonie.[19]
> Mein physischer Körper machte die Erfahrung, in spirituellem Licht zu verschwinden.[20]

Es gibt offensichtlich ausreichend Ähnlichkeit zwischen diesen Beschreibungen und den oben zitierten Passagen, um eine nähere Betrachtung der potentiellen Höhen und Tiefen der Kindheitserfahrungen zu rechtfertigen.

Nahtoderfahrungen

Seit der Erstveröffentlichung von Raymond Moodys *Leben nach dem Tod* im Jahr 1975 hat die Forschung über Nahtoderfahrungen beacht lich zugenommen.[21] Ärzte, Krankenschwestern, Psychologen und Psychiater nehmen stärker wahr, wie Menschen, die auf dem Operationstisch oder bei einem Unfall klinisch „gestorben“ sind, bei ihrer nachfolgenden Genesung über vielfältige Phänomene aus einer anderen Welt berichten, die sie während ihres „Todes“ erlebt haben. Zu diesen Erfahrungen gehören Begegnungen mit verstorbenen Verwandten, Freunden, Schutzgeistern, Gottheiten, Reisen durch dunkle Tunnel und Visionen von himmlischen Lichtern. Wie bei den Gipfelerfahrungen hat sich die Forschung auch hier überwiegend mit Erwachsenen beschäftigt. Aber nun sind doch einige Untersuchungen erschienen, die sich mit den Nahtoderfahrungen von Kindern befassen. Über den Fall eines sieben Jahre alten Mormonenmädchens, das beinahe ertrunken wäre, berichtet *The American Journal of Diseases in Children*:

> Die Patientin sagte, die erste Erinnerung, die sie an ihr Beinahe-Ertrinken hatte, sie die gewesen, „im Wasser zu sein". Wörtlich: „Ich war tot. Dann war ich in einem Tunnel. Es war dunkel, und ich hatte Angst. Ich konnte nicht laufen." Ein Frau namens Elizabeth erschien, und der Tunnel wurde hell. Die Frau war groß und hatte leuchtend gelbes Haar. Zusammen liefen sie zum Himmel. Sie sagte:„Der Himmel war prima. Es war hell, und es gab viele Blumen." Dann sagte sie, um den Himmel herum sei eine Grenze gewesen, über die sie nicht hinaussehen konnte. Sie sagte, daß sie viele Leute getroffen habe, darunter verstorbene Großeltern, eine tote Tante mütterlicherseits, und Heather und Melissa, zwei Erwachsene, die auf ihre Wiedergeburt warteten. Dann traf sie „den himmlischen Vater und Jesus", die sie fragten, ob sie zur Erde zurückkehren wolle. Sie antwortete „Nein". Dann fragte Elizabeth sie, ob sie ihre Mutter sehen wolle. Sie sagte „Ja" und wachte im Krankenhaus auf.[22]

Ein Teil der Erfahrungen dieses Kindes stimmt mit ihrem religiösen Hintergrund und ihrer Erziehung überein, aber für andere Elemente gilt das nicht. Diese scheinen eher den in der Literatur aufgezeichneten Berichten von Erwachsenen über Nahtoderfahrungen zu entsprechen.

In einer weiteren neueren Studie, über die Nancy E. Bush in *Anabiosis: The Journal for Near-Death Studies* berichtet, wurden 17 Fälle von Nahtoderfahrungen in der Kindheit untersucht. Evans merkt an, daß bestimmte charakteristische Elemente der Erfahrung (zu denen ein Gefühl von Wohlbefinden und eine Trennung vom Körper gehören) bei den von ihr untersuchten Kindern häufiger genannt wurden als bei Erwachsenen, für die allerdings umfangreicheres Datenmaterial vorliegt. Ein in der Studie beschriebenes Beispiel ist das eines vierjährigen Mädchens, das mit einer Taschenlampe die Kellertreppe hinunterging, um eine kaputte Glühbirne zu untersuchen. Als Erwachsene erinnerte sie sich an Folgendes:

> Während ich zum ersten Schritt nach unten ansetzte, richtete ich den Strahl der Taschenlampe nach oben auf die Glühbirne. Ich war neu-

> gierig, ob eine ausgebrannte Glühbirne „verbrannt" aussah. Ich schritt aus und fiel in die Dunkelheit. Das nächste, was mir bewußt wurde, war, daß ich oben nahe der Decke am unteren Ende der Treppe war. Das Licht war schwach, und anfangs sah ich nichts Ungewöhnliches. Dann erblickte ich mich selbst; mit dem Gesicht nach unten lag ich an der Seite der Treppe auf dem Zementboden. Ich war ein bißchen überrascht, aber gar nicht beunruhigt, mich selbst so liegen zu sehen. Ich schaute mir zu und sah, daß ich mich überhaupt nicht bewegte. Nach einer Weile sagte ich zu mir selbst: „Anscheinend bin ich tot." Aber ich fühlte mich gut! Besser als je zuvor. Ich erkannte, daß ich vermutlich nicht mehr zu meiner Mutter zurückkehren würde, aber ich hatte gar keine Angst. . . Ich merkte, daß das schwache Licht langsam heller wurde. Die Lichtquelle war nicht im Keller, sondern weit hinter und etwas über mir. Ich schaute über meine Schulter und erblickte das schönste Licht, das man sich nur vorstellen kann. Es schien am Ende eines langen Tunnels zu sein, der allmählich immer heller wurde, und es floß immer noch mehr Licht hinein. Es war weißgelb und leuchtend, aber es tat nicht weh, nicht einmal, wenn ich direkt hineinschaute. Als ich mich undrehte, um mich mit meinem ganzen „Körper" dem Licht zuzuwenden, fühlte ich mich glücklicher als je zuvor oder je seitdem. Dann war das Licht weg. Ich fühlte mich elend und krank, hatte furchtbare Kopfschmerzen. Ich wollte nur meine Mutter und daß die Schmerzen in meinem Kopf nachließen.[23]

Manchmal scheint die Begegnung eines Kindes mit einer schweren Krankheit wundersame Heilkräfte aus einer spirituellen Quelle hervorzurufen. In seinem Buch *Autobiographie eines Yogi* erzählt Paramahan sa Yogananda davon, wie er im Alter von acht Jahren von einer lebensbedrohenden Krankheit befallen wurde. Als er dem Tode nahe war, bat seine Mutter ihn, das Bild des Lahiri Mahasaya zu betrachten, eines von der Familie verehrten spirituellen Meisters:

> Ich blickte unverwandt auf das Bild und bemerkte plötzlich ein blendendes Licht, das meinen Körper und den ganzen Raum einhüllte. Augenblicklich verschwanden meine Übelkeit und die anderen unkontrollierbaren Krankheitssymptome; ich war gesund! Und sogleich fühlte ich mich kräftig genug, um mich nach vorn zu neigen und

> dankbar Mutters Füße zu berühren; denn es war ihr unerschütterlicher Glaube an den Guru, der mir geholfen hatte.[24]

Der große spirituelle Führer der amerikanischen Indianer, Black Elk, wurde im Alter von neun Jahren von einer mysteriösen Krankheit heimgesucht, die seine Arme und Beine anschwellen ließ und ihn nah an den Tod brachte. Zu der Zeit hatte er eine apokalyptische Vision, die an die Offenbarungen des heiligen Paulus erinnern. Er sah sich selbst auf dem Rücken eines Pferdes zum Rat seiner Großväter fliegen. Die Alten gaben ihm Unterweisungen und magische Mittel, um seinem Volk zu helfen. Black Elk sagte, an einem Punkt habe er „auf dem höchsten aller Berge gestanden, und um mich herum und unter mir war der ganze Weltenkreis". Nach einer langen Reihe von Abenteuern in diesem anderen Reich kehrte Black Elk zu dem Zelt zurück, in dem sein kranker Körper lag. Er erholte sich bald und wuchs heran, um seine Vision mit seinem Volk und der Welt zu teilen.[25]

Archetypische Erfahrungen

In gewissem Sinne sind fast alle frühen Erfahrungen des Kindes archetypisch. Kleine Kinder bewohnen eine Welt, die größer ist als das Leben. Aus dem Blickwinkel der Entwicklung „vom Körper aufwärts" erfährt das Kind Verzerrungen von „Selbst" und „anderem", die Väter zu Königen und Gartenhütten zu Schlössern machen können. Es scheint jedoch außerdem ein Reich zu geben, das im tieferen Sinn für das Kind archetypisch ist und oft in Träumen an die Oberfläche kommt. Dies ist beispielsweise der archetypische Traum eines jungen Mädchens, die sich in einer Jungschen Therapie befand:

> Ich war mit meinem Kindermädchen am Strand, und doch war sie nicht dabei. Da kam eine große Welle, und ich lief weg. Als ich zurückkam, lagen da ganz viele Sachen auf dem Strand und ganz viele Seesterne, aber eines war ein *blauer* Seestern, der hatte genau in der Mitte ein Auge, und der schaute mich an, und er erkannte mich – ich meine *wirklich* mich – und das war mein Seestern, weil er *wirklich* mich erkannt hat. Also nahm ich ihn mit nach Hause. Und dann wachte ich auf.[26]

C. G. Jung nannte diese Art von Traum einen „großen Traum". Damit meinte er einen Traum, der aus universalen Symbolen kosmischen Ausmaßes besteht. In diesem bestimmten Traum kann der blaue Seestern als spezielles Symbol des eigenen inneren Wesens des Kindes gesehen werden, das sich nicht nur des „Ich" (des kleinen Egos des Kindes) bewußt war, sondern auch des „wirklichen Ich" (des tieferen und umfassenderen Selbst).

Das Kind, das sicherlich die Jungsche Interpretation der Traumsymbolik nicht versteht, zeigt, daß es dennoch ein Bewußtsein davon hat, daß etwas Größeres in ihm ist, das vom Wesen her universell oder spirituell ist. Diese Art von Erfahrung ist subtiler als die weiter oben beschriebenen Gipfelerfahrungen, aber sie kann in ihrem wesentlichen Charakter und ihrer transformativen Wirkung dennoch sehr tiefgreifend sein.

Philosophische Weisheit

Die Mehrzahl der bisher aufgeführten Berichte von mystischen Erfahrungen in der Kindheit stammt von Erwachsenen, die sich daran erinnert haben, was ihnen als Kindern widerfuhr. Das hat insofern Vorteile, als ein Erwachsener eine Erfahrung in einer Weise beschreiben kann, die ein Kind nur schwer nachmachen könnte. Aber diese Informationsquelle hat offensichtlich auch Nachteile. Erwachsene erinnern sich vielleicht nicht genau an ihre frühen Erfahrungen oder versuchen, sie zu mehr zu machen, als sie eigentlich waren. Wie soll es einem Erwachsenen, so die berechtigte Frage, eigentlich überhaupt möglich sein, das in Worte zu fassen, was zu einer Zeit seines Lebens geschah, in der es nur wenige Worte und Konzepte gab? Wir müssen zugeben, daß unsere Erinnerungen sich im Laufe der Jahre verändern und wir versucht sein können, in unsere Erinnerungen Dinge einzuflechten, die uns erst im späteren Leben widerfuhren.

Kinder verfügen vielleicht nicht über das extensive Vokabular oder den begrifflichen Rahmen von Erwachsenen, aber es scheint so zu sein, daß sie überaus gut in der Lage sind, ihre tiefsten spirituellen Anliegen auszudrücken. In gewissem Sinne können Kinder auch ohne die Wortfülle der Erwachsenen in sehr elementarer Sprache ihre Erfahrungen, die ja im Grunde ganz einfach sind, ausdrücken. „Aus dem Munde der jungen Kinder und Säuglinge hast du eine Macht zugerichtet."[27] Dieser bekannte Satz bezeugt, zumindest metaphorisch, die unschuldige Weisheit, die ein kleines Kind spricht.

Aber wenn Kinder über tiefere Realitäten berichten, steckt darin oft mehr als eine Metapher. Manchmal taucht diese Weisheit im Zuge der unschuldigen Fragen des Kindes zu den Geheimnissen des Lebens auf, wie beispielsweise in diesem von C. G. Jung aufgezeichneten Dialog zwischen Großmutter und Enkel:

> „Großmama, warum hast du so verwelkte Augen?"
> „Weil ich halt schon alt bin."
> „Aber gelt, du wirst dann wieder jung?"
> „Nein, weißt du, ich werde immer älter, und dann werde ich sterben."
> „Ja und dann?"
> „Dann werde ich ein Engel –"
> „Und dann wirst du wieder ein kleines Kindchen?"

Jung merkt an, in der Antwort des Kindes lägen „die Elemente der Reinkarnationslehre, welche – wie bekannt – noch in Millionen von Menschen lebendig ist".[28]

Manchmal zeigt sich diese Weisheit deutlich, wenn Kinder sich gegen die Seichtheit oder Scheinheiligkeit ihrer Kultur wehren, wie in diesem Fall gegen die Art der frühen religiösen Erziehung:

> Ich wurde in die Sonntagsschule geschickt und später in die Kirche... Der Aspekt des „erbärmlichen Sünders" in der orthodoxen Religion hatte im Alter von fünf bis neun erheblichen Einfluß auf mein Denken. Ich haßte das und hatte immer stärker das Gefühl, das sei Blasphemie gegenüber der Schönheit, dem Licht und der allumfassenden Verschmelzung von Gott, Mensch und Materie, die ich rings um mich herum zu sehen meinte. Zu meiner Schande bin ich im Alter von neun Jahren während des Gottesdienstes aufgesprungen – ich konnte das „denn es ist keine Gesundheit in uns" nicht länger ertragen – und habe geschrien, so sei Gott überhaupt nicht: Er sei einem näher als die eigene Hand. Und man führte mich tränenüberflutet hinaus.[29]

Am kraftvollsten und bewegendsten zeigt sich die Tiefe des kindlichen Wissens vielleicht im Leben sterbender Kinder. In dem Buch *Kinder und Tod* von Elisabeth Kübler-Ross steht die Geschichte von Edou, einem siebenjährigen Jungen aus Santa Barbara, der seit seinem dritten Lebensjahr an Leukämie litt, und sein Wissen um das Leben, den Tod und das Jenseits jedem mitteilte, der bereit war zuzuhören. Dies sind ein paar Auszüge aus einem Tonband, das nach seinem Willen aufgenommen wurde, als er sechs Jahre alt war:

> Helfer: Warum hast du beschlossen zu sterben?
>
> Edou: Weil ich so krank bin. Wenn man tot ist, dann ist die Seele im Himmel, und dann hat man nicht mehr die ganzen Schmerzen und Wunden. Manchmal, wenn man will, kann man in ein gesundes Leben zurückkehren, wo man keine Schmerzen und Wunden mehr hat.
>
> Helfer: Glaubst du an die Wiedergeburt?
>
> Edou: Ja, daran glaube ich. . .
>
> Helfer: Edou, kannst du uns sagen, wie es wohl im Himmel aussieht? Hast du ihn gesehen, und erinnerst du dich, wie es auf der anderen Seite aussieht?
>
> Edou: Nein, aber ich glaube, ich kann dir ein genaues Beispiel dafür geben, wie es dort aussieht. Es ist wie . . . wie wenn man durch einen anderen Durchgang geht, durch eine Mauer durch, in eine andere Milchstraße oder so. Es ist so, wie wenn man in sein Gehirn hineingeht. Und es ist so, wie wenn man auf einer Wolke lebt, und der Geist ist da, aber nicht der Körper. Man hat den Körper verlassen. Es ist wirklich so, wie wenn man durch eine Mauer geht, in sein Inneres hinein . . .
>
> Helfer: Was kannst du aber den Leuten sagen, die meinen, daß das dein ganzes Leben ist? Sie meinen, daß du nur *ein* Leben hast, und das ist alles.
>
> Edou: Sie haben unrecht, weil ich wieder zurückkommen werde.[30]

Kurz nach seinem siebten Geburtstag bat er selbst darum, seine medizinische Behandlung abzusetzen, und starb friedlich lächelnd.

Das Außernormale in der Kunst von Kindern

Die Künste stellen für Kinder eine kraftvolle Möglichkeit dar, ungesehene Wirklichkeiten zum Ausdruck zu bringen. Violet Madge hat in ihr Buch *Children in Search of Meaning* einige Gedichte von Kindern aufgenommen, die über eine „numinose" oder ehrfurchtgebietende Qualität verfügen. Dies sind beispielsweise die poetischen Inspirationen eines siebenjährigen Mädchens:

> Eines Morgens hörte ich
> im Liede einer Lerche einen wunderbaren
> Ton. Das Dunkel zog sich zurück,
> die Sonne stieg auf.
>
> Früh in der Nacht, noch hell,
> kamen zwei Liebestauben geflogen,
> um allen den Geist zu bringen.
> Wir sahen ihnen vom Fenster zu,
> wie sie flogen.[31]

Ob das Mädchen über ein Ereignis schreibt, das ihr tatsächlich widerfahren ist, oder ob sie einfach nur phantasiert, das werden wir nie wissen. Aber die Art und Weise, in der sie die Bilder in ihren Gedichten ausdrückt, deutet auf eine spirituelle Sensibilität hin, die weit über ihre Jahre hinausreicht.

Zeichnen und Malen sind für Kinder wunderbare Medien, um innere Erfahrungen zum Ausdruck zu bringen. In gewisser Weise sind sie für die Beschreibungen des inneren spirituellen Lebens ohnehin besser geeignet, da es sich dabei um nonverbale Möglichkeiten handelt, Enthüllungen zu vermitteln, für die es keine Worte gibt. Für kleine Kinder ist dies oft auch die einzige Möglichkeit, ihre inneren Welten nach außen hin darzustellen. Rhoda Kellog, eine Kunsterzieherin aus San Francisco, hat eine umfassende Studie von Zeichnungen kleiner Kinder gemacht und entdeckt, daß zu den ersten erkennbaren Formen, die Kinder mit einem Pinsel oder Stift hervorbringen, mandalaförmige Kreise und Kreuze gehören.[32] Michael Fordham, ein Jungscher Psychoanalytiker, hat diese Entdeckung dazu benutzt, auf die Einstimmung des jungen Kindes mit der Ganzheit des Selbst hinzuweisen.[33]

Wenn die Kinder heranwachsen, werden die transpersonalen Symbole seltener und treten nur noch gelegentlich zwischen den prosaischeren Bildern auf, die das Produkt der folgenden Stadien des sich im Kinde entwickelnden Ich sind. Allerdings können bei manchen Kindern die transpersonalen Symbole in der Kunst ausgeprägter sein. So hat zum Beispiel Gloria Simoneaux, eine Kunsttherapeutin am Children's Cancer Research Center in San Francisco, bei einem meiner Kurse über Kinderentwicklung bewegende Kunstwerke von Kindern präsentiert, die sich mit einer furchtbaren Krankheit auseinandersetzen mußten. Viele dieser Bilder handelten von dem Schmerz, der Ungewißheit, der Angst und der Wut dieser Kinder im Kampf gegen Krebs. Andere enthüllten transformative Symbole. Ein Bild zeigte ein in vielen Farben leuchtendes Flugzeug in der Form eines Regenbogens. Auf einem anderen schwang sich ein einfacher rosafarbener Schmetterling der Sonne entgegen. Regenbogen – ein Symbol für Übergang wie für Transformation – waren auf besonders vielen Bildern vertreten.

Tiefe intuitive Einsichten

Entwicklungspsychologen beobachten immer wieder, daß Kinder bei ihrem Verständnis von sich selbst und der Welt spezifische Stadien durchlaufen. Dieser Übergang von einem Stadium zum nächsten wird oft von Einsichten oder Enthüllungen begleitet, die mit einer neuen Denkweise zu tun haben. Die Psychologen haben zwar viel Mühe investiert, jedes Stadium im Detail zu beschreiben, dabei aber vergessen, die eigene Erfahrung des Kindes zu untersuchen, wie es innerlich zu jedem neuen Stadium erwacht. Eine Erwachsene berichtet über einen solchen Augenblick ihrer Kindheit:

> Wir liefen auf der gepflasterten Straße nach Hause. Mir wurde plötzlich bewußt, daß jeder Schritt, den ich machte, den Weg zwischen mir und meinem Ziel um genausoviel verringerte, wie er die Entfernung zwischen mir und meinem Ausgangspunkt vergrößerte. Ich war sprachlich noch nicht so gewandt, daß ich das jemandem hätte erzählen können. Es war möglicherweise das Aufregendste und Bedeutsamste, das mir je widerfahren war. . . Ich versuchte jahrelang, es in Worte zu fassen. . . Es hatte irgend etwas mit Vollkommenheit

> zu tun, einer perfekten Übereinstimmung von Abnahme und Zunahme. . . Und als ich 15 Jahre alt war, kam mir die rechte Formulierung mitten in einer Geschichtsstunde. Da ließ ich einen großen Freudenschrei los und wurde entsprechend getadelt.[34]

Bei einem anderen Kind hatte diese plötzliche Einsicht mehr mit der Sprachentwicklung zu tun:

> Bis ich sieben war, war Religion für mich rein äußerlich, etwas das vielleicht in Kinderreimen oder -liedern auftauchte. Als ich dann in der zweiten Klasse einer Wesley-Schule in England war, hatte ich eine erstaunlich lebhafte Einsicht, die jenseits aller Beschreibbarkeit liegt, die mir aber seitdem als anhaltende spirituelle Erfahrung geblieben ist. Der Lehrer hatte erklärt, daß es bei den Substantiven neben Gattungsnamen und Eigennamen auch abstrakte Bezeichnungen gäbe, die meist auf „heit" enden, wie etwa Weisheit, Bosheit und so fort, und außerdem sehr wichtige Worte wie Liebe und Haß. Das war der Moment, in dem ich geistig erwachsen zu werden schien.[35]

Diese Erfahrungen scheinen mit den psychologischen Theorien „vom Körper aufwärts" übereinzustimmen. Sie kommen in Altersstufen vor, die mit dem Übergang von einem kognitiven Stadium zum nächsten zu tun haben. Sie tragen jedoch auch Elemente der Entwicklungslinie „vom Wesen abwärts" in sich: Es sind Ereignisse, die tief aufwühlen und und transformative Auswirkungen auf das spätere Leben haben. Es könnte sein, daß diese Momente einen bedeutsamen Berührungspunkt zwischen der Entwicklung „vom Körper aufwärts" und der „vom Wesen abwärts" darstellen.

Andere tiefe Einsichten scheinen jedoch, wie das nachfolgende Beispiel zeigt, viel mehr zu der Welt des Kindes „vom Wesen abwärts" zu gehören:

> In dem Jahr, in dem ich acht wurde . . . stand ich fertig angezogen für einen dieser endlosen, entsetzlichen Spaziergänge auf kleinen Landstraßen und betrachtete meine Lage in etwa so: „Hier bin ich, ein kleiner Junge von sieben; ich frage mich, wo ich wohl vor acht Jahren war." Bei diesem enormen Gedanken stand ich wie angewurzelt auf dem Teppich (ich war ja alleine in dem Zimmer), und über

mich hinweg fegte eine ungeheure Gefühlswelle. Ich kam mir plötzlich alt vor, hatte das Gefühl, jemand Uraltes zu sein, schwer belastet von Zeit, mit einer fast anfanglosen Individualität. Vor acht Jahren, dachte ich, warum nicht vor 80 oder 800? Ich fühlte mich uralt und angefüllt mit Zeit. Heutzutage kann ich natürlich nicht die Worte finden, deutlich zu machen, was ich meine. Aber ich erinnere mich dennoch ganz genau daran.[36]

Übersinnliche Wahrnehmungen

Ich könnte dieses Kapitel nicht abschließen, ohne einen Blick auf die Welt der übersinnlichen Erfahrungen in der Kindheit zu werfen. In den letzten Jahren haben sich die Massenmedien der Fähigkeiten von Kindern angenommen, Löffel zu biegen, die Zukunft vorherzusagen und andere übersinnliche Leistungen zu erbringen. Bücher, Filme und Fernsehserien haben sich den okkulten Fähigkeiten von Kindern zugewandt und dieses Thema oft dadurch ausgeschlachtet, daß sie Kinder als „Teufelskinder" porträtieren, die Mensch und Natur mit ihren übernatürlichen Kräften Schaden zufügen können.

Die meisten dieser übersinnlichen Ereignisse sind deutlich anders als die bisher beschriebenen Erfahrungen. Es liegt eine Welt von Unterschieden zwischen einem Kind, das einen Blick auf die Ewigkeit erhascht, und einem, das durch Psychokinese ein Feuer entfacht! Da es sich aber dabei auch um „außernormale" Erfahrungen handelt, müssen sie in dieses Buch aufgenommen werden. Die späteren Kapitel werden hoffentlich deutlich machen, wie man solche Erfahrungen von den anderen in diesem Kapitel beschriebenen unterscheiden kann.

Das Feld der übersinnlichen Studien, die *Parapsychologie*, ist ein komplexes und facettenreiches Gebiet. Es behandelt verschiedene Arten von Fähigkeiten, darunter die Telepathie (die Fähigkeit, „Gedanken zu lesen"), Präkognition (die Fähigkeit, die Zukunft vorauszusehen), Hellsehen (die Fähigkeit, unsichtbare Energien, Wesenheiten, Formen und so weiter zu sehen) und Psychokinese (die Fähigkeit, materielle Formen durch „die Kraft der Gedanken" zu beeinflussen). Zwar ist der Großteil der wissenschaftlichen Forschung auf diesem Gebiet mit Erwachsenen durchgeführt worden, aber es gibt doch eine kleine, stetig anwachsende Menge von Literatur und Erfahrungen zum Thema des übersinnlichen Kindes.

Telepathie: Parapsychologen führen seit den dreißiger Jahren Experimente durch, bei denen sie die Fähigkeiten von Kindern testen, die Gedanken von sogenannten „Sendern“ mitzubekommen, die sich auf Bilder, Farben oder Symbole konzentrierten. In den letzten fünfzig Jahren befaßten sich viele Experimente dieser Art auch mit den Interaktionen zwischen Schülern und Lehrern. Aus mehreren dieser Studien kann man entnehmen, daß außersinnliche Wahrnehmung (ASW) eher vorkommt, wenn die Stimmung im Klassenzimmer freundlich ist (wenn also der Schüler den Lehrer mag und/oder umgekehrt).[37] Einzelne Forscher haben zudem Fälle von Telepathie zwischen Eltern und Kindern untersucht. Der Psychiater Berthold Schwartz hat in seinem Tagebuch mögliche telepathische Vorfälle im täglichen Leben seiner Familie (zu der seine Frau, Ardis, und ihre beiden Kinder, Lisa und Eric, gehörten) festgehalten. Ein Eintrag lautet beispielsweise:

> 12. August,1960, Freitag, 16.30 h. Ardis hat für Lisa Erbsensuppe gemacht. Ihre Gedanken wanderten dabei zu der Bemerkung eines Freundes über Geburtstagsfeiern und die Frage, wieviel man für ein Geschenk ausgeben solle. An der Stelle fragte Lisa: „Was kostet die Erbse?“[38]

Jan Ehrenwald, ein weiterer Psychiater, meint, ASW repräsentiere eine natürliche symbiotische Verbindung zwischen Mutter und Kind in den ersten Jahren. Telepathie könnte eine primitive Möglichkeit sein, grundlegende Überlebensbedürfnisse zu signalisieren, da der Säugling noch nicht die Fähigkeiten entwickelt hat, diese selbst zu befriedigen.[39]

Präkognition: Die Offenheit für das Übersinnliche kann sich bei einem Kind auch auf Gedanken über die Zukunft ausdehnen. Eine in Indien durchgeführte Studie berichtet von mehreren spontanen Vorkommnissen dieser Art. Ein Kind sagte:

> Dies passierte, als ich zu Hause saß und mir der Gedanke kam, mein Onkel mütterlicherseits habe einen Unfall gehabt und sei gestorben. Am selben Abend kam ein Telegramm an, in dem der Tod meines Onkels mitgeteilt wurde. Das geschah weit weg von hier. Mein Onkel fuhr gerade ein Taxi über eine Brücke.[40]

Ein anderes Kind erlebte folgendes Phänomen im Traum:

> Als ich in Agra lebte, hatte ich eine enge Freundin. Später kam ich nach Gorakhpur und träumte dort, diese Freundin sei vom Dach gefallen und gestorben. Ein paar Tage später schickte mir ihre Mutter einen Brief, in dem sie schrieb, meine Freundin Leela sei tot. Da wußte ich, daß mein Traum wahr geworden war.[41]

Auch Elisabeth Kübler-Ross beschreibt in *Kinder und Tod* den spirituell präkognitiven Traum eines Kindes. Eines Morgens erzählte eine Vierjährige aufgeregt ihrer Mutter, sie habe in der Nacht Jesus gesehen und mit ihm gesprochen, und Jesus habe ihr gesagt, sie werde bald hinaufkommen und bei ihm leben. Die Mutter hatte ihr Kind noch nie so aufgeregt gesehen. Die Erwartungen des Kindes wurden bald erfüllt, denn noch am selben Nachmittag starb es durch Ertrinken.[42]

Hellsehen: Von Menschen, die Formen, Gegenstände, Farben und ähnliches „sehen" können, das dem nackten Auge verborgen oder unsichtbar ist, sagt man, sie verfügten über hellseherische Fähigkeiten. Parapsychologen haben Studien mit Kindern durchgeführt, die man angewiesen hat, auf Karten gedruckte Symbole zu „erraten", die in verschlossenen Umschlägen steckten. Bei einer von diesen Untersuchungen wurden die Kinder in „Schafe" und „Ziegen" aufgeteilt, je nachdem, ob sie im voraus das Gefühl hatten, eine solche Aufgabe lösen zu können („Schafe") oder nicht („Ziegen"). Man hat dann festgestellt, daß die Schafe deutlich mehr und die Ziegen etwas weniger richtige Antworten hatten, als es der Zufälligkeitsberechnung entsprochen hätte.[43]

Der kalifornische Grundschullehrer James Peterson hat eine Untersuchung über spontanes Hellsehen in der Kindheit durchgeführt.[44] Ein Teil seiner Studie bestand daraus, Kinder in seinen Klassen zu befragen, die angaben, Farben und Lichter zu sehen, sowohl in der Luft wie um menschliche Körper herum. Mehrere der an der Untersuchung beteiligten Kinder malten Bilder von dem, was sie sahen.[45] Viele der Kinder berichteten unabhängig voneinander von denselben Phänomenen. In manchen Fällen haben Kinder gemeinsam die Gestalt, die Farben und die Bewegungen einer Energieform beschrieben. Hier sind beispielsweise einige Bemerkungen von zwei Kindern, die beschreiben, welche Energien sie beobachteten, als sie ihrem Lehrer beim Meditieren zusahen:

John: Wir sahen ein weißes Licht, so ungefähr hier auf Ihrem Gesicht. . .
Peter: . . . ziemlich genau auf der Nase.
John: Wir sehen Blau über Ihren Augen.
Peter: Es sieht aus, als ob Sie Lidschatten drauf hätten. . . Ich sehe Blau unter seiner Nase.
John: Und Ihr Haar war blau.
Peter: Jaaa.
John: Und unter Ihrem Kinn ist alles blau.
Peter: Er verwandelt sich irgendwie. . .
John: Ich weiß, so mehr blau-grün.
Peter: Wir sehen auch Blau auf seinen Ohren. (Flüstern)
John: Seine Nase ist ganz rot.
Peter: Ja. Das ist so eine Art Blau auf seinen Wangen. Wir sehen. . . (Flüstern)
John: Da sind weiße Beulen – keine Beulen – mehr wie Blitze, die aus seinen Handgelenken kommen.
Peter: Aus den Handgelenken kommen weiße Lichter . . . aus kleinen Löchern. Die Mitte seiner Hand (Innenfläche) ist blau.
John: Und sein Schnurrbart ist rosa.[46]

Natürlich ist es möglich, daß die Kinder sich insgeheim verschworen hatten und versucht haben, etwas vorzutäuschen, aber es ist auch möglich, daß sie wirklich etwas gesehen haben, was die moderne Wissenschaft nun anzuerkennen beginnt: ineinandergreifende Schichten von Energie in dieser Welt, die in den Freiräumen zwischen objektiver und subjektiver Erfahrung sitzen und mit der „bekannten" Welt der physischen Materie in Interaktion stehen.[47]

Psychokinese: Die Fähigkeit von Kindern, physische Materie durch „Gedankenkontrolle" zu beeinflussen, taucht in vielen Presseberichten auf. Besonders prominentes Beispiel ist der amerikanische Jugendliche Matthew Manning, dessen Autobiographie *The Link* seine eigene frühzeitige Entwicklung auf parapsychologischem Gebiet beschreibt.[48] Psychokinese in der Kindheit wurde außerdem in der Zeit von Uri Gellers Fernsehsendungen in England in den Siebzigern bekannt. Offenbar haben Gellers Demonstrationen seiner Fähigkeit, mit geistigen Kräften

Löffel zu biegen und Uhren zu reparieren, Hunderte von dafür empfänglichen Kindern inspiriert. Der Sender wurde bald von Briefen überflutet, in denen beschrieben wurde, wie Kinder dieselben Sachen vollbracht hatten.[49]

Joseph C. Pearce, der Autor von *Die magische Welt des Kindes*, meint, die Psychokinese entwickle sich beim Kind etwa im Alter von sieben Jahren, wenn das „Reversibilitätsdenken“ einsetzt. Das ist „die Fähigkeit des Geistes, alle Zustände in einem Kontinuum möglicher Zustände als gleichwertig zu betrachten und zu dem Punkt zurückzukehren, von dem die Operation des Geistes ausgeht“.[50] Diese Art des Denkens ist nach Pearce ein fruchtbares und kraftvolles Werkzeug im Leben des Kindes. Im Alter von sieben bis vierzehn Jahren trifft die enorme Suggestibilität von Kindern auf die Fähigkeit, in der konkreten Welt zu agieren und auf sie einzuwirken. Unsere Kultur legt gewöhnlich dem, was ein Mensch tun und nicht tun kann, Grenzen auf, und deswegen sind es nicht mehr Kinder, die wir solche Arten von Handlungen ausführen sehen. Zeigt man Kindern dieser Altersstufe neue Möglichkeiten (wie Gellers Löffelbiegen), dann sind sie offenbar in der Lage, sich in diese Fähigkeit hineinzuversetzen und sie nachzumachen.

Mit dem Beginn der Adoleszenz taucht eine neue Art von psychokinetischen Erscheinungen auf: die Poltergeist-Phänomene. Diese listigen „unsichtbaren Geister“ können in den Wohnungen von Jugendlichen Bücher aus den Regalen schmeißen, Lampen gegen die Wand schmettern oder plötzliche Explosionen auslösen. Parapsychologen haben das Auftreten solcher Phänomene untersucht und festgestellt, daß sie in Umgebungen vorzukommen scheinen, in denen die Jugendlichen ein tiefes Bedürfnis haben zu rebellieren, diesem aber aus diversen psychologischen, sozialen oder kulturellen Gründen nicht direkt Ausdruck verleihen können. Aus parapsychologischer Sicht wird diese unterschwellige Energie psychisch als Poltergeist-Phänomen freigesetzt.[51]

Zum Verständnis außernormaler Kindheitserfahrungen

In diesem Kapitel wurden vielfältige Erfahrungen in der Kindheit vorgestellt, die sich weder leicht noch vollständig mit den konventionellen Modellen der Kindesentwicklung erklären lassen. Wie im ersten Kapitel angemerkt, würden die vorherrschenden Denkschulen des Westens viele dieser Erfahrungen als „Täuschungen“, „Halluzinationen“, „Phantasien“ oder „magisches Denken“ abtun. Es bestehen jedoch überzeugende Beweise dafür, daß es bei vielen dieser Beispiele um mehr geht als um kindliche Einbildungskraft. Wir müssen daher entweder die bestehenden Modelle so erweitern, daß sie Raum für derartige außernormale Erfahrungen bieten, oder alternative Modelle entwickeln, in denen sie leichter unterzubringen sind. In diesem Buch habe ich mich für die zweite Lösung entschieden. In den nächsten drei Kapiteln betrachte ich diese außernormalen Erfahrungen aus der Sicht der transpersonalen Psychologie, der vergleichenden Mythologie und der Metaphysik. Im achten Kapitel dann werde ich versuchen, mein eigenes beschreibendes Modell für die Unterscheidung von verschiedenen Arten normaler wie außernormaler Erfahrungen in der Kindheit vorzustellen. Durch die Präsentation dieses Modells hoffe ich, weiterer Forschung die Tür zu öffnen, so daß man den ganzen Fundus an Erfahrung, der in die Psyche des Kindes eingebettet ist, besser verstehen kann.

Drittes Kapitel

Das Kind als Selbst: ein psychologischer Ansatz

> Ich empfand Mitleid nicht nur für das Kleinkind, das ich selber war, sondern auch mit meiner Mutter und mit jedem, der sich im Entbindungsraum befand. Es war, als verließe ich einen wunderbaren, hellerleuchteten Ort, an dem mir viele Dinge offenstanden, um in eine sehr geschlossene und verwirrende Umgebung zu kommen. Es schien, als wüßte ich von all den Schwierigkeiten, die vor mir lagen, und als fühlte ich, welch ein Verlust es ist, daß wir Menschen nicht verstehen.[1]
>
> Hypnotisch regredierte Versuchsperson

Bei den Regressionsexperimenten des klinischen Psychologen David Chamberlain in San Diego wurden Mütter und Kinder getrennt durch Hypnose zum Zeitpunkt der Geburt zurückgeführt. Die Ergebnisse waren sehr überraschend. In vielen Fällen lieferten Mutter und Kind sehr ähnliche Beschreibungen der Geburtsereignisse. Etwa so:

> Mutter: Michele wurde sehr schnell geboren, und sie mußten die Nabelschnur von ihrem Hals schneiden. Die waren noch dabei, mir Tücher über die Beine zu legen, als Michele schon geboren wurde.
> Kind: Da ist etwas Helles, etwas Großes genau über mir. Es wird kälter. Ich fühle Hände an meinem Hals, sie nehmen etwas weg.[2]

Zwei Töchter konnten genau beschreiben, welche Frisur ihre Mütter zu der Zeit getragen hatten. Eine andere Mutter, die von sich sagte, sie sei durch die Anästhetika berauscht und desorientiert gewesen, erhielt von ihrem Kind eine Bestätigung dafür: „Meine Mutter ist wirklich sehr nervös, aber sie scheint gar nicht so richtig da zu sein."[3]

Bei Neugeborenen geht man eigentlich nicht davon aus, daß sie über die Aufmerksamkeit fürs Detail oder die Empfindsamkeit für die Umgebung verfügen, die sich in diesen Berichten zeigen.[4] Die Ärzte sagen, die Neuronen des Neugeborenen seien noch nicht ausreichend untereinander verbunden, um erfolgreich die Nervenimpulse weiterzuleiten, die für klare Wahrnehmung und Erinnerung notwendig sind, von den höheren kognitiven Fähigkeiten, die in den Geburtsberichten dieser Kinder aufscheinen, ganz zu schweigen.[5] Wie konnte es zu solchen Erinnerungen kommen?

Vielleicht haben die Ärzte recht, und solche Erinnerungen sind gemäß der Entwicklungs-Psychobiologie (einer Perspektive „vom Körper aufwärts") unmöglich. Sie können jedoch Gültigkeit gewinnen, wenn man sie unter dem Aspekt „vom Wesen abwärts" betrachtet. Es könnte sein, daß diese Erinnerungen möglich sind, weil der Säugling einen anderen „Blickwinkel" hat, der jenseits der „blühenden, schwirrenden Verwirrung" liegt, als die William James den typischen Bewußtseinszustand des Neugeborenen beschreibt.[6]

In diesem Kapitel werde ich dieses reifere Bewußtsein innerhalb der Psyche zu untersuchen beginnen. Viele psychologische Schulen leugnen die Möglichkeit, daß Kinder reife Sichtweisen haben könnten (erinnern Sie sich an das „leere Blatt" der Behavioristen, an das „materielle Selbst" von Piaget und Freuds Narzißmus im ersten Kapitel). Es gibt jedoch auch psychologische Paradigmen, die sehr wohl zur Erklärung dieses Phänomens beitragen können. Außerdem können sie das Verständnis der verschiedenen außernormalen Erfahrungen aus dem letzten Kapitel erleichtern. Diese Paradigmen finden sich im Bereich der transpersonalen Psychologie, und dieser will ich mich nun zuwenden.

Transpersonale Psychologie – ein kurzer Überblick

Die transpersonale Psychologie ist als die „vierte Kraft" in der zeitgenössischen Psychologie bezeichnet worden.[7] Sie entstand aus dem Bedürfnis, sich Gegenden der Psyche zuzuwenden, die von den Hauptrichtungen der traditionellen Psychologie vernachlässigt worden sind. Nach Anthony Sutich, einem Pionier der transpersonalen Bewegung, gehören dazu unter anderem folgende Gebiete:

> . . . Einheitsbewußtsein, Meta-Bedürfnisse, Grenzerfahrungen, Ekstase, mystische Erfahrungen, Sein, Essenz, Glückseligkeit, Ehrfurcht, Wunder, Transzendenz des Ich, Seele, Sakralisierung des Alltagsle-

> bens, Einssein, kosmisches Bewußtsein, kosmisches Spiel, individuelle und artspezifische Synergie, Theorie und Praxis der Meditation, spirituelle Wege, Mitgefühl, transpersonale Kooperation, transpersonale Verwirklichung und Aktualisierung. . . [8]

Wenn sie auch als moderne professionelle Bewegung erst zwanzig Jahre alt ist, so reichen doch die Wurzeln der transpersonalen Psychologie tief in die östliche und westliche Religion, in Philosophie und Mythologie hinein. Die zeitgenössischen psychologischen Anfänge reichen zurück bis William James, dessen Untersuchungen von Bewußtsein und religiöser Erfahrung auch für die gegenwärtigen Trends auf dem Gebiet noch relevant sind. Der erste, der den Begriff *transpersonal* benutzte, war C. G. Jung (der vom *Überpersönlichen* sprach). Seine Definition war breit angelegt, um unbewußte Inhalte und Prozesse jenseits der Grenzen des Ich oder der bewußten Persönlichkeit zu bezeichnen.[9]

Ende der Sechziger stellten Abraham Maslow und Anthony Sutich fest, daß die ebenfalls von ihnen mitbegründete Bewegung der humanistischen Psychologie nicht umfassend genug war, alles aufzunehmen, was über die „entfernteren Bereiche" der menschlichen Natur entdeckt wurde. Das Arbeitsfeld wurde ursprünglich als transhumanistisch bezeichnet, aber 1969 fand mit der ersten Ausgabe des *Journal of Transpersonal Psychology* die offizielle Geburt dieser Disziplin statt. Das Feld dehnte sich mit der Gründung der Association for Transpersonal Psychology 1971 und der ersten Jahreskonferenz 1973 rasch aus. 1972 wurde die Internationale Transpersonale Gesellschaft gegründet, die bereits Konferenzen in Island, Indien, Finnland, Brasilien, in der Schweiz, in Australien und den USA durchgeführt hat.

Die transpersonale Perspektive hat durch die Veröffentlichung zahlreicher Bücher und Aufsätze, in denen diese Sichtweise auf die unterschiedlichsten Disziplinen Anwendung fand, zunehmende Anerkennung erlangt. Und diese wächst ständig dadurch weiter, daß Wissenschaftler, Forscher, Psychotherapeuten, spirituell Interessierte und Menschen aus den unterschiedlichsten Lebensbereichen in diesem Zugang zur menschlichen Erfahrung einen gemeinsamen Nenner finden.

Die transpersonale Sicht der Welt hilft, außernormale Erfahrungen in der Kindheit besser zu verstehen. Um dies zu demonstrieren, werde ich mich an vier transpersonale Denker halten: C. G. Jung, Roberto Assagioli, John Welwood und Ken Wilber. Diese vier Theoretiker teilen zwar viele Ansichten über das Wesen der Realität, aber es gibt unter ihnen auch etliche bedeutende Unterschiede. Jeder von ihnen kann die Diskussion um außernormale Erfahrungen in der Kindheit um eine einzigartige psychologische Perspektive bereichern.

C. G. Jung und das Konzept des Selbst

C. G. Jung ist einer der bedeutendsten Denker in der Psychologie des zwanzigsten Jahrhunderts. Seine Karriere begann als „Erbe" des psychoanalytischen Reiches von Sigmund Freud, aber Jung verabschiedete sich bald von Freuds starrem Festhalten an Sexualität als der Grundlage für die gesamte Psychopathologie und entwickelte eine einzigartige und kreative Psychologie – die analytische Psychologie –, die nicht nur die psychologischen Konzepte des Westens reflektiert, sondern auch stark von westlichen wie östlichen religiösen, philosophischen und mythologischen Quellen beeinflußt ist.

Jungs berühmtester Beitrag zur psychologischen Literatur besteht vermutlich in seinem Konzept des kollektiven Unbewußten. Mit dieser neuen Formulierung hat Jung Freuds begrenzte Vorstellung des personalen Unbewußten als dem Sitz versteckter instinkthafter Energien um universale Symbole erweitert, die der gesamten Menschheit gemeinsam sind. Diese können als archetypische Bilder in der Psyche eines einzelnen auftauchen, sei es in Träumen, in der Kunst oder in der Phantasie. Mit seinem Konzept des kollektiven Unbewußten hat Jung eine logische Grundlage für ein psychologisches Substrat geliefert, das weiter ist als die begrenzte Individualität eines Menschen. In diesem Sinne verfügt die gesamte Menschheit über denselben „Geist", und jeder Einzelmensch kann etwas vom allen gemeinsamen Inhalt hervorheben.

Jung ging noch weiter und entwickelte ein Konzept des Selbst, das seine Vorstellung des kollektiven Unbewußten ein Stück weit widerspiegelt. Zwar hat er diesen Begriff in verschiedenen Schriften unterschiedlich benutzt, aber die für unsere Zwecke ergiebigste Definition ist die des Selbst als allumfassendes, vereinendes, organisierendes Prinzip im Leben eines Menschen.[11] Jung unterschied zwischen dem individuellen Ich und dem Selbst: Das Ich verkörpert einen Großteil dessen, was wir hier im Westen über die Persönlichkeit wissen (die Auffassung, eine eigenständige Person mit spezifischen Gefühlen, Vorstellungen und

Empfindungen zu sein); das Selbst schließt das Ich ein, geht ihm voraus und über es hinaus. So wie das kollektive Unbewußte einen universalen Charakter reflektiert, der das personale Unbewußte klein erscheinen läßt, so repräsentiert das Selbst eine tiefere Ebene von Identität, die größer ist als der einzelne Mensch mit all seinen persönlichen Hoffnungen, Ängsten, Freuden und Kümmernissen. Das Selbst ist größer als das Konzept von einem selbst, als individuelle Neurosen und Probleme, als persönliche Charakterzüge und so weiter. Darüber hinaus ist dieses Selbst, das bereits vor der physischen Geburt des einzelnen Menschen existiert hat, größer als das Wachstum des individuellen Ich, das sich durch die verschiedenen Stadien der menschlichen Entwicklung bewegt, wie sie in der zeitgenössischen Entwicklungspsychologie definiert werden. Jung meint sogar, das Selbst sei in gewisser Hinsicht der Dirigent dieses Entwicklungsprozesses. Diese Rolle könne man am deutlichsten in Zeiten der Veränderung der Persönlichkeit beobachten, wenn das individuelle Ich einen Prozeß der Individuation und Transformation durchläuft. In solchen Phasen kommt das Selbst in den Vordergrund und hilft, die dem Menschen innewohnenden Wachstumsmuster neu zu dirigieren und wahrzumachen.

Jungs Konzepte des kollektiven Unbewußten und des Selbst sind für dieses Buch insofern wichtig, als sie einen Rahmen liefern, der einige der bisher betrachteten außernormalen Erfahrungen in der Kindheit verständlich macht. Viele von den Bildern, die bei diesen Erfahrungen an die Oberfläche kamen (etwa Black Elks Visionen seiner Ahnen, der Seestern im „großen Traum" eines jungen Mädchens, die Engel bei Lillys Erfahrung in der Kirche und so weiter) könnten als archetypische Erfahrungen interpretiert werden, die die Inhalte des kollektiven Unbewußten erschließen. Darüber hinaus könnte es sein, daß die Kinder, die Einheit, Licht, Liebe und das Gefühl erfahren haben, in ihrem Leben gebe es eine größere Wesenheit, Verbindung mit dem Selbst aufgenommen haben.

Das Studium einiger „großer Träume" aus der Kindheit führte Jung zu demselben Ergebnis. Ursprünglich vermutete er, diese archetypischen Träume würden das Unbewußte der Eltern der Kinder reflektieren, und daß sie nicht wirklich aus den Kindern selbst kämen. Jung hat in seinen Schriften oft behauptet, das Leben von Kindern reflektiere das unausgesprochene Leben ihrer Eltern.[12] Manchmal hat er erwachsene Patienten, die nicht träumten, dadurch behandelt, daß er die Träume ihrer Kinder analysierte. Er ging davon aus, daß die Träume ihrer Kinder genauen Aufschluß über die Konfliktpunkte bei den Erwachsenen liefern würden. Allmählich erkannte er jedoch, daß die „großen Träume" in der Kindheit mehr als Widerspiegelungen des Unbewußten eines Erwachsenen sind, und sah, daß sie aus tieferen Zentren in der eigenen Psyche des Kindes kommen. Jung selbst hatte im Alter von drei oder vier Jahren einen „großen Traum", von dem er sagte, er habe ihn ein ganzes Leben lang beschäftigt.

> . . . entdeckte ich plötzlich ein dunkles, rechteckiges, ausgemauertes Loch in der Erde. Ich hatte es noch nie zuvor gesehen. Neugierig trat ich näher und blickte hinunter. Da sah ich eine Steintreppe, die in die Tiefe führte. Zögernd und furchtsam stieg ich hinunter. Unten befand sich eine Türe mit Rundbogen, durch einen grünen Vorhang abgeschlossen. Der Vorhang war groß und schwer, wie aus gewirktem Stoff oder aus Brokat, und es fiel mir auf, daß er sehr reich aussah. Neugierig, was sich dahinter wohl verbergen möge, schob ich ihn beiseite und erblickte einen zirka zehn Meter langen rechteckigen Raum in dämmerigem Lichte. Die gewölbte Decke bestand aus Steinen, und auch der Boden war mit Steinfliesen bedeckt. In der Mitte lief ein roter Teppich vom Eingang bis zu einer niedrigen Estrade. Auf dieser stand ein wunderbar reicher goldener Thronsessel. Ich bin nicht sicher, aber vielleicht lag ein rotes Polster darauf. Der Sessel war prachtvoll, wie im Märchen, ein richtiger Königssessel! Darauf stand nun etwas. Es war ein riesiges Gebilde, das fast bis an die Decke reichte. Zuerst meinte ich, es sei ein hoher Baumstamm. Der Durchmesser betrug etwa fünfzig bis sechzig Zentimeter und die Höhe etwa vier bis fünf Meter. Das Gebilde war aber von merkwürdiger Beschaffenheit: es bestand aus Haut und lebendigem Fleisch, und obendrauf war eine Art rundkegelförmigen Kopfes ohne Gesicht und ohne Haare; nur ganz oben auf dem Scheitel befand sich ein einziges Auge, das unbewegt nach oben blickte. . . Es herrschte aber über dem Kopf eine gewisse Helligkeit. Das Ding bewegte sich nicht, jedoch hatte ich das Gefühl, als ob es jeden Augenblick wurmartig von seinem Throne herunterkommen und auf mich zukriechen könnte. Vor Angst war ich wie gelähmt. In diesem unerträglichen Augenblick hörte ich plötzlich meiner Mutter Stimme wie von außen und oben, welche rief: „Ja, schau ihn dir nur an. Das ist der Men-

> schenfresser!" Da bekam ich einen Höllenschrecken und erwachte, schwitzend vor Angst. Von da an hatte ich viele Abende lang Angst einzuschlafen, weil ich fürchtete, ich könnte wieder einen ähnlichen Traum haben.[13]

Dieser Traum ist deswegen interessant, weil er sowohl Elemente der Erde (unterirdische Höhle, fleischlicher Phallus) wie des Geistes (das Auge des Phallus und das helle Licht darüber) enthält. Er scheint daher die beiden in diesem Buch aufgezeichneten Entwicklungslinien zu verkörpern („vom Körper aufwärts" und „vom Wesen abwärts"). Noch viel später in seinem Leben dachte Jung weiter über diesen Traum nach:

> Was sprach damals in mir? Wer redete Worte überlegener Problematik? Wer stellte das Oben und das Unten zusammen und legte damit den Grund zu all dem, was die ganze zweite Hälfte meines Lebens mit Stürmen leidenschaftlichster Natur erfüllte? Wer störte ungetrübte, harmloseste Kindheit mit schwerer Ahnung reifsten Menschenlebens? Wer anders als der fremde Gast, der von Oben und Unten kam?[14]

Die erste Hälfte des Lebens wird in den Schriften von Jung grundsätzlich als die Zeit der Ich-Entwicklung bezeichnet, als eine Bewegung hinaus in die Welt mit ihren Verantwortungen und Verpflichtungen. Aus seiner Sicht kann wahres spirituelles und religiöses Fragen und Suchen ernsthaft erst in der zweiten Lebenshälfte beginnen.[15] Aber wie wir an Jungs eigener Erfahrung sehen, kann auch die Kindheit, mindestens für einige Menschen, die Zeit sein, in der die Grundlage für diese innere Suche gelegt wird. Dazu meint Frances Wickes, eine der führenden Jungschen Kinder-Psychiaterinnen:

> Sogar sehr junge Kinder können die Erfahrung von zeitlosen Wirklichkeiten machen. . . Wenn das Kind älter wird, bedrücken ihn die Probleme der äußeren Welt. Sein Ich muß wachsen, um den Anforderungen des größeren Bewußtseins zu entsprechen, und es mag so ausschauen, als hätte das Ich die numinosen Erfahrungen vergessen, aber das Selbst erinnert sich daran – an diesen Weisen, der von Anbeginn in der Psyche des Kindes lebt und in Zeiten der Gefahr das bestimmende Wort spricht.[16]

Dora Kalff, eine weitere bekannte Jungsche Kinder-Psychotherapeutin, erzählt die Geschichte eines zwölfjährigen Jungen, der seiner zurückgezogenen Art wegen zu ihr in die Therapie gebracht worden war, obwohl er äußerlich gut an die Gesellschaft angepaßt schien. Mit Hilfe des Sandspiels (eines Satzes kleiner Figuren und eines Sandkastens) baute der Junge eine Szene auf, bei der ein ganzes Bataillon schwerer Waffen drei kleinen Geschützen gegenüberstand, die von einem schwachen Blechverhau beschützt wurden. Das Kind wurde gefragt: „Können diese drei schwachen Geschütze den schweren Waffen wohl standhalten?" Der Junge antwortete: „Das kann man nie wissen." Kalff bemerkt dazu:

> Immer wieder bin ich ergriffen über die Entdeckung, wie nah die kindliche Psyche den geistigen und heilenden Kräften steht. Aus den einfachen Worten des Kindes, „Man kann nie wissen", sprach zugleich tiefste Lebensweisheit, die mich unwillkürlich an den chinesischen Weisen Laotse denken ließ. . . „daß Schwaches das Starke besiegt / und Weiches das Harte besiegt".[17]

Kalff verweist darauf, daß die drei Geschütze die Möglichkeit der Heilung im Kinde repräsentieren, „die Hoffnung auf Überwindung der übermächtigen Aggressionen durch die anscheinend noch schwachen Energien, die aber im Grunde genommen ‚größer sind als unser Ich' ".

Diese dynamischen Energien sind in irgendeiner Form immer unter oder über der Oberfläche unseres äußerlich sich entwickelnden Ich vorhanden – des Ich, das von der zeitgenössischen Entwicklungspsychologie beobachtet und gemessen wird. Aber das Selbst ist nicht so leicht mit den Instrumenten der Psychologie zu entdecken. Es zeigt sich vielleicht nur in Krisenzeiten oder als ein Flüstern inmitten der lauteren Kräfte der Anpassung und Einfügung in kulturelle Realitäten. Aber das Selbst ist letzten Endes ein Verbündeter des sich entwickelnden Ich des Kindes. Wenn die äußere Anpassung in eine Sackgasse gerät oder nicht mehr den tieferen kreativen Drang des Kindes reflektiert, kann das Selbst in den Vordergund treten. Es liefert dann das, was Jung die „kompensatorische Funktion" nannte, und stellt eine Umgruppierung im Gleichgewicht der innerpsychischen Funktionen und eine Heilung im inneren Wesen des Kindes her.

Psychosynthesis und das höhere Unbewußte

Roberto Assagioli, der Begründer der Psychosynthesis, war ein italienischer Psychiater, dessen Ursprünge in der psychoanalytischen Tradition von Sigmund Freud lagen. Wie Jung sagte er sich von Freuds Lehren los, als ihm deutlich wurde, daß Freuds Lehre Teile der menschlichen Psyche ausließ. Assagioli sorgte sich besonders darum, daß Freuds System die Persönlichkeit des Menschen zu zergliedern versuchte, ohne dem Patienten die Möglichkeit zu geben, das zu integrieren, was analysiert worden war. Daher schuf er die Psycho*synthesis*, ein System, mit Hilfe dessen das, was auseinandergenommen wurde, wieder neu geordnet, durch Synthese verbunden und integriert werden kann. Abbildung 1 zeigt Assagiolis Modell des Bewußtseins.
Nach diesem Modell ist der alltägliche Wachzustand des Menschen im Gebiet 4 angesiedelt, und der als 5 bezeichnete Punkt repräsentiert das Gefühl von „Ich-heit", das unsere erste Erfahrung von Identität aus-

1. Das tiefere Unbewußte
2. Das mittlere Unbewußte
3. Das höhere Unbewußte oder Überbewußte
4. Das Bewußtseinsfeld
5. Das bewußte Selbst oder „Ich"
6. Das höhere (transpersonale) Selbst
7. Das kollektive Unbewußte

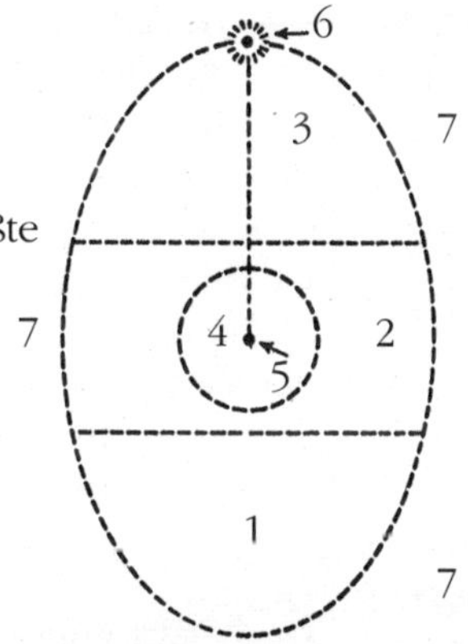

Abbildung 1: Assagiolis Modell des Bewußtseins[18]

macht. Assagioli hat wie Freud vom Unbewußten gesprochen, aber er hat einige wichtige Unterscheidungen zwischen den Ebenen des Unbewußten gemacht, die für unser Verständnis von außernormalen Kindheitserfahrungen entscheidend sind. Was Freud als Un- oder Unterbewußtes bezeichnet, ist für Assagioli das „tiefere Unbewußte" (Gebiet 1).

Nach Assagioli ist dies der Sitz der fundamentalen Antriebe, primitiven Impulse, vieler Komplexe, psychologischer Korrelationen von physiologischen Funktionen, einfacher unkontrollierter parapsychologischer Prozesse und verschiedener Phobien, Obsessionen und zwanghafter Impulse. Zusätzlich hat Assagioli in sein Modell das kollektive Unbewußte (Gebiet 7) aufgenommen, von dem Jung spricht, und auch das mittlere und höhere Unbewußte. Das mittlere Unbewußte (Gebiet 2) repräsentiert einen Teil der Psyche, der dem Wachbewußtsein nahe und unserem bewußten Leben leicht zugänglich ist. Es enthält viele automatische Funktionsweisen, die wir jeden Tag ausüben, ohne sie wahrzunehmen (etwa Autofahren), und dient auch dazu, Ideen und Bilder aufkeimen zu lassen, bevor sie ins volle Bewußtsein steigen. Das höhere Unbewußte (Gebiet 3) ist nach Assagioli „der Bereich, aus dem wir unsere höheren Intuitionen und Inspirationen“ erhalten – „künstlerischer, philosophischer oder wissenschaftlicher Art, ethische ‚Imperative‘ und den Antrieb zu humanitären und heroischen Handlungen. Es ist die Quelle höherer Gefühle, wie der altruistischen Liebe, des Genies und des Zustandes der Kontemplation, der Erleuchtung und Ekstase. In diesem Bereich sind die latenten, höheren psychischen Funktionen und spirituellen Energien beheimatet.“[19]

Assagiolis Modell ermöglicht es uns, einige allgemeine Unterscheidungen zwischen verschiedenen Arten außernormaler Erfahrungen zu machen. Wie oben zitiert, merkt Assagioli an, daß das tiefere Unbewußte „niedere unkontrollierte parapsychologische Prozesse“ einschließt. Dazu würden vermutlich die hellseherischen Fähigkeiten von Petersons Schülern, viele telepathische Fähigkeiten in der Kindheit und die Poltergeist-Phänomene gehören. Nicht dazu zählen darf man die intuitiven Einsichten, die Weisheit und die tiefen religiösen Gipfelerlebnisse oder archetypischen Erfahrungen, die wir im zweiten Kapitel betrachtet haben. Diese letzteren Formen außernormaler Erfahrungen passen besser in das „höhere Unbewußte“ oder sogar das „höhere Selbst“ in Assagiolis Modell (in der Abbildung als gepunktete Linie von 5 zu 6 dargestellt).[20]

Assagioli hat kein auf diesem Konzept der Persönlichkeit beruhendes Entwicklungsmodell erstellt oder sich überhaupt sehr mit dem Thema „Kindheit“ befaßt. Er hatte jedoch Interesse an den Möglichkeiten von hochbegabten Kindern und sah das Potential zu spirituellem Erwachen in ihnen.

> Hochbegabte Kinder zeigen in sehr jungen Jahren Interesse an philosophischen, moralischen und spirituellen Themen. Sie verfügen oft über echte Intuition und spirituelle Erleuchtung.[21]

Die Möglichkeit, daß vielleicht sogar „normale" Kinder dasselbe Interesse zeigen könnten, haben die Psychosynthesis-Ausbilder Paula Klimek und Jack Canfield untersucht. Sie leiteten eine Untersuchung mit dem Titel „The Radiant Student". Canfield und Klimek führten eine Gruppe von elf- und zwölfjährigen Kindern durch eine Reihe von Psychosynthesis-Übungen, um ihnen eine Verbindung zu tieferen Ebenen des inneren Wissens zu ermöglichen. Im Zentrum dieser Arbeit stand eine Umrißzeichnung des Körpers in ganzer Größe, in die die Schüler sorgfältig die Symbole und Muster eintrugen, die den Entdeckungen entsprachen, die sie während der Übungen gemacht hatten. Canfield berichtete:

> Die Ergebnisse waren geradezu phänomenal. Viele Schüler zeichneten die Chakras, die Zirbeldrüse, die Aura, die aus den Händen strömende Heilungsenergie, Archetypen, Symbole und so fort. Es hatte zuvor keinerlei Diskussion über irgendeines dieser Konzepte gegeben. Was herauskam, war spontan und prachtvoll.[22]

Eine der von Klimek und Canfield benutzten Übungen hieß „Lebenssinn-Phantasie". Die Kinder erhielten die Anweisung, sich zu entspannen und dann ihr ganzes Leben im Rücklauf zu betrachten. Als sie den Moment kurz vor ihrer Geburt erreichten, erhielten sie den Vorschlag, einen besonderen Führer oder einen weisen Menschen zu treffen, der ihnen helfen würde, die Frage zu beantworten: „Was ist der Sinn meines Lebens?" Einige der Antworten lauteten:

> Ich lief über eine Wiese mit vielen, vielen Blumen, und an ihrem Ende war ein farbiges Spiralmuster. . . Ich traf eine Frau, und sie gab mir . . . eine rote Rose. Ihre Augen waren tief lila, und das hielt mich in einer Art Trance. Es hatte eine Art innerer Wärme oder Schönheit. Der Weg führte mich einen Regenbogen hinunter. Ich rutschte mit allen Kindern, die ich je kennengelernt hatte, und überall um mich herum sah ich alles, was mir in der Vergangenheit je geschehen war. Außerdem sah ich überall um mich herum das Wort „Liebe".

> Ich sah einen Pfad durch die Wälder auf der ganzen Welt. Die Grenzen für das, was geschehen könnte, waren endlos. [23]

Die bei diesen Experimenten benutzten Übungen schienen eine Verbindung zwischen der begrenzten Individualität dieser Kinder und etwas Größerem und Umfassenderem herzustellen.

Welwood und der „offene Grund"

John Welwood, ein transpersonaler Psychologe, hat eine ganz andere Interpretation des Unbewußten als Jung und Assagioli geliefert. Statt das Unbewußte als „Reich" oder „Ort" (wie das „kollektive Unbewußte", das „höhere Unbewußte" oder das „tiefere Unbewußte" und so weiter) zu betrachten, das sich von der bewußten Erfahrung deutlich unterscheidet, versuchte Welwood die Vorstellung zu vermitteln, daß unbewußte Prozesse als „Felder" von Gewahrsein operieren, die auf flexible und dynamische Weise mit bewußten Prozessen von fokussiertem Gewahrsein interagieren. Welwood hat sogar darauf hingewiesen, daß sich die Aufmerksamkeit selbst (das, was wir „Bewußtsein" nennen würden) immer von relativ deutlich getrennten Ebenen von Gewahrsein (wie etwa der Wahrnehmung eines lauten Geräusches) zu zunehmend diffuseren oder verwischten Mustern von Gewahrsein verändert. Welwood nennt jedes dieser Felder einen „Grund" (die Hintergrund-Komponente einer Figur/Grund-Dichotomie). Er hat vier Arten von „Grund" spezifiziert, die zunehmend diffusere und umfassendere Muster von Gewahrsein darstellen:

1. *Der situative Grund.* Diese Ebene von Gewahrsein, die manchmal als „empfundene Bedeutung" bezeichnet wird, ist die Ebene von Gewahrsein, die die impliziten oder noch vor der Artikulation liegenden Gefühle, die wir in bezug auf unsere ständig sich verändernde Lebenssituation haben, beschreibt. Welwood illustriert das so:

> „Wenn Sie, die Leserin oder der Leser, einen Augenblick innehalten und an jemanden denken, den Sie kennen, dann fällt Ihnen vielleicht auf, daß hinter jedem spezifischen Bild oder Gedanken, jeder Emotion zu dieser Person noch etwas ganz Verwischtes da ist, das sich ganz anders anfühlt als bei jedem anderen Menschen."[24]

2. *Der personale Grund.* Welwood definiert diese Ebene als „die Art, in der persönliche Bedeutungen und Assoziationen, die sich in der individuellen Lebensgeschichte entwickelt haben, gegenwärtig hintergründig das Bewußtsein formen".[25] Zu dieser Ebene kann ein ganzes Spektrum von Erinnerungen, Phantasien, Projektionen, Vorlieben, Abneigungen und Gefühlen gehören, derer wir uns gewöhnlich nicht bewußt sind, wenn wir nicht durch Meditation, Therapie oder Introspektion das Gewahrsein auf sie ausrichten.

3. *Der transpersonale Grund.* Diese Ebene repräsentiert einen weiteren Schritt zurück in einen noch mehr verallgemeinerten Hintergrund von Gewahrsein. Vor diesem Hintergrund spüren wir „die Weisheit unseres Organismus", die überall vorhandenen leitenden Energien, die sowohl im Kosmos wie in uns selbst als individuellen Persönlichkeiten implizit sind. Dazu gehört das größere Gespür, das wir für unsere Beziehung zu allen lebenden Wesen und unseren Platz in der Biosphäre haben. Es ist unser Gefühl des „Hierseins", sowohl als einzelne Person wie als universale Verkörperung des Lebensprinzips in der Natur.

4. *Der offene Grund.* Die diffuseste Ebene des Gewahrseins, die auch als „offener Raum" bezeichnet wird, ist „reine, unmittelbare Gegenwart, bevor sie in irgendeiner Form von Subjekt/Objekt-Dualität differenziert wird".[26] Die Buddhisten nennen es „uranfängliches Gewahrsein" oder „Nicht-Denken", und dies ist der letztendliche Hintergrund des Bewußtseins, ohne Form oder Inhalt. Nach Welwood kann dieser offene Grund während der Meditation, in dem Raum zwischen Wachen und Schlafen oder sogar im Laufe unserer alltäglichen Aktivitäten in Form von flüchtigen Einblicken oder Blitzen in unser normales Bewußtsein einbrechen. Dieser Grund wird jedoch gewöhnlich von all den anderen, einander durchdringenden Gründen und unserer normalen fokussierten Aufmerksamkeit verdrängt, die das Gewahrsein immer mit Namen, Etiketten, Konzepten und Gefühlen aufzufüllen sucht.

Welwood meint, Kinder wären empfänglicher für den „offenen Grund" als die meisten Erwachsenen:

> Kinder scheinen, besonders vor der Festigung ihres Identitätsgefühls, in vieler Weise näher am offenen Raum zu leben als Erwachsene. Sie verändern sich recht schnell, vereinigen allerhand Widersprüchliches und brauchen keine beständige *Persona*, an die sie alles zurückverweisen können. Sie gleiten häufig in etwas ab, was Geistesabwesen-

> heit zu sein scheint und was man vielleicht als „spacing-in“ bezeichnen könnte. Das unterscheidet sich insofern ganz deutlich von dem abgelenkten „spacing-out“. . . , als das Kind noch auf ganz natürliche Weise nahe an einem offenen Grund ist, der mit zunehmendem Alter von immer mehr Hindernissen verstellt wird.[27]

Bei einigen der Gipfel- oder Grenzerfahrungen, die im zweiten Kapitel beschrieben wurden, könnte es sich um Erfahrungen des „offenen Grunds“ handeln, obwohl es so aussieht, als seien sie in der Mehrzahl dem „transpersonalen Grund“ verwandt, besonders dort, wo es um ein Gefühl der „gegenseitigen Verbundenheit mit allem Lebendigen“ geht („in dem Augenblick wußte ich, daß ich meinen eigenen besonderen Platz hatte, so wie alle anderen Dinge. . . “). Wieder andere Erfahrungen – besonders die übersinnlichen – könnten Teil des „personalen Grundes“ sein und eine Mischung von emotional aufgeladenen Bildern darstellen, bei denen es sich teilweise um Projektionen und teilweise vielleicht um ein Anzapfen des personalen Grunds anderer Menschen handelt.

Ken Wilber und das Spektrum des Bewußtseins

In den letzten fünfzehn Jahren hat sich Ken Wilber zu einem der wichtigsten Theoretiker der transpersonalen Psychologie entwickelt. Er hat eine Reihe von bemerkenswert synthetischen Büchern geschrieben, in denen er seine Theorien auf ein breite Palette von Feldern anwendet, einschließlich der Entwicklungspsychologie (*Das Atman-Projekt*), der Anthropologie (*Halbzeit der Evolution*), der Religionssoziologie (*A Sociable God*) und der Psychotherapie (*No Boundaries*).

Wilber hat für seine Betrachtung der psychologischen Entwicklung einen „spektralen“ Ansatz gewählt. So wie weißes Licht mehrere Frequenzen oder Schwingungsebenen enthält, so kann man auch das Panorama des Bewußtseins in ein Spektrum von Ebenen aufteilen. Abbildung 2 faßt Wilbers Charakterisierung dieser Ebenen in bezug auf die individuelle Entwicklung des Menschen zusammen.

Wilber hat diese fortschreitende Entwicklung das „Atman-Projekt“ genannt. Damit will er den Prozeß beschreiben, bei dem Atman (die ultimative Realität) sich auf die Leinwand der illusionären Welt (den äuße-

ren Bogen) projiziert und sich dann nach innen zieht, um seine wahre Identität als das Absolute (den inneren Bogen) zu entdecken.
Das Individuum beginnt die Entwicklung auf Ebenen, die Wilber als „pleromatisch" oder „uroborisch" bezeichnet. Das sind präpersonale Strukturen, die an unsere frühere Erörterung der materiellen und unbewußten Anfänge des Kindes in einem Zustand der Verschmelzung mit

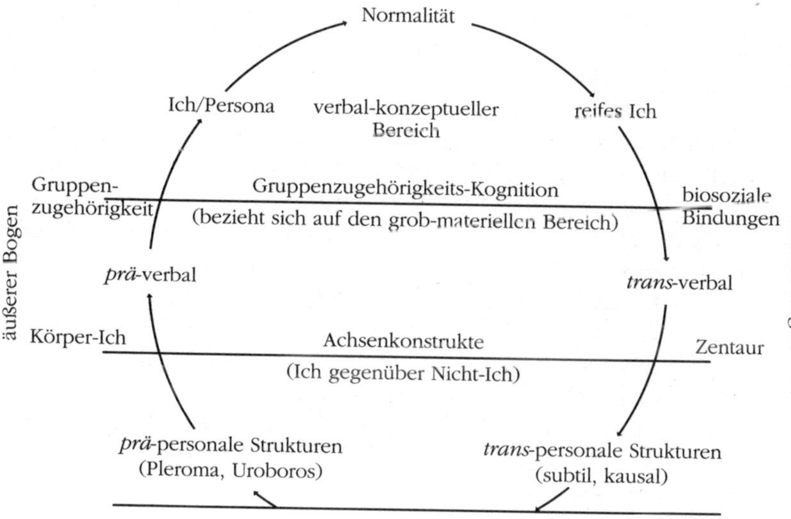

Abbildung 2: Wilbers Ebenen des Bewußtseins[28]

der Mutter erinnern. Aus dieser präpersonalen Einheit heraus beginnen Kinder, ein rudimentäres Gefühl von Selbst aufzubauen, das im physischen Körper wurzelt (das Körper-Ich). Dann beginnt die Internalisierung der kulturellen Regeln und Interaktionsmuster innerhalb der Familie (das Ich der Gruppenzugehörigkeit) auf dem Wege zur Entwicklung eines stabilen und voll funktionsfähigen Ich auf der Höhe des äußeren Bogens.

Die zweite Hälfte des Entwicklungszyklus, der innere Bogen, beschreibt die Ebenen, die jenseits unseres Vorstellungsbildes vom durchschnittlichen Erwachsenen in der Gesellschaft liegen. Dazu gehört das „reife Ich", bei dem Erwachsene sich im Rahmen der beschränkten Möglichkeiten ihrer Kulturen so weit wie möglich entwickelt haben. Jemand mit einem reifen Ich hat mit anderen Worten all die bestehenden Spielregeln gelernt und beginnt sich nun jenseits der „biosozialen Bindungen" oder Metaregeln zu begeben, die Gesellschaften zusammenhalten.

Die transverbalen Ebenen der Entwicklung werden von Künstlern, Philosophen, Schriftstellern und anderen Genies der Gesellschaft erreicht, die bei dem Versuch, die Strukturen der Kultur zu transformieren, über die Ebene des „Normalen" hinausgeschritten sind. Die Zentauren-Ebene beschreibt das volle Erblühen der individuellen Persönlichkeit. Das Individuum wendet sich nun in einem Prozeß, bei dem es das Gefühl des Getrenntseins aufgibt und sich mit zunehmend tieferen und breiteren Aspekten des Selbst identifiziert, den „transpersonalen" Ebenen zu. Die transpersonalen Bereiche beschreiben die Erfahrungen von Heiligen, Mahatmas, Avatars und anderen Mystikern des Ostens wie des Westens. Die Reise gipfelt in der Identifikation mit dem Höchsten, das als Atman oder reines Sein bezeichnet wird.

Wilbers Modell liefert eine Möglichkeit, die Stadien des Wachstums von den primitivsten Ebenen von Unbewußtheit zu den überbewußten Ebenen des transpersonalen Erwachens zu beschreiben und in Beziehung zueinander zu setzen. Es vereint ein breites Feld von unterschiedlichen Richtungen in der Psychologie einschließlich der traditionellen westlichen Entwicklungsmodelle (Piaget, Freud, Erikson, Mahler, Baldwin, Sullivan und andere) auf den präpersonalen und ichhaften Ebenen, der humanistischen und existentiellen Richtungen (wie May, Laing, Rogers und andere) auf der reifen Ich-Ebene und der transverbalen Ebene und der westlichen und östlichen mystischen Traditionen (Vedanta, tibetischer Buddhismus, christliche Mystik und so fort) auf den transpersonalen Ebenen.

In Wilbers Entwicklungsschema wird die Kindheit im allgemeinen den „präpersonalen" und frühen ichhaften Ebenen zugeordnet. Er selbst hat häufig betont, wie wichtig es sei, die „präpersonale" Einheitserfahrung des Säuglings oder Kindes nicht mit der „transpersonalen" Erfahrung des Mystikers zu verwechseln (ein Fehler, den Wilber die „Prä/Trans-Verwechslung" nennt). Eine weitere Erörterung dieser Frage soll dem siebten Kapitel vorbehalten bleiben. Jetzt reicht es zu sagen, daß zwar einige der berichteten übersinnlichen Erfahrungen zu den präpersonalen Stadien der Entwicklung gehören, etliche jedoch am anderen Ende von Wilbers Spektrum angesiedelt zu sein scheinen (feinstofflicher, kausaler und transzendenter Bereich). Wenn es auch so aussehen mag, als beginge ich den Fehler der Prä/Trans-Verwechslung, wenn ich das sage, berufe ich mich dabei tatsächlich auf eines von Wilbers eigenen Konzepten – das des „auftauchenden Unbewußten" –, um diese höheren Erfahrungen in der Kindheit zu deuten. Eine der fünf von Wilber beschriebenen Arten von unbewußten Prozessen, nämlich das auftauchende Unbewußte, enthält all die Ebenen der Entwicklung, die sich noch im Individuum entfalten können.[29] Wenn jemand daher im Ich/Persona-Stadium der Entwicklung ist, enthält das auftauchende Unbewußte alle nachfolgenden Ebenen einschließlich des reifen Ichs, des Zentauren und aller transpersonalen Strukturen (feinstofflich, kausal, transzendent). Wilber meint, daß ein Individuum in einem beliebigen Stadium der Entwicklung das auftauchende Unbewußte als den Durchbruch zum Gewahrsein der nächsthöheren Ebene erleben kann. Zum Beispiel könnte jemand auf der Zentauren-Ebene Ankündigungen der feinstofflichen Ebene erfahren.

Wilber scheint dagegen die Möglichkeit auszuschließen, daß man Ebenen weit jenseits des eigenen gegenwärtigen Stadiums erfährt. Und doch sieht es so aus, als wäre genau das bei vielen der im zweiten Kapitel beschriebenen Erfahrungen des Einsseins geschehen. Kinder, die ansonsten in vielerlei Weise mit den präpersonalen oder frühen ichhaften Ebenen der Entwicklung identifiziert sind, scheinen, wenn auch nur kurzfristig, Kontakt mit den Ebenen des Bewußtseins aufzunehmen, die am anderen Ende von Wilbers Entwicklungsspektrum stehen.

Das überrascht einen gar nicht, wenn man bedenkt, daß diese Ebenen in latenter Form bereits in der Psyche des Kindes *vorhanden sind*, wie Wilber richtig anmerkt: „Wir können in Übereinstimmung mit dem Vedanta davon ausgehen, daß *alle* Ebenen und Stufen mit dem Selbst eins sind."[30] Wenn also ein Kind im allgemeinen zwar Stadium für Stadium durch die verschiedenen Ebenen von Wilbers Hierarchie schreitet („vom Körper aufwärts"), so scheinen doch viele der Erfahrungen „vom Wesen abwärts" eine Abkehr von diesem wohlgeordneten Prozeß darzustellen. Darauf könnte sich Wilber beziehen, wenn er bemerkt: „Im allgemeinen jedoch *kann* das Feinstoffliche nach der Adoleszenz aufzutauchen beginnen, selten vorher."[31] Wie selten diese Erfahrungen wirklich sind, wird sich erst noch zeigen müssen. Aber es scheint klar zu sein, daß es sie gibt, und ihre Existenz bedeutet eine bemerkenswerte Abkehr von der Mehrheit der westlichen Entwicklungspsychologien.

Unbeantwortete Fragen

Die vier oben vorgestellten Modelle scheinen nützlich zu sein, um einige allgemeine Unterscheidungen zwischen den Hauptgruppen außernormaler Erfahrungen (also etwa zwischen übersinnlichen und spirituellen) zu machen. Aber es bleiben noch große Grauzonen, in denen mehrere Interpretationen möglich sind und die genaue Natur einer bestimmten Erfahrung unklar bleibt. Wir wissen beispielsweise nicht, ob die von Chamberlain durch Hypnose regredierten Versuchspersonen in einer präpersonalen parapsychologischen Symbiose (die auf der psychologischen Einheit mit der Mutter beruhte) steckten oder ob sie statt dessen Kontakt zu ihrem „höheren Selbst" aufgenommen hatten. Wir wissen nicht, ob die Krankheit in Black Elks Kindheit ein Delirium heraufbeschwor, das archetypische Bilder aus dem kollektiven Unbewußten aktivierte, oder ob ihm ein Durchbruch in den „transpersonalen Grund" des Gewahrseins gelungen ist.[32] Ähnlich rätselhaft sind die Nahtoderfahrungen im zweiten Kapitel. In mancher Hinsicht scheinen sie die hellseherischen Merkmale aufzuweisen, die mit Assagiolis „tieferem Unbewußten" assoziiert sind (Visionen von verstorbenen Verwandten, Tunnel und so fort). Sie scheinen jedoch außerdem insofern Aspekte des „höheren Unbewußten" zu erschließen, als sie zu einem tiefen Gefühl von Glück oder Frieden führten. Die von Petersons Schulkindern beschriebenen Lichter stammen ganz offensichtlich von einer anderen psychologischen Ebene als das heilende Licht von Yogananda oder das Meditationslicht der „Mutter". Doch die himmlischen Lichter der Nahtoderfahrung lassen sich nicht so leicht auf der Landkarte der Psyche abstecken.

Die hier dargestellten Modelle sollte man als allgemeine Führer sehen, die nützlich sind, um außernormale Erfahrungen aufzuklären, aber wohl kaum ein Ersatz für die Erfahrungen selbst. Letzten Endes ist jede Erfahrung einer außernormalen Realität in sich einzigartig und muß daher für sich gesondert betrachtet werden. Es scheint durchaus möglich, daß viele der bisher untersuchten Erfahrungen Ereignisse mit vielen Facetten sind, die aus mehreren Ebenen stammen und zu deren Verständnis man die unterschiedlichsten psychologischen Landkarten und Forschungsinstrumente braucht. Der Kinderpsychologe der Zukunft wird hoffentlich so umfassend ausgebildet und gerüstet sein, daß er mit einem solchen Panorama von Erfahrungen umgehen kann.

Viertes Kapitel

Das Kind im Exil: ein mythologischer Ansatz

> Die Geschichte von Adams Vertreibung aus dem Paradies zeigt, daß es eine bestimmte Zeit gibt, in der der Mensch im Garten Eden ist, und daß er nach dieser Zeit ins Exil geschickt wird und nicht mehr die Freude, das Glück und die Freiheit erfährt, die die Seele einst besaß. Es gibt auf dieser Welt nicht eine Seele, die nicht den Garten Eden erfahren hätte, und dieser Garten Eden ist die früheste Kindheit.[1]
>
> Hazrat Inayat Khan

Ein außerirdisches Wesen wird bei einer geheimen Aufklärungsmission von einem anderen Planeten versehentlich zurückgelassen und ist jetzt auf dem Planeten Erde gestrandet. Ein kleiner Junge findet diesen Fremden, und sie entwerfen gemeinsam einen Plan, wie er wieder nach Hause kommen kann. Dieses einfache Szenarium umreißt die Handlungslinie des Kinofilmes *E.T. – der Außerirdische*, eines der größten Kassenerfolge aller Zeiten. Mindestens ein Teil der Faszination, die der Film ausübt, scheint daher zu rühren, daß sich Kinder (und Erwachsene) mit E.T. identifizieren – einem Wesen im Exil, in einer fremden Welt gestrandet und auf der Suche nach dem Weg zurück „nach Hause".

Dieses Thema des Exils ist nicht neu. Seine Wurzeln liegen tief in der alten Mythologie. Eine Version des Exil-Themas, die uns in diesem Buch über die Kindheit beschäftigen wird, ist als das Motiv des Kindes im Exil bekannt. Das Thema ist immer wieder in Tausenden von Mythen in ganz unterschiedlichen Kulturen und historischen Epochen aufgetaucht. Wenn es erscheint, kann man sicher sein, daß die Ursprünge des Menschen darin erforscht werden. Es dient als Allegorie für das Leben eines jeden Kindes. In gewisser Weise handelt es sich dabei um *den* Mythos der menschlichen Entwicklung, der den Weg des Helden-Ich von seinen göttlichen Ursprüngen zu seiner edlen Bestimmung aufzeichnet. In diesem Kapitel werden wir das Motiv des Kindes im Exil und verwandte mythologische Themen untersuchen und zu entdecken versuchen, wie gewisse außernormale Zustände des Bewußtseins in der frühen Kindheit in Beziehung zu Erinnerungen an ein verlorenes Paradies oder Königreich stehen könnten, aus denen die Seele verbannt worden ist.

Otto Rank, einer der Pioniere der psychoanalytischen Bewegung, hat die Grundstruktur dieses Motivs in seiner Beschreibung der Mythen über die Geburt mythologischer Helden und religiöser Gestalten zusammengefaßt. Obwohl viele Details des Motivs je nach Kultur und Tradition veränderlich sind, hat Rank in der folgenden Beschreibung die meisten Grundelemente erfaßt:

> Der Held hat sehr edle Eltern, oft ist es ein Königssohn. Vor seiner Empfängnis gibt es Schwierigkeiten wie sexuelle Enthaltsamkeit, längere Unfruchtbarkeit oder Verbote und Hindernisse, die seinen Eltern nur heimliche Zusammenkünfte erlauben. Vor oder während der Schwangerschaft gibt es eine Prophezeiung in Form eines Traums oder Orakels. Sie warnt vor seiner Geburt und spricht meist von drohenden Gefahren für den Vater (oder dessen Repräsentanten). In der Regel wird das Kind dann in einem Behältnis im Wasser ausgesetzt. Es wird von Tieren oder armen Leuten (Hirten) gerettet und von einer einfachen Frau oder einem Muttertier genährt. Wenn der Junge groß geworden ist, findet er auf recht unterschiedliche Weise seine edlen Eltern wieder. Nun nimmt er einerseits Rache an seinem Vater und erhält andererseits die volle Anerkennung. Schließlich erzielt er Rang und Ehren.[2]

Rank hat diese gemeinsamen Elemente des Motivs aus einer Analyse von mehr als 70 verschiedenen mythologischen und religiösen Geschichten über die Geburt des Helden herausgearbeitet. Zu den Gestalten, deren Lebensgeschichte mindestens teilweise zu dem Grundmuster paßt, gehören Sargon, Moses, Abraham, Ödipus, Judas, Paris, Krischna, Perseus, Gilgamesch, Cyrus, Tristan, Romulus und Remus, Herkules, Jesus, Buddha, Zoroaster, Siegfried und Lohengrin. Zwei dieser Legenden sollen das Wesen des Motivs weiter illustrieren: die Geburt und die frühen Jahre von Siegfried (aus der germanischen Mythologie) und Perseus (aus der griechischen Mythologie).[3]

Siegfried

König Siegmund von Tarlungaland war entsetzt, als ihm Graf Hartvin erzählte, seine Frau, die Königen Sisibe, habe unerlaubte Beziehungen zu einem Knecht unterhalten. Das stimmte natürlich nicht. Graf Hartvin verbreitete nur deswegen Lügen, weil die Königin seine Annäherungen abgewiesen hatte. Dem König aber, der das nicht wußte, wurde geraten, der Königin die Zunge abzuschneiden. Er schickte Graf Hartvin und Graf Hermann in den Wald, um diese Strafe zu vollziehen. Die beiden Grafen begannen jedoch unterwegs zu streiten, da Graf Hermann die Tat nicht ausführen wollte. Während ihrer Auseinandersetzung gebar Sisibe einen auffallend schönen Sohn und legte ihn in ein gläsernes Gefäß. Als der Kampf zwischen den beiden Grafen sich dem Ende näherte, stieß Graf Hartvin, der besiegt zu Boden fiel, versehentlich das Gefäß in den Fluß, und es schwamm mit der Strömung ins Meer. Als die Königin das sah, starb sie vor Schmerz.

Nach einiger Zeit wurde das Gefäß von der Flut an die Küste gespült, wo es zerbrach und das junge Kind freisetzte, das mittlerweile etwas gewachsen war. Eine Hirschkuh hörte das Weinen des Kindes, hob es auf und trug es zu einer Höhle, in der es zwölf Monate lebte. Eines Tages rannte das Kind in den Wald, wo es von einem kinderlosen Schmied namens Mimir gefunden wurde, der es wie seinen eigenen Sohn großzog. Mimir gab ihm den Namen Siegfried. Siegfried wuchs zu enormer Größe heran und wurde sehr stark. Das war Mimir zu viel, und so sandte er ihn in den Wald, wo ihn Mimirs Bruder, ein Drache mit dem Namen Regin, umbringen sollte. Aber Siegfried tötete sowohl Mimir wie den Drachen und traf dann die Prinzessin Brünhild, die ihm sagte, wer seine Eltern waren.

Perseus

Akrisios, der König von Argos, war alt geworden und hatte noch immer keinen Sohn. Er befragte das Orakel von Delphi, das ihn vor männlichen Nachkommen warnte. Das Orakel sagte, seine Tochter Danaë würde einen Sohn gebären, der sich gegen ihn erheben und ihn töten würde. Aus Angst um sein Leben sperrte Akrisios seine Tochter in einen eisernen Turm, den er schwer bewachen ließ. Trotz dieser Vorsichtsmaßnahmen drang Zeus in der Gestalt goldener Regentropfen in den Turm ein und schwängerte Danaë. Sie gebar ein Kind, das sie Perseus nannte.

Eines Tages hörte Akrisios Perseus im Turm. Da tötete er die Amme und brachte Mutter und Sohn zum Altar des Zeus, wo sie schwören sollte, daß Zeus der Vater sei. Das tat sie zwar, aber er glaubte ihr nicht und packte Mutter und Kind in eine Kiste, die er ins Meer warf.

Nach einiger Zeit fing ein Fischer namens Diktys die Kiste in seinem Netz. Er nahm Danaë und das Kind mit nach Hause und lebte mit ihnen als Familie. Sein Bruder Polydektes verliebte sich jedoch in Danaë. Da er Perseus loswerden wollte, schickte er ihn auf eine Mission, von der er hoffte, sie würde tödlich enden: Er sollte das Haupt der gorgonischen Medusa erringen. Perseus erledigte diese Aufgabe und noch viele andere.

Schließlich brachte Perseus eines Tages bei einem Wettkampf im Diskuswerfen versehentlich seinen Großvater Akrisios um und erfüllte so die alte Prophezeiung. Der junge Held nahm dann seinen Platz als König von Argos und Erbauer von Mykene ein.

Theorien über das Motiv des Kindes im Exil

Verschiedene Psychologen haben mehrere interessante Theorien zur Erklärung der fast universalen Präsenz dieses Motivs in der Mythologie vorgestellt. Sowohl Otto Rank wie C. G. Jung haben angemerkt, daß dieses Motiv in den Phantasien von gestörten jungen Kindern (und Erwachsenen) vorkommt, „die sich in dem Glauben, unendlich viel edler und größer zu sein als ihre Eltern, vorstellen, sie wären in Wirklichkeit von nobler, wenn nicht gar göttlicher Abstammung, nun aber verloren oder im Exil und von diesem gewöhnlicheren Paar (etwa einem Schmied, einem Fischer oder Tieren), das man sie als Eltern zu achten gelehrt hat, adoptiert worden.“[4]

Otto Rank hat eine klassische psychoanalytische Erklärung für dieses Motiv gegeben. Er nimmt an, daß es die Situation von Kindern beschreibt, die sich wünschen, ihre Eltern würden überlebensgroß und so allseits beschützend bleibend, wie sie es in den frühen Lebensjahren waren, „als Vater noch der größte und stärkste Mann zu sein schien und Mutter die liebste und schönste Frau“.[5] Die psychoanalytische Sichtweise betont, daß Kinder diese unrealistische Wahrnehmung ihrer

Eltern zur Zeit der ödipalen Krise (im Alter von etwa fünf Jahren) loslassen und ihre Eltern als fehlbare Individuen („das gewöhnlichere Paar") annehmen müssen.

R. D. Laing hat eine Erklärung geliefert, die tiefer in die Ursprünge des menschlichen Lebens vordringt. Er meinte, dieses Motiv beschreibe in Wirklichkeit die Reise der befruchteten Eizelle durch den Gebärmutterkanal auf dem Weg zur Einnistung im Uterus und dem Wachsen vom Embryo zum Fötus und zum Neugeborenen.[6] In dieser Analogie ist die befruchtete Eizelle der Kind-Held, der Gebärmutterkanal der Fluß, in den der Held geworfen wird, und der Uterus repräsentiert die Adoptionsfunktion (wie der rettende Fischer im Perseus-Mythos). Bei dieser Sichtweise repräsentiert das Motiv eine Art tiefe Erinnerung an unsere eigenen biologischen Ursprünge.

Ich möchte eine transpersonale Korrelation zu Laings biologischer Erklärung vorschlagen.[6] Aus dieser Sicht ist das Motiv des Kindes im Exil eine tiefe Erinnerung an unsere eigenen *spirituellen* Ursprünge im höchsten Wesen oder Geist oder in der Selbstheit. Der Held ist bei dieser Interpretation die Seele, die aus ihrer Einheit mit dem Selbst oder Wesen (den adligen Eltern) hinaus und in den Strom geworfen worden ist, nur um an Land zu kommen (in Materie eingebettet zu werden) und die lange und mühsame Aufgabe anzutreten, im Erwachsenenalter ihren Adel wiederzufinden (sich wieder mit dem Wesen zu vereinen).

Das Exilmotiv enthält Elemente, die zu den beiden in diesem Buch genannten Entwicklungslinien des Kindes in Beziehung stehen. Der Exilteil des Mythos scheint die Reise des Kindes *vom Wesen abwärts* zu beschreiben. Viele der außernormalen Erfahrungen, wie die von Traherne, Wordsworth, Robinson, Yogananda und anderen, die im zweiten Kapitel wiedergegeben sind, könnten Erinnerungen der ins Exil geschickten Kinderseele an „göttliche Ursprünge" sein, Erinnerungen an eine Zeit, in der das Kind noch nah genug an seinem „Ursprungsland" war, um kurze Einblicke in die zeitlose Glückseligkeit oder ewige Harmonie zu erhaschen, die das Gewebe jener tieferen Realität ausmachen.

Die zweite Entwicklungslinie wird in den Teilen des Mythos angesprochen, die beginnen, wenn das Kind an Land kommt. Es wird gefunden und genährt. Der Kind-Held tritt dann eine Reihe von heroischen Kämpfen mit Ungeheuern oder Rivalen auf seinem Weg an, um im Erwachsenenalter wieder seinen Adel zu beanspruchen. Diese Ereignisse scheinen den Aufstieg der Seele *vom Körper aufwärts* zu beschreiben. Zugleich gibt es in diesem Motiv Teile, an denen sich die beiden Linien zu überschneiden scheinen. In den folgenden Abschnitten dieses Kapitels werden wir diese ineinander verwobenen Entwicklungsstränge erforschen, sowohl in bezug auf die Entwicklung des Kindes wie auf ihre weltweite Reflexion in mythologischen Themen.

Erinnerung an spirituelle Ursprünge

Evolutionsforscher, Kulturanthropologen, Soziobiologen und die meisten anderen Wissenschaftler der Gegenwart legen die Ursprünge der menschlichen Rasse ins Tierreich und sehen Wurzeln, die tief in biologische Prozesse eingebettet sind. Dies ist jedoch nur die halbe Geschichte, die Hälfte, die aus der evolutionären Entwicklungslinie „vom Körper aufwärts" folgt.[7] Es gibt beachtliches Beweismaterial für eine komplementäre Sicht der menschlichen Entwicklung, die auch einen Abstieg aus spirituellen Reichen einschließen würde.[8]

Helena Petrowna Blavatsky, eine der Gründerinnen der modernen theosophischen Bewegung, bezeichnete die ersten Lebewesen als „selbst-geboren . . . aus den leuchtenden Körpern der Götter".[9] Diese Sichtweise stellt eine Parallele zu den Geschichten über die Ursprünge der Menschheit in den meisten Mythologien und Religionen der Welt dar. In vielen dieser Geschichten geht man davon aus, die Menschen seien Abkömmlinge (Herabgekommene) von Riesen, Engeln, Göttern und anderen himmlischen Wesen und nicht notwendigerweise oder nicht ausschließlich Nachfahren der Menschenaffen.

In der jüdisch-christlichen Tradition wird diese Auffassung über die Ursprünge in der Geschichte vom Garten Eden und der Vertreibung aus dem Paradies dargestellt.[10] In dieser Metapher steht Eden für den ursprünglichen Zustand von spiritueller Einheit oder Harmonie mit Gott und die Vertreibung für den Abstieg in die Materie (das Auftauchen der evolutionären Entwicklung oder, im Falle des Individuums, den Beginn des abgetrennten Ich). Die hinduistische Tradition bietet eine weitere Art, den spirituellen Abstieg der Menschheit zu interpretieren. Im Hinduismus wird Zeit als zyklisch betrachtet, und die Hindus teilen die Geschichte in vier Epochen oder „Yugas" ein, die sich kontinuierlich wiederholen. Ein solcher Zyklus oder „Maha Yuga" dauert bis zu seiner Vollendung 4.320.000 Menschenjahre oder 12.000 Götterjahre. Dic erste

Epoche, das „Krita Yuga", ist das „goldene Zeitalter", in der das Verständnis von Spiritualität auf dem Höhepunkt ist. In den nachfolgenden Zeitaltern setzt der Prozeß des Verfalls der Werte und der Moral ein, bis das vierte Zeitalter oder „Kali Yuga" erreicht ist, in dem wir jetzt leben. Zu diesen Zeiten sind Materialismus und Ichbezogenheit auf ihrem Höhepunkt, aber sie werden von spiritueller Erneuerung und dem Beginn eines neuen „Maha Yuga" oder Zeitzyklus abgelöst.[11] In diesem Schema kann man nicht nur auf eines, sondern auf zahlreiche goldene Zeitalter in der Vergangenheit zurückblicken und ebenso auf zahllose goldene Zeitalter in die Zukunft schauen.

Diese hinduistische Sichtweise findet in anderen Mythologien eine Bestätigung. Die griechische Tradition nennt vier Rassen – die goldene, die silberne, die bronzene und die eiserne – , die in absteigender Reihe aufeinanderfolgen. Die Menschen der goldenen Rasse lebten wie die Götter, frei von Schmerzen und Mühen und ohne alt zu werden. Bei der silbernen Rasse dauerte die Kindheit noch einhundert Jahre. Die bronzene Rasse wurde vergleichsweise immer kriegerischer, bis diese Destruktivität mit der Ankunft der eisernen Rasse ihren Höhepunkt erreichte.[12] Dieselbe Perspektive findet sich in der persischen Mythologie, wo Zoroaster die Vision eines Baumes mit vier Ästen aus Gold, Silber, Kupfer und Eisen gesehen haben soll. Dazu habe ihm dann Ahura Mazda (Gott) gesagt, im Iran werde es vier Königreiche geben, jedes schlechter als das vorhergehende.[13]

Die Suche der Menschheit nach verlorenen Welten deutet darauf hin, daß es tatsächlich einst ein goldenes Zeitalter gegeben hat. Schon seit Platos Zeiten gibt es Gerüchte von einer utopischen Welt, die es in Urzeiten – viel zu weit zurück, als daß sie Historikern zugänglich wäre – gegeben haben soll, in der das Leben in vielerlei Hinsicht sehr viel weiter fortgeschritten war als in unserer jetzigen Zivilisation. Die Suche nach Atlantis, Lemuria, Shambhala und vielen anderen vergessenen Zivilisationen war abwechslungsreich, manchmal aber auch voller Schabernack, Scharlatanerie und Wunschdenken.[14] Einige wenige Forscher haben jedoch erfolgreich nachweisen können, daß es diese Welten tatsächlich gegeben haben mag.[15] Wichtiger ist allerdings, daß eine unglaubliche *Suche* nach diesen verlorenen Ländern schon seit Hunderten oder sogar Tausenden von Jahren anhält. Das deutet auf eine starke Sehnsucht nach der goldenen Zeit in der Vergangenheit, in der das Leben harmonischer war als heute.

Viele Leute meinen, diese verlorenen Welten seien nicht durch archäologische Ausgrabungen oder in geheimen Bergverstecken zu finden, sondern in den Tiefen der menschlichen Psyche. Die Beschreibung, die Edwin Bernbaum, ein Erforscher der tibetischen Kultur, in seinem Buch *Der Weg nach Shambhala* gibt, klingt gleichermaßen wie eine Reise in die Tiefen der Seele wie ein Trek in den Himalaya. Bernbaum schreibt dazu:

> Wie alle anderen Mythen von unbekannten Ländern erinnert uns der Shambhala-Mythos – wenn auch vielleicht nur unbewußt – daran, daß unsere Welt viel mehr repräsentiert, als wir uns vorstellen wollen. Solche Erinnerungen sind sehr wichtig, denn das Oberflächenbewußtsein will uns ständig von unserer unmittelbaren Erfahrung trennen und uns in die Illusionen unseres Ichs einsperren. Ohne Inspiration durch das nicht zu Wissende, durch den Bereich, der sich jeder Verbegrifflichung entzieht, wird unser Leben sehr eng und schal; es vollzieht sich dann nur in den undurchlässigen Grenzen unserer Ansichten und Meinungen. Unser Interesse an Shambhala reflektiert also unser Sehnen nach dem unmittelbaren Erleben der Welt. Es ist nicht so sehr ein Zeichen für wirklichkeitsfeindliche Tendenzen. Wir könnten sagen, daß das Königreich der Bereich in unserem Leben ist, in dem wir mit der Welt in Berührung kommen möchten, in der wir tatsächlich leben.[16]

Bernbaum setzt diese Erfahrung des Unbekannten dann mit den Erfahrungen der Kindheit in Beziehung:

> Dieses Gewahrsein spült mit seinem Erscheinen auch längst vergessene Kindheitserinnerungen an die Oberfläche des Bewußtseins. Es erinnert uns an die Zeit, zu der wir noch nicht wußten, was die Welt ist, zu der alles noch so fern und so unbekannt erschien wie Shambhala. Damals besaßen wir noch keine Vorurteile, die unsere Wahrnehmungen überschatten und dämpfen konnten. Wir vereinfachten die Dinge noch nicht zu Vorstellungen, sondern erfuhren sie unmittelbar, in all dem Staunen und der Ehrfurcht, die sie in uns weckten. Die Welt war frisch und voller Magie – wie ein verborgenes Königreich.[17]

Und doch fühlen sich, wie wir gesehen haben, selbst Kinder nicht als Bewohner des Paradieses, sondern als Exilanten, die aus dem goldenen Land verbannt wurden und gezwungen sind, in einer fremden Welt zu überleben. Das Schicksal des Kindes ähnelt dem der Exilanten im 137. Psalm, die an den Ufern des Flusses von Babylon sitzen und sich laut fragen: „Wie sollen wir des Herren Lied singen in fremden Landen?"

Diese Bibelstelle nutzt Clifford John Williams, ein Quäker-Künstler, als Ausgangspunkt für Gedanken über das Kind. Er meint:

> Für ein Kind ist das Land noch „fremder" als für uns. Es wächst in einer Familie und in einem Haus auf, die es sich nicht ausgesucht hat und die ihm nicht gehören. Es ist einer Reihe von Regeln und Arrangements unterworfen, bei denen es nicht mitbestimmen durfte; manchmal wird es verwöhnt und gestreichelt, manchmal spielt man mit ihm, aber dann wieder sagt man ihm, es solle sich trollen und einem nicht lästig werden. Es bekommt Spritzen und Verschreibungen, wird so ernährt und gekleidet, wie es der Mode in diesen Dingen entspricht, und dann in die Schule geschickt, um einen weiteren Satz von Regeln und Bestrafungen zu befolgen, bei denen es nicht mitreden durfte. Man sagt ihm, einige Dinge seien richtig und andere falsch, aber man erklärt ihm selten, warum das so ist oder ob sie schon immer so gewesen sind und immer so sein werden.[18]

Ein Fremder in einem fremden Land: die Suche des Helden

So unerfreulich dieses Exil für das Kind auch ist, es ist wirklich und eine unvermeidliche Tatsache des Lebens. Das gläserne Gefäß schwimmt über das Meer, zerschellt an den Klippen und setzt das junge Kind schutzlos den Elementen aus. Glücklicherweise sind die Kräfte der Natur oft gütig, und „Tiere oder einfache Leute" eilen zur Rettung und helfen dem Kind heranzureifen. Aber das Kind hat noch viele Kämpfe vor sich. Diese Phase der kindlichen Existenz ist es, die die Entwicklung „vom Körper aufwärts" charakterisiert. Mythologisch ist diese Entwicklungslinie von Joseph Campbell in *Der Heros in tausend Gestalten* und von Erich Neumann in der *Ursprungsgeschichte des Bewußtseins* beschrieben worden. Unter eher psychologischen Gesichtspunkten haben sich ihr die Ich-Psychologen, die kognitiven Psychologen und andere gewidmet, die sich mit den Entwicklungssstadien befassen, die ein Kind auf dem Weg zur Reife durchläuft.

Neumanns Beschreibung dieser Entwicklungsphase ist für uns sehr hilfreich wegen seines reichen Gebrauchs mythologischer Terminologie in bezug auf das wachsende Kind. Nach Neumann, einem Jungschen Psychoanalytiker, beginnt das Leben des Kindes mit einer symbolischen Einbettung im Uroboros. Dieses uralte Symbol wird häufig durch eine Schlange dargestellt, die ihren eigenen Schwanz verschluckt. Dieses Bild verweist nach Neumann auf die vollkommene Einheit mit der Mutter, eine Einheit, die so vollständig ist, daß es kein Empfinden von Mutter oder abgetrenntem Selbst gibt. Aus diesem Originalzustand muß sich das Kind zu einem Individuum entwickeln. Dieses heranwachsende Ich-Selbst ist, so Neumann, die Gestalt, die in allen Kulturen und Traditionen als Held (Heros) dargestellt wird.

Der Held muß sich mit vielen inneren und äußeren Kräften (Aufgaben, Arbeiten, Problemen, Dämonen, Feinden) auseinandersetzen, wenn er sich auf die Suche nach dem Licht des Bewußtseins oder dem „schwer erreichbaren Schatz" macht (ein Symbol für Integration oder spirituelle Verwirklichung). Zuallererst muß das Kind mit dem ehrfurchteinflößenden Bild der Großen Mutter zu Rande kommen. Sie repräsentiert die Materie oder die Natur und ist eine stärkende und nährende Kraft, aber sie versucht den Helden zugleich in einen Zustand der Abhängigkeit und Unbewußtheit zurückzuziehen.[19] Perseus Enthauptung der gorgonischen Medusa repräsentiert einen Triumph des Helden über eine besonders negative Version des Archetypus der Mutter. Aus dem Bild der Großen Mutter steigen andere Kräfte auf, die auch „erschlagen" (in die Psyche integriert werden) müssen.[20] Ein solches Bild ist das des Drachen, der oft als Bild für das eigene unbewußte instinkthafte Leben steht. Siegfrieds Sieg über den Drachen bedeutet einen wesentlichen Schritt voran in seinem Kampf um die Freiheit von den hinderlichen Fesseln des Unbewußten.

Die Suche des Helden verläuft also parallel zu der Entwicklung des Kindes. Das Kind ist von edlem Ursprung zu einem niederen Wohnsitz gelangt und muß jetzt sein nobles Erbe durch tapfere Taten und Abenteuer wiedergewinnen. Wie Bernbaum sagt:

> Die meisten Menschen gelangen niemals über diese Stufe hinaus. Sie bleiben in den Widersprüchen des Oberflächenbewußtseins gefangen, unfähig sich ihre echten Wünsche zu erfüllen oder sich selbst als der- oder diejenige zu erkennen, der oder die sie wirklich sind. . . Wenn ein Mensch nach vielen Jahren des Kampfes seine Selbsttäuschungen und Einbildungen überwindet und beständig zum tieferen Geist erwacht, entdeckt er die Frische der Wahrnehmung eines Kindes wieder, bereichert und vertieft durch die Weisheit der Erfahrung.[21]

Hilfe von oben

Der Kind-Held steht bei seiner Suche nach der Entwicklung von Ich-Strukturen und dem Erreichen von Reife oft allein. Doch in der Mythologie gibt es manchmal eine Gestalt, die auftaucht und eine Quelle der Unterstützung bietet, oft im Augenblick einer scheinbaren Niederlage.

Jungianer würden sagen, diese Gestalt entstamme einer tiefen Ebene der Psyche. Die Hilfe kommt oft aus irdischen Bereichen (von einem Tier, einem Zwerg, einem Fischer). Von ihr könnte man sagen, sie repräsentiere die Unterstützung und das Nähren des wachsenden Ich des Kindes, das stark genug zu werden versucht, sich den Kräften der äußeren Welt zu stellen. Zu anderen Zeiten ist diese Hilfe jedoch mehr transpersonaler Natur und dient dazu, den Helden an seine im wesentlichen göttliche oder edle Herkunft zu erinnern. In Tolkiens *Herr der Ringe* kam Hilfe in der Form von Galadriels Geschenk an Frodo, einer Phiole voll Licht, die er mit sich in das Dunkel von Mordor nahm. In der griechischen Mythologie gab Ariadne Theseus den Faden, der ihn sicher durch die Gefahren des Labyrinths geleitete. Es könnte derselbe Faden sein, der der Prinzessin in *The Princess and the Goblin* von George MacDonald hilft, ihren Weg aus den dunklen Tiefen des unterirdischen Landes der „Cobs" zurück zu ihrer Ururgroßmutter zu finden.

Joseph Campbell sagt über die Bedeutung des Helfers in Mythos und Legende:

> Was diese Figuren darstellen, ist die wohlwollende, schützende Macht der Vorsehung. Das Phantasiebild ist eine Bestätigung, ein

> Versprechen, daß der Friede des Paradieses, der zuerst im Mutterschoß erfahren wurde, nicht verloren gehen soll; daß er die Gegenwart trägt und in der Zukunft nicht anders liegt als in der Vergangenheit, als das Alpha und zugleich das Omega; daß die schützende Macht, wenn auch die Omnipotenz auf jeder Schwelle und bei jedem Erwachen zu neuem Leben bedroht scheint, immer, und für immer, im Heiligtum des Herzens gegenwärtig ist und auch in oder hinter dem vertrauten Antlitz der Welt. Man braucht nur zu wissen und zu vertrauen, damit die alterslosen Wächter erscheinen.[22]

Helfer-Bilder können Kräfte „vom Wesen abwärts" repräsentieren, die den Ich-Helden bei Aufgaben, Herausforderungen, Hindernissen und Pflichten „vom Körper aufwärts" unterstützen. Diese Kräfte (Engel, Ahnen, Wächter usw.) sind Verkörperungen des Göttlichen, das von Anbeginn an in der Psyche lebt. Diese Energien erinnern uns daran, wer wir wirklich sind. Oft kommen sie in einer Zeit, in der wir ganz hoffnungslos von Ignoranz und Materialität umgeben zu sein scheinen, und dann regen sie uns zu weiteren Bemühungen an, unser spirituelles Geburtsrecht wiederzugewinnen. Viele der im zweiten Kapitel beschriebenen Erfahrungen von Licht, Staunen, Harmonie und Integration in der Kindheit könnten als Helfer dieser Art interpretiert werden.

Die Auswirkungen solcher rechtzeitigen Anregungen sind oft weitreichend und ein ganzes Leben lang tief spürbar. Manchmal kommen sie in der Form eines Traumes:

> Ein solcher Traum kam einem dreijährigen Kind, und er lebte in der Psyche einer steinalten Frau weiter, bis er zu einem Glauben erblühte, mit dem sie auf ihre alten Tage lebte; ein Glauben an das Leben an sich, für den sie Zeugnis ablegen wollte. Sie erzählte niemandem von dem Traum. Sie wußte, daß ihr Leben eine Enthüllung seiner Wahrheit sein mußte, wenn sie seine Realität bezeugen wollte, wenn er leben sollte. . . All die Einzelheiten sind vergessen. Nur das letzte Bild bleibt klar. „Ich bin in einer hohen Wiese, die mir unbekannt und doch merkwürdig vertraut ist. In ihrer Mitte steht Behemoth: riesig, furchteinflößend, böse. Daneben, unerschrocken und in ihrer eigenen Gelassenheit wurzelnd, eine einzelne Blüte von Ehrenpreis, dieser winzigen Blume der Wiesen und Wälder, zerbrechlich in ihrer vierblättrigen Unschuld. . ." Für das Kind, das zu einer steinalten

> Frau geworden war, die den Traum noch immer in Erinnerung hielt, war die Blume zu einem Symbol für den Glauben geworden, durch den sie lebte.[23]

So kommt es, daß das Kind im Exil bei seiner Reise durch das Leben nicht ganz allein ist. Es wird bei dem großen Abenteuer von einem perfekten Bild seines eigenen Ursprungs begleitet, einer Matrix der spirituellen Essenz, die sowohl Anfang wie Ende ist. Dieses Bild formt das größere Muster, innerhalb dessen die kleinere Persönlichkeit navigiert, und dient dem Ich als Hilfe beim Auffinden des Weges zurück zur Quelle aller Dinge.

Fünftes Kapitel

Das Kind als Seele: ein metaphysischer Ansatz

In Miras Familie sang ein kleines Mädchen von zwei oder drei Jahren eine Melodie und sagte zu sich selbst: „Das ist die Melodie, die ich gesungen habe, als ich eine Schäferin in Griechenland war.“ Die Erinnerung daran in so frühem Alter wurde möglicherweise durch ihre feine, übersinnliche Natur hervorgerufen. Hier handelt es sich nicht um latente oder frühreife Genialität, sondern um Erinnerung.[1]

Sri Aurobindo

Schon als ganz junges Mädchen begleitete Ratana Wongsombat ihren Stiefgroßvater zum Wat Mahathat (einem heiligen buddhistischen Tempel) in Bangkok, Thailand. Dabei zeigte sie sich mit der Umgebung und dem Kloster vertraut, obwohl sie noch nie dort gewesen war. Sie bat um Geld, um es den Bettlern zu geben, und legte ihre Hände zum Gruß zusammen, bevor sie es ihnen überreichte. Ohne daß man ihr etwas gesagt hätte, ging sie zu einem nahen Stand, um Blumen, Kerzen und Weihrauchstäbchen zu kaufen. Als dann die Erwachsenen, die sie begleiteten, in den Tempel gehen wollten, sagte sie ihnen, sie müßten erst die Reliquien des Buddha ehren und führte sie zu einem anderen Gebäude. An diesem Ort kniete sie nieder wie eine Erwachsene, legte ein Taschentuch auf den Boden und dann darauf die Blumen. Während der Zeremonie im Haupttempel sah man Ratana leise murmeln, während die anderen Sutren rezitierten. Eine Frau in ihrer Nähe fragte sie, wie viele der Gebote des Buddha sie einhalten wolle. Ratana antwortete: „Fünf Gebote.“ Als sie gefragt wurde, wie viele Gebote ihr Vater einhalte, antwortete Ratana: „Vermutlich acht.“ Ihre Antworten stimmten mit der buddhistischen Lehre der fünf elementaren Gebote und der drei zusätzlichen für Fortgeschrittene überein. Ratana hatte aber vor ihrem Besuch im Wat noch nichts von alledem gehört.

Als sie an dem Abend wieder vom Wat nach Hause kam, fragte ihr

Stiefgroßvater, teils zum Scherz, teils weil er so verwundert über ihr frühreifes Verhalten im Tempel war, wo Ratana vor diesem Leben gewesen sei. Sie antwortete: „Welchen Teil soll ich dir erzählen?“ Und dann erzählte sie, daß sie in einem früheren Leben in einer grünen Hütte gelebt und meditiert habe, von der Hütte vertrieben worden und in einen nahegelegenen Teil von Bangkok gezogen sei, wo sie schließlich krank geworden und gestorben sei.[2]

Ratana Wongsombat ist nur einer von mehr als 2000 „Fällen des Reinkarnations-Typus“, die Dr. Ian Stevenson, ein Psychiater an der Universität von Virginia, in den letzten zwanzig Jahren gesammelt hat. Der Fall Ratana Wongsombat zeichnet sich besonders durch die Frühreife des Mädchens aus. Dr. Stevenson sagt dazu:

> Ein typischer Fall dieser Art beginnt, wenn ein kleines Kind, meist im Alter zwischen zwei und vier, seinen Eltern und allen, die zuzuhören bereit sind, zu erzählen beginnt, es erinnere sich an ein Leben vor seiner Geburt. . . Ein Kind, das sich an ein früheres Leben zu erinnern behauptet, bittet gewöhnlich darum, an den Ort gebracht zu werden, von dem es sagt, dort habe es gelebt. . . Wenn das Kind genügend Details geliefert hat. . . ist die Suche nach dem Menschen, von dem es gesprochen hat, fast immer erfolgreich. . . Meist stellt sich heraus, daß das Kind mit ungefähr 90 Prozent der Aussagen über den Verstorbenen, an dessen Leben es sich zu erinnern behauptet, recht hat.[3]

Dr. Stevensons eigene, sehr sorgfältige Untersuchungen dieser Fälle sind in verschiedenen wissenschaftlichen Zeitschriften und fünf Büchern veröffentlicht.[4] Er hat sich dabei große Mühe gegeben, andere Möglichkeiten für diese Phänomene wie geheime familiäre Absprachen, mentale Telepathie und weitere Ursachen auszuschließen. Er verweist darauf, daß solche Fälle die Gültigkeit der Reinkarnationstheorie nicht *beweisen*, aber dennoch stark auf sie hindeuten. Auf alle Fälle sind seine Forschungsarbeiten und das umfangreiche von ihm vorgelegte Material in der zeitgenössischen Psychiatrie einzigartig und verdienen sorgfältige Beachtung.

Stevensons Ergebnisse könnten, wenn sie sich als wahr erweisen, die Art und Weise, in der wir Kinder sehen, in der Zukunft vollkommen revolutionieren. Seine Forschungen legen nahe, daß Kinder mehr sind als winzige Persönlichkeiten im Zustand der Entfaltung, daß sie nämlich vielmehr in dieses Leben einen reichen Fundus von Erfahrungen einbringen, der auf den Bemühungen in früheren Leben aufbaut. Aus dieser neuen Perspektive der Kindheit würden wir das Kind nicht als kleines Ich, sondern als Seele sehen; als Wesen, dessen essentielle Natur unter oder über der Oberfläche einer Reihe sich ständig wandelnder Lebensgeschichten gleich bleibt. Untersuchungen über die Struktur der Seele und ihre Beziehung zur Persönlichkeit wurden bisher den Gebieten der Religion und Philosophie zugeordnet. Und einer solchen „metaphysischen" Interpretation der Kindheit wollen wir uns jetzt zuwenden.

Die Ebenen der Selbstheit

Im Westen sind wir seit den Zeiten von Descartes daran gewöhnt, in einer Person primär einen physischen Körper zu sehen, der die Quelle aller sekundären Prozesse wie Wahrnehmungen, Gefühle und Gedanken ist. Wenn wir religiös sind, haben wir vielleicht die Vorstellung, es gebe zusätzlich so etwas wie eine Seele. Das vorherrschende wissenschaftliche Paradigma des Westens sieht jedoch keine Seele vor, da es den physischen Körper als den Erzeuger von allen möglichen Bewußtseins- und Verhaltensformen ansieht. Bei diesem Modell der Realität ist das Ende des physischen Körpers auch unser Ende. Der Mensch ist hier auf das Funktionieren von Neuronen und das Fließen von Hormonen beschränkt.

Weder war das im westlichen Denken immer so, noch gilt dieser wissenschaftlich/reduktionistische Blickwinkel in vielen anderen Teilen der Welt. Bei den Alten und noch im Mittelalter waren die Konzepte von Seele und spirituellem Wesen wohlbekannte Komponenten des Menschen. Sie wurden ebenso rigoros auf das Studium der inneren Natur eines Menschen angewandt wie die heutigen Konzepte von Neurotransmittern und Aktionspotentialen auf die Funktionsweisen des Gehirns. Huston Smith, eine Autorität auf dem Gebiet der vergleichenden Religionswissenschaft, bezeichnet diese alten „Ebenen der Selbstheit" als vierfältig: *Körper, Geist, Seele und Wesen* (spirit).[5] Diese Ebenen spielen in vielen esoterischen und metaphysischen Lehren noch eine große Rolle.

Bei diesem Konzept der Selbstheit ist der Körper einfach die dichteste

Ebene des Selbst, und die irdische Welt existiert als Kondensation oder Kristallisation von subtileren und verfeinerten Formen des Seins. Unsere physischen Körper sind die äußerste Ebene, jener Aspekt des Seins, der die Funktion eines Mantels hat. Es ist der erste Teil einer Person, den man sieht, und zugleich der erste, der abgeworfen wird. Diese Version der Realität stellt den Materialismus auf den Kopf, da sie den Körper und die physische Materie als das *Ergebnis* und nicht als die *Quelle* aller Erfahrung ansieht.

Der Geist (der bei diesem Modell aus wahrnehmenden, fühlenden und mentalen Elementen besteht) existiert als eigenständige Einheit. Während die materialistische Voreingenommenheit des rationalen westlichen Denkens den Geist als Funktion des physischen Gehirns betrachtet, sieht dieses ältere Modell der Selbstheit den Geist als unabhängig vom Gehirn an.

So wie der Geist vom Gehirn getrennt existiert, aber dessen physische Strukturen zu integrieren und vereinen scheint, so könnte man von der Seele sagen, sie übe eine synthetisierende Wirkung auf die Strukturen des Geistes aus. In diesem Modell ist die Seele mehr als ein poetisches Bild. Sie stellt eine lebensfähige ontologische Einheit dar, die nach Huston Smith „der letztendliche Sitz unserer Individualität" ist.[6] Die Seele ist die Brücke zwischen uns selbst als Menschen und dem universalen Hintergrund des Einsseins. Wir können uns selbst für irgendein besonderes *Etwas* halten (einen Körper, einen großen Denker, ein leidenschaftliches Individuum) und uns mit vielen unterschiedlichen Empfindungen, Gefühlen, Vorstellungen und Rollen identifizieren. Aber die Seele existiert sowohl innerhalb wie jenseits des Fließens dieser inneren Welten, die wir uns selbst gebaut haben. Sie beobachtet, sinnt, durchdringt und bleibt dennoch abseits des Getöses in unserem Alltagsleben. Deswegen betrachteten die Alten die Seele als den Teil von uns, der auch nach dem Tod des physischen Körpers weiterbesteht. Sie haben die Kraft der Seele beschrieben, Körper und Geist zu transzendieren, und ihre Fähigkeit bestätigt, in andere Welten und Erfahrungen davonzufliegen – vielleicht auch in andere Leben.

Das *spirituelle Wesen* bezeichnet den universalen Aspekt in uns, unsere letztendliche Identität mit dem Leben des Kosmos. Die Seele ist der Kern unserer Individualität, das spirituelle Wesen ist der Grund *allen* individuellen Lebens und zugleich jenseits allen Lebens. Es ist das *Leben* selbst, unendlich, transzendent, doch allem innewohnend.

Dieses Konzept der Natur des Menschen gibt es in der einen oder anderen Form bereits seit Tausenden von Jahren. Die Wurzeln reichen bis ins Altertum zurück, Ausdruck hat es in vielen verschiedenen religiösen Traditionen und esoterischen Philosophien gefunden, darunter in der Yoga-Psychologie, in Vedanta, Sufismus, Gnostik, Abhidharma-Buddhismus und kabbalistischen Lehren. Eine neuere Version dieser traditionellen Sichtweise hat H. P. Blavatsky präsentiert, die Ende des letzten Jahrhunderts die Leser des Westens mit ihrem grundlegenden Werk *Die Geheimlehre* wieder an die „Theosophie" (*theos*: Gott, *sophia*: Weisheit) herangeführt hat. In diesem Werk kombiniert Frau Blavatsky die Weisheit von alten und zeitgenössischen Lehren und macht sie für ihre Erforschung der wahren Natur des Selbst nutzbar. Seit dieser Zeit haben viele Anhänger und Lehrer der Theosophie diverse Aspekte der theosophischen Weltsicht neu formuliert und interpretiert.

Ein wesentliches Kennzeichen dieser Interpretationen ist die Weiterentwicklung des obigen Modells der Selbstheit mit seinen vier Ebenen. Man hat nun ein theosophisches Modell, in dem es sieben Ebenen oder „Felder" gibt, die zunehmend feiner und umfassender werden, wobei jedes Feld alle anderen durchdringt. Sie werden bezeichnet als: das physische, das ätherische, das emotionale, das niedere oder konkretmentale, das höhere oder abstrakt-mentale, das intuitive und das spirituelle Feld. Die ersten beiden Felder entsprechen dem *Körper*, die nächsten beiden dem *Geist*, die beiden danach der *Seele* und das letzte dem *spirituellen Wesen*. Die ersten vier bezeichnet man gelegentlich auch als die *Persönlichkeit*.

Der physische Körper

Dies ist die offensichtlichste Ebene des Selbst. Sie reflektiert die Struktur der physischen Welt und führt zur Identifikation des Selbst mit einem leiblichen Körper, unserer dichtesten Seinsform. Zu den Erfahrungen der physischen Welt gehören Empfindungen, die von äußeren Reizen herrühren (die Wahrnehmungen der fünf Sinne), sowie Empfindungen, die aus dem Körper selbst auftauchen. Wenn dies auch strukturell der „niedrigste" oder äußerste Aspekt des Selbst ist, so durchdringen doch alle anderen Ebenen einschließlich der höchsten spirituellen Bereiche diese gröbste aller Formen. Zwar würde eine ausschließliche Identifikation mit diesem „Nahrungskörper“ (Sanskrit: *Annamayakosha*) das Gewahrsein höherer spiritueller Werte ausschließen, aber viele Traditionen, einschließlich Yoga und Tantra, versuchen, den physischen Körper als Medium zu nutzen, durch den man das spirituelle Wesen erkennen kann.

Das Ätherfeld

Man bezeichnet diese Ebene manchmal auch als „Vital-Körper“, und sie wird im allgemeinen als Teil des physischen Bereichs betrachtet. Man könnte sagen, daß sie aus den am höchsten verfeinerten Formen physischer Materie besteht, die noch subtiler sind als Gas. Dieses Feld ist für den durchschnittlichen Betrachter meist unsichtbar, aber gewisse Menschen (darunter viele Kinder und geschulte Hellseher) sollen die Fähigkeit haben, dieses Feld als ein Ausströmen von Energie rund um den physischen Körper zu sehen. Das wird manchmal als die „Aura“ eines Menschen bezeichnet (obwohl die Aura auch andere Felder beinhalten kann). In spirituellen Traditionen ist dieses Energiefeld als *Prana* (hinduistisch) oder *Chi* (taoistisch) bezeichnet worden. Die ätherische Ebene wird zum Teil auch von der Theorie der „morphogenetischen Felder“ erfaßt, die der Pflanzenphysiologe Rupert Sheldrake aufgestellt hat.[7] Das ätherische Feld bietet, wie ein morphogenetisches Feld, die Matrix, innerhalb derer sich Lebensstrukturen (etwa ein physischer Körper) entwickeln können. Es mag zwar so aussehen, als entstünde das Ätherische aus dem Physischen, aber in Wirklichkeit ist es umgekehrt. Das Physische ist ganz wesentlich vom Ätherischen umhüllt und durchdrungen. Es erhält seine Nahrung und Vitalität von diesem subtileren Bereich. Diese Ebene, gelegentlich als „ätherisches Doppel“ bezeichnet, wird auch der „Gesundheitskörper“ des Menschen genannt, da die Hellseher sagen, die Quelle von Krankheiten zeige sich in der ätherischen Form des Menschen, lange bevor sie sich als körperliche Beschwerde manifestiert.

In den letzten Jahren hat es viele Bemühungen gegeben, dieses Energiefeld zu messen und für eine Verbesserung der Gesundheit zu nutzen. Parapsychologen haben Techniken wie die Kirlian-Photographie und die Verwendung von Dicyanin-Gläsern entwickelt, um das Bestehen oder Fehlen von Energien auf dieser Ebene aufzuzeichnen. Holistisch orientiert arbeitende Menschen im Gesundheitsbereich haben neue Methoden der Heilung wie die „therapeutische Berührung" entwickelt, die auch das uralte Ritual des „Handauflegens" beinhaltet.[8] Vielleicht wirkt auch Akupunktur auf dieser ätherischen Ebene.

Es gibt einen einfachen Weg, ein allgemeines Gespür für dieses Energiefeld zu entwickeln. Suchen Sie sich einen Partner, und setzen Sie sich einige Zeit in entspannter Haltung einander gegenüber. Dabei halten Sie und Ihr Partner die Hände mit den Innenseiten in einigen Zentimetern Abstand gegeneinander. Machen Sie die Augen halb zu, und achten Sie darauf, ob Sie ein Energiefeld zwischen Ihren Händen und denen Ihres Partners spüren können. Bewegen Sie Ihre Hände langsam vor und zurück, bis Sie einen Energieball oder eine ziehende Empfindung verspüren. Dieses Gefühl kann das Erfahren von ätherischer Energie sein.

Das emotionale Feld

Diese Ebene ist die Quelle von Leidenschaften, Trieben, Stimmungen und Impulsen, ein sich ständig wandelndes, kaleidoskopisches Feld von emotionalen Zuständen im andauernden Zustand der Verwandlung. Die Erfahrung reicht hier von emotional geladenen Empfindungen und Wahrnehmungen, die nah an der physischen Ebene liegen, bis zu leidenschaftlichen Impulsen, die in spirituelle Bereiche hinaufführen. Dies ist das Feld, das die sich fortlaufend entwickelnden Wünsche, Triebe und Begierden repräsentiert. Diese emotionalen Reaktionen, die in der Verkleidung der Imagination auftauchen, schaffen im wesentlichen ganze innere Landschaften für das Individuum. Die zeitgenössischen psychologischen Traditionen des Westens haben einen Teil dieses Bereichs kartographiert und nennen ihn das Unbewußte.

Das emotionale Feld, das manchmal auch als *Astralbereich* bezeichnet wird, reicht jedoch weit über Vorstellungen von einem individualistischen personalen Unbewußten hinaus. Wie alle nicht-materiellen Felder besteht es aus einem Kontinuum, das sich durch den ganzen Raum erstreckt. Unsere individuellen emotionalen Felder sind Lokalisierungen in diesem universalen Feld, so wie das Feld um einen Magneten eine Lokalisierung des magnetischen Feldes ist, das als Potential überall existiert. Von dem uns umgebenden Astralfeld sagt man, es sei von einer ganzen Flora und Fauna von nicht-materiellen Wesen wie Engeln und Feen bevölkert sowie von Wesen, die sich zwischen verschiedenen Leben bewegen.[9] Daneben dient es als Speicher für eine ganze Reihe von kristallisierten geistigen Energien, Produkten von individuellen und kollektiven Wünschen und Begierden, die manchmal auch „Gedankenformen" genannt werden.[10] Man könnte diesen Bereich zumindest teilweise mit dem kollektiven Unbewußten von C. G. Jung gleichsetzen, obwohl er auch unser bewußtes Leben durchdringt und gemäß der Theosophie unabhängig vom menschlichen Bewußtsein existiert.

Wenn Sie ein Gefühl für das emotionale oder astrale Feld entwickeln wollen, sollten Sie auf Ihr Traumleben achten. Der Inhalt Ihrer Träume wird Ihnen, besonders wenn es sich um Klarträume handelt, eine Ahnung von der Qualität des Astralen geben. Auf der zwischenmenschlichen Ebene können Sie an eine Gelegenheit zurückdenken, bei der Sie jemanden kennengelernt haben und sich irgend etwas in der Beziehung merkwürdig anfühlte, oder auch daran, wie Sie sich zu jemandem sofort hingezogen gefühlt haben. Vielleicht haben Sie unbewußt auf das emotionale Feld dieses Menschen reagiert. Oder denken Sie daran, wie manche Gegenden und Orte ein ganz eigenes Gefühl auslösen, je nachdem welche Art von astraler Energie sie durchdringt. Betrachten Sie beispielsweise, wie unterschiedlich Sie die Schwingungen des Ortes erleben, wenn Sie ein Gespensterhaus, eine Hütte im Wald, eine heruntergekommene Bar oder eine stattliche Kathedrale aufsuchen.

Das niedere oder konkret-mentale Feld

Diese Ebene enthält verschiedene Aspekte der intellektuellen Funktionsweisen. Auf den niedrigeren Ebenen dieses Feldes dient der Intellekt dazu, unterschiedliche Sinneseindrücke in Wahrnehmungen der objektiven Welt umzuorganisieren. Das ist der sogenannte „Mentalkörper" (*Manomayakosha*). Auf dieser Ebene ist der Intellekt noch eng mit den Emotionen verbunden, so daß Gedanken von dem Wunsch nach Gewinn, der Angst vor Verlust, der Motivation, im Wettstreit um Vergnügen und Besitz besser dazustehen als andere, aber auch von Mitgefühl und dem Wunsch, anderen zu helfen, gefärbt sein können. Das konkrete Denken hilft uns auch, unser tägliches Leben zu organisieren, und unterstützt uns bei praktischen Fragen.

Das Denken auf dieser Ebene ist der Grund dafür, daß wir Dinge kategorisieren und in Kästchen packen. Es neigt dazu, zu trennen und zu teilen, nimmt die Welt so wahr, als bestünde sie aus lauter in sich abgeschlossenen Einheiten. Diese Tendenz ist der Ursprung unserer Sicht von uns selbst als einem getrenntem Wesen, das von allem und jedem um uns herum abgeschnitten ist. In dieser Form repräsentiert das konkrete Denken die „Blüte" des westlichen Rationalismus mit all seinen Stärken und Begrenzungen. Wenn es voll entwickelt ist, wird damit der Bereich der Persönlichkeit vollendet, wie sie von der traditionellen Entwicklungspsychologie erforscht und gemessen worden ist. Neben diesen „niederen Körpern" (dem physischen, ätherischen, emotionalen und konkret-mentalen) gibt es die „höheren Körper", die in das Gebiet der esoterischen Schulen, der spirituellen Traditionen und der transpersonalen Psychologie fallen.

Das höhere oder abstrakt-mentale Feld

Wenn wir uns auf der Schwingungsskala der mentalen Funktionen weiter nach oben bewegen, wird der Intellekt zunehmend klarer, objektiver und freier von ichbezogenen Voreingenommenheiten. Er beginnt bei seinem Aufstieg durch Ebenen des wissenschaftlichen Interesses und künstlerischen Strebens in philosophische Bereiche, in denen kreative Verbindungen und Synthesen ausschlaggebend sind, eine breitere und selbstlosere Sicht des Lebens zu entwickeln. Schließlich erreicht er hohe Ebenen der Einsicht und Erleuchtung, die an wahres spirituelles Verstehen und Intuition angrenzen. Das abstrakt-mentale Feld ist das Reich des „Zeugen" oder des „beobachtenden Selbst", das das Treiben der „niederen Selbste" mit Gelassenheit und Mitgefühl betrachtet. Man sagt, daß dieser Bereich die eingeprägten Erinnerungen aus früheren Leben enthält.

Wir alle haben schon einen Blick auf diese höhere Ebene der mentalen Funktionen erhascht, wenn wir über ein Problem gegrübelt haben. Anfangs ist der Geist mit verschiedenen Ideen vollgestopft, die alle nach Aufmerksamkeit rufen und die eher Verwirrung stiften (der Bereich des niederen konkreten Denkens). An irgendeinem Punkt in diesem Prozeß aber (und zwar häufig nach einer Zeit der Ruhe und des stillen Reifens) wird das mentale Feld plötzlich einer radikalen Neuorganisation unterzogen, so ähnlich wie sich ein Haufen Eisenspäne auf einer Platte zu geometrischen Mustern ordnet, wenn man einen Magneten darunterhält. Plötzlich haben wir ein „Aha-Erlebnis" und erreichen tiefere Einsichten in unser Problem. Vielleicht erkennen wir neue Beziehungen und Verbindungen oder synthetisieren bisher radikal getrennte Elemente, um eine kreative Lösung zu erschaffen. Dieses „Heureka-Phänomen" bietet einen Hinweis darauf, wie die kreative und organisierende Wirkung des mentalen Feldes sich äußert, wenn wir eine spontane Transformation durchmachen und diese Ebene erreichen.

Die intuitive Ebene

Dieser Bereich, der in der Vedanta-Philosophie als *Buddhi* bezeichnet wird, ist als „Glückseligkeitskörper" beschrieben worden (*Anandamayakosha*), in dem man beseligende Visionen, transzendente Ebenen von Erleuchtung und ein tiefes Gefühl von Einssein mit allem Leben erfährt. Dies ist die Sphäre, zu der viele Heilige und Mystiker in ihren Meditationen aufgestiegen sind, wodurch sie sich eines spirituellen Panoramas jenseits von Worten und rationalen Erklärungen bewußt werden.

Wenn es die niedrigeren Ebenen des Selbst durchdringt, wird das intuitive Feld meist als das wahrgenommen, was wir üblicherweise als Intuition oder als das Gefühl bezeichnen, es seien höhere Welten bei uns. Dazu I. K. Taimni:

> Wenn die Schwingungen der *Buddhi*-Ebene . . . in das physische Gehirn hinabkommen, verlieren sie viel von ihrer Intensität. Wegen der Weiterleitung durch die dazwischenliegenden Ebenen erscheinen sie im physischen Bewußtsein in deutlich abgeschwächter Form. Daher wird die unmittelbare Wahrnehmung der Einheit des Lebens auf der *Buddhi*-Ebene nur zu allumfassendem Mitgefühl und Sympathie, die unmittelbare Einsicht in die Wahrheit nur zu Intuition und zum Wissen um die Wahrheiten des höheren Lebens.[11]

Wir können Seinsfeld im gelegentlichen Aufblitzen der inneren Wahrheit erkennen, vielleicht in einer Zeit der stillen Kontemplation oder in Augenblicken intensiver kreativer Aktivität. Dies könnte der Bereich von Maslows „Gipfelerlebnissen“ und die Quelle vieler der transpersonalen Erfahrungen sein, von denen in diesem Buch die Rede ist.

Das spirituelle Wesen

Diese Komponente des Selbst ist mehr als eine Ebene oder ein Feld. Sie stellt den essentiellen Kern unseres Seins dar. Wollte man sie als Feld bezeichnen, wäre es vielleicht der tiefste Grund des Seins, von dem Paul Tillich spricht, oder der „offene Grund“ des buddhistischen Psychologen John Welwood. Er ist die Quelle aller anderen „Körper“ oder Felder. In einigen Traditionen ist dies die einzig wahre Form des Selbst, während alle anderen Felder, Ebenen und Körper nur Reflexionen dieses essentiellen Kerns sind. Sein individueller Aspekt ist als Atman bezeichnet worden, der universale als Paramatman.

Viele Traditionen haben andere Namen und Beschreibungen für diese Ebene des Seins: Gott, absolute Realität, Christusbewußtsein, das klare Licht, Sunyata, Turiya, das Nichts, Brahman. Die unterschiedlichen Traditionen unterscheiden sich zwar in den Charakterisierungen dieser Ebene, aber sie sind sich darin einig, daß dies die Essenz des Selbst ist, sei es aus Fülle oder Leere, und daß alle anderen Felder nur durch dieses bestehen.

Es ist wichtig, in Erinnerung zu behalten, daß die hier beschriebenen sieben Ebenen oder Felder von Bewußtsein *nicht* wie ein Stapel Dominosteine aufeinandergehäuft sind. Jede Ebene durchdringt vielmehr jede andere; die höchste ist auch in der niedrigsten und umgekehrt. In Wirklichkeit gibt es nur ein unteilbares Ganzes, eine ursprüngliche kosmische Energie, die alles belebt und die nichts anderes ist als *Leben* selbst. Doch diese Energie *erscheint* als unterschiedlich, wenn sie verschiedene Ebenen belebt, und sie wird von dem Individuum, das im Netz der Unwissenheit gefangen ist, nur schwach wahrgenommen oder erfahren.

Im wesentlichen stellen diese sieben Ebenen oder Felder also sieben Schichten von zunehmender Klarheit über die letztendliche Realität dar, obwohl sie alle irgendeine Facette dieser Realität ausdrücken. Die wechselnden Ebenen zeigen sich in der einzelnen Person in den *Chakras* (Sanskrit: „Räder“). Das sind in uns eingebaute Energiewirbel, die auf verschiedenen Ebenen existieren, zwischen den vielen unterschiedlichen Feldern von Bewußtsein vermitteln und damit dazu beitragen, sie alle im Leben eines Menschen zu integrieren und zu vereinen.

Metaphysik und die Entwicklung des Kindes

Nachdem wir einige grundlegende metaphysische Konzepte der Selbstheit kurz untersucht haben, können wir jetzt daran gehen, diese Prinzipien auf unser Verständnis außernormaler Kindheitserfahrungen anzuwenden. Zunächst scheint klar zu sein, daß die traditionellen Psychologien des Westens ihre Forschungen über Kinder auf die Entwicklung der *Persönlichkeit* oder die niederen „Körper" oder Felder der Selbstheit beschränkt haben. Innerhalb ihres eigenen Bereiches stimmt viel von dem, was sie beschrieben haben, mit der Beschreibung dessen, wie sich die Persönlichkeit entfaltet, in der esoterischen Psychologie überein. Die an Rudolf Steiner angelehnte Abbildung 3 zeigt eine Zusammenfassung der stufenweisen Evolution der Persönlichkeit aus der Sicht der esoterischen Psychologie.

Die esoterische und die traditionelle Psychologie sind sich darin einig, daß das Kind die Entwicklung der Persönlichkeit zunächst primär als physischer Organismus beginnt. Freud hat von der instinkthaften Natur des Kindes in den ersten fünf oder sechs Jahren gesprochen, und das kommt den sieben Jahren, die die esoterische Psychologie der Entwicklung des physischen Feldes zuordnet, recht nahe.

Rudolf Steiner erklärt, im Alter von sieben Jahren fände mit dem Zahnwechsel eine wesentliche Veränderung statt. Er meint, dieses Ereignis zeige das Befreien von Energien an, die um das ätherische Feld gelagert seien, und führe das Kind in ein ganz neues Reich des Denkens.[13] Das entspricht ungefähr Piagets Beobachtungen, daß im Alter von etwa sechs Jahren eine Veränderung der Denkfähigkeit des Kindes stattfindet, ein Übergang vom „ichzentrierten" und „paradoxen" Denken zu dem, was er als „konkretes operationales Denken" bezeichnet. Steiner geht davon aus, daß es mit der Adoleszenz ein Freisetzen von bisher ruhenden astralen oder emotionalen Energien gibt. Dies stimmt mit den Ergebnissen der Psychologie und Psychiatrie im Hinblick auf die gewaltigen emotionalen Veränderungen überein, die die Pubertät begleiten.

Schließlich hat Steiner beobachtet, daß die mentalen Funktionen

(Entwicklung des Ich oder konkret-mentalen Feldes) im Alter von etwa 21 Jahren voll ausgebildet sind. Dies ist ein Schritt über die traditionelle psychologische Zuordnung hinaus, bei der die höchsten Formen des Denkvermögens schon in der frühen Adoleszenz erreicht werden (Piagets Stadium der formalen Operationen beginnt im Alter zwischen elf und vierzehn). Wenn man jedoch die mentalen Funktionen in der Weise betrachtet, wie sie im Abschnitt über das konkret-mentale Feld beschrieben sind, dann ist es denkbar, daß diese vielfältigen mentalen Fähigkeiten sich erst mit dem Beginn des Erwachsenenalters vollständig entwickeln. Unsere westliche Gesellschaft hat traditionell 21 Jahre als das Alter angesehen, in dem man so weit gereift ist, daß man in die Welt der Erwachsenen eintreten kann, und das deckt sich im Prinzip mit der esoterischen Sicht der Vollendung der Persönlichkeit.

Die esoterische Psychologie geht primär im Hinblick auf die höheren Felder der Selbstheit einen anderen Weg als die traditionelle Entwicklungspsychologie (die diese Felder nicht einmal anerkennt). Die esoterische Lehre sieht die Entwicklung der Persönlichkeit in einem breiteren Zusammenhang. Das Kind ist mehr als der wachsende Körper, das sich entwickelnde Gefühlsleben oder der heranreifende Intellekt. Das Kind ist als Persönlichkeit in ein größeres Ganzes eingebunden, das im allgemeinen von der Seele oder dem spirituellen Wesen repräsentiert wird oder spezifischer von den höheren Feldern der Selbstheit (abstrakt-mental, intuitiv und spirituell).

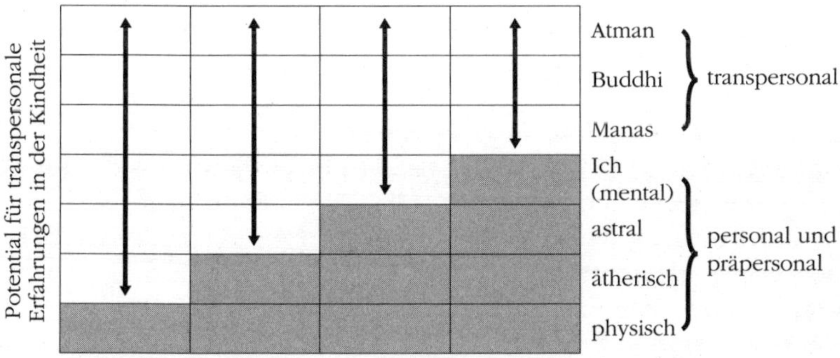

Abbildung 3: Steiners Stadien (leicht verändert)[12]

Da Kinder bei dieser Sichtweise sowohl Seelen wie Persönlichkeiten sind, haben sie bereits Zugang zu höheren Feldern, während sich ihre niedrigeren Felder noch entfalten. Auf dieses Potential verweisen die Pfeile in den Entwicklungsstadien in Abbildung 3. Sie zeigen die Möglichkeit der Seele, durch die höheren Felder Kontakt mit den niedrigeren Feldern der Persönlichkeit aufzunehmen und diese zu durchdringen. Mit den nachfolgenden Überlegungen, die auf den bisherigen Beschreibungen der Ebenen von Selbstheit beruhen, will ich versuchen, außernormale Kindheitserfahrungen in diese esoterischen Modelle einzupassen.

Außernormale Zustände auf der Persönlichkeitsebene

Vielen der früher beschriebenen übersinnlichen Erfahrungen, einschließlich hellseherischer Visionen, mentaler Telepathie und der Poltergeist-Phänomene, könnte man wohl einen Ursprung im ätherischen und/oder emotionalen Feld zuweisen. Nach der esoterischen Psychologie ist das Kind, besonders wenn es unter sieben ist, extrem empfindsam für den Inhalt der ätherischen und emotionalen Welten. Laurence und Phoebe Bendit, er Psychiater und sie ein Medium, meinen „. . . was die ätherische Anatomie betrifft, sind die psychischen Zentren – die Chakras – beim Kind so offen und ungeschützt wie die Fenster eines Hauses, bevor die Scheiben eingesetzt sind.“[14] Das heißt, das alles, was sich zufällig in der psychischen Umgebung des Kindes befindet, in ihr ätherisches Feld eindringen kann, seien das nun die Gedanken der anderen, archetypische Konfigurationen aus dem Unbewußten der Eltern oder allerlei paranormale Wesenheiten oder Energieformen. Piaget, Freud und andere haben zu Recht darauf hingewiesen, daß das Kind in diesem Alter nicht unterscheiden kann, was äußerlich und was innerlich ist, was „Phantasie“ und was „Realität“. Laut der esoterischen Perspektive liegt die Schwierigkeit zum Teil darin, daß viele Formen von übersinnlichen Phänomenen dem Kind genauso wirklich, wenn nicht *noch realer*, zu sein scheinen als die im objektiven Universum beobachteten Ereignisse.

Wenn Kinder auf das Schulalter zugehen, erhalten sie von Erwachsenen und Gleichaltrigen immer stärkere Botschaften, daß außernormale Erfahrungen nicht mit dem zu vereinbaren sind, was sich als die „offizielle" Version der Realität herauszustellen beginnt. Folglich unterdrücken, vergessen oder behalten sie diese Erfahrungen für sich. Dieser Prozeß des Rückzugs von der Empfänglichkeit fürs Übersinnliche geht mit einer korrespondierenden Entwicklung in der psychischen Anatomie des Kindes einher. Die Bendits kommen durch hellseherische Beobachtung zu folgender Beschreibung des ätherischen Feldes des Kindes:

> Ungefähr im Alter von sieben Jahren verändern sich die Chakras. Bei der Geburt sieht man sie als flache Vertiefungen auf der Oberfläche der Aura mit einem dünnen Kanal, der wie ein Stiel zur ätherischen Wirbelsäule zurückführt. Allmählich werden sie jedoch tiefer und kommen zugleich über die Oberfläche des Ätherischen hervor, so daß sie wie Füllhörner oder Kapuzinerkresseblüten aus der Wirbelsäule wachsen, und sie entwickeln ein feines Netz von ätherischen Energien, das wie eine Membrane über ihrem offenen Ende liegt. Diese Membrane oder dieses Netz hat insofern eine besondere Funktion, als sie die Einflüsse aus der Welt des Übersinnlichen filtert und das begrenzt, was in das physische Bewußtsein eindringt. So schließt sie nicht nur Eingriffe aus der objektiven physischen Welt aus, sondern auch die aus dem personalen Unbewußten oder der eigenen subjektiven übersinnlichen Welt.[15]

Dieser Prozeß des Filterns führt dazu, daß sich die übersinnlichen Sinne bei den meisten Kindern ab sieben zu verschließen beginnen. Außernormale Erfahrungen dieser persönlichkeitsgebundenen Art werden dann seltener.

Allerdings können paranormale Erfahrungen später wieder vorkommen, nämlich in der Zeit der Adoleszenz, wenn das emotionale (astrale) Feld in die Persönlichkeit integriert wird. Dieser Prozeß kann das emotionale Gleichgewicht zwischen den verschiedenen Chakras oder Energiezentren zerstören, das in der mittleren Kindheit erreicht wurde. Veränderungen während der Adoleszenz können auch das „ätherische Netz" stören und wieder übersinnliches Material ins bewußte Gewahrsein fließen lassen. Das könnte eine Erklärung dafür bieten, daß Poltergeist-Phänomene (die mit der Astralebene assoziiert werden) meist in Situationen vorkommen, in denen ein Jugendlicher anwesend ist. Außerdem hilft es zu verstehen, warum so viele Teenager vom Übernatürlichen, Okkulten und Dämonischen (alles Aspekte der emotional/astralen Welt) fasziniert sind.

Außernormale Zustände auf der höheren mentalen Ebene

Im höheren oder abstrakt mentalen Feld soll es Spuren von Erinnerungen oder Eindrücke (*Sanskaras*) geben, die von der Seele und nicht vom Geist, wie wir im Westen ihn verstehen, aufbewahrt werden. Aus dieser Sicht ist die Seele in der Lage, sich mit aufeinanderfolgenden Persönlichkeiten zu identifizieren und Erfahrungen von einer Persönlichkeit zur nächsten mitzunehmen.

Das ist natürlich der Prozeß, der gemeinhin als Reinkarnation bezeichnet wird. Obwohl man oft meint, nur einige wenige exotische Religionen würden dieses Konzept der Reinkarnation enthalten, kommt es der Wahrheit näher, wenn man feststellt, daß wirklich alle der größeren Religionen der Welt sich in der einen oder anderen Form damit befaßt haben und daß es eine starke Leitkraft in der Geschichte vieler Zivilisationen darstellt. Zusätzlich hat es im Leben vieler kreativer Menschen eine führende Rolle gespielt, darunter Pythagoras, Platon, Caesar, Ovid, Dante, Spenser, Milton, Voltaire, Goethe, Emerson, Churchill und Joyce.[16]

Es gibt viele Versionen dessen, was geschieht, wenn die Seele sich reinkarniert. Nach Ansicht der Theosophen desidentifiziert sich die Seele zur Zeit des physischen Todes vom leiblichen Körper und hält sich dann eine Weile im Reich der emotionalen (astralen) und niederen mentalen Felder auf. Während dieser Zeit erlebt sie eine Reihe positiver und negativer Phänomene, die bestimmen, ob es sich bei dieser Erfahrung um „Himmel“ oder „Hölle“ handelt. Anders als beim christlichen Konzept dieser Welten geht die esoterische Philosophie davon aus, daß Himmel und Hölle keine ewigen und objektiven Regionen sind, sondern vorübergehende Zustände, die man sich selber schafft. Wenn sie diese selbstgemachten Bereiche erfahren hat, steigt die Seele zu höheren mentalen Ebenen auf, wo sie eine lange Zeit der Ruhe, Reflexion und Entspannung erlebt.

Ist auch dieser Zeitabschnitt vorbei, tritt die Seele wieder ihre Reise zurück in einen physischen Körper an, einen Abstieg, der von den karmischen Neigungen der Seele (dem Bedürfnis, die Früchte der Handlungen aus früheren Inkarnationen zu erfahren) angetrieben und strukturiert wird.

Der tibetische Buddhismus kennt eine andere Version dieses Prozesses: Zu der Zeit des physischen Todes macht man die Erfahrung des „klaren Lichts der absoluten Wirklichkeit", das nichts anderes als eine Widerspiegelung des eigenen wahren Wesens ist. Wenn man sich nicht sofort mit diesem klaren Licht identifiziert, erhält man eine zweite Chance, sich mit einem weniger klaren Licht zu vereinen. Ergreift man diese zweite Möglichkeit nicht, gibt es eine zunehmend „abwärts" führende Bewegung durch viele Reiche der Erscheinungen, himmlische wie höllische, die zu verschiedenen Formen von Wiedergeburt führen. Schließlich treiben die „Winde des Karma" die Seele wieder in einen physischen Körper.[17]

Kinder sind noch nah an den Pforten der Geburtserfahrung und können daher lebhafte Erinnerungen an das haben, was sich während eines früheren Lebens ereignete. Da sie aus metaphysischer Sicht mehr sind als Persönlichkeiten, könnte man sagen, daß ihre Seelen die Erinnerungen an frühere Leben enthalten. Diese Ansicht folgt auch aus dem Werk von Ian Stevenson. Die Kinder in seinen Studien scheinen zu ihren eigenen höheren mentalen Feldern Zugang gefunden zu haben, in denen die Ereignisse und Erfahrungen verschlüsselt sind, die mit einer früheren Existenz in einer anderen Persönlichkeitsstruktur verbunden sind.

Außernormale Erfahrungen auf der intuitiven Ebene

Das intuitive Feld ist das Reich der Glückseligkeit, der Ekstase, der spirituellen Erleuchtung und der göttlichen Einsicht. Das könnte daher die Ebene sein, die die Kinder erreichen, deren Gipfelerlebnisse beschrieben wurden, zum Beispiel Jean Houston, die im Alter von sechs Jahren erkannte, daß „alles von Bedeutung war", oder der kleine Junge aus dem zweiten Kapitel, der mit sieben Jahren das Gefühl hatte, „uralt" zu sein. Hier scheint sich das intuitive Reich als ein Aufblitzen von Einsicht manifestiert zu haben und nicht als anhaltender Bewußtseinszustand. Diese Erfahrungen könnten also „verkleinerte" Versionen der wahren Erleuchtung sein, wie sie fortgeschrittene spirituell Übende erleben.

Das Paradies und die Ebenen des Bewußtseins

Die Begegnung des Kindes mit den in der esoterischen Philosophie kartographierten höheren Feldern von Gewahrsein könnte eine Parallele zu den mythologischen Motiven darstellen, die wir im vierten Kapitel betrachtet haben. Bei den Erinnerungen an das verlorene Paradies könnte es sich um nichts anderes als das dämmernde Gewahrsein einer Zeit handeln, in der die Seele zwischen zwei Leben stand und einen Blick auf das klare Licht der Wirklichkeit (wie im tibetischen Buddhismus beschrieben) erhaschte, „himmlische" Zustände von Ekstase auf höheren mentalen Ebenen erlebte oder sich an Zeiten der spirituellen Verwirklichung in früheren Leben erinnerte. Die „adlige Herkunft" in den Geschichten vom Kind im Exil könnte ein Hinweis auf einen oder alle diese Zustände sein.

Aber das Kind muß, wie schon früher angemerkt, aus diesen Paradiesen verbannt werden. Das ist der Preis, der für eine Inkarnation in einem physischen Körper zu zahlen ist. Doch ein solcher mutiger Abstieg bringt auch Belohnungen mit sich. Die physische Welt dient den Ekstasen, die auf den höheren Ebenen zwischen zwei Leben so leicht erreichbar waren, als Bewährungsfeld. Viele spirituelle Schulen meinen, die wirkliche Aufgabe des Lebens sei die, dieses höhere Wissen zu den gröbsten und unwissendsten Ebenen des (Un-)Bewußtseins hinabzubringen. Darum ist es so bedeutend, wenn ein Kind die zeitlosen Reiche erfährt. Wenn Kinder in der Lage sind, einen Blick auf diese Welten zu werfen und ein Bild dieser Erfahrung festzuhalten, während sie sich durch das Erwachsenenleben mit all seinen Aufgaben, Verantwortungen, Herausforderungen und Hindernissen bewegen, dann kann diese höhere Realität wie ein Samen im Winter genährt werden, der sich mit der Zeit in eine wunderbare spirituelle Blüte verwandelt.

Sechstes Kapitel
Das Kind als Heiler

> Ausgewachsene Menschen können von ganz kleinen Kindern lernen, denn die Herzen der kleinen Kinder sind rein, und der Große Geist kann ihnen daher vieles zeigen, was ältere Leute nicht sehen können.[1]
>
> Black Elk

Ich war vor kurzem bei einer Konferenz in einem malerischen Kongreßzentrum an der Küste. Als ich beim Mittagessen im Speisesaal saß und mit einem Freund über einige der vormittäglichen Workshops sprach, lief eine der Angestellten eilig an meinem Tisch vorbei, und ich hörte, wie sie zu einer anderen Mitarbeiterin sagte: „Das ist mir egal! Wenn sie zu spät kommen, dann werden sie eben gehen müssen, wenn wir es ihnen sagen!" Ich widmete mich wieder meinem Essen und vergaß den Vorfall, bis sich etwa eine halbe Stunde später meine Aufmerksamkeit auf eine Szene richtete, die sich ein paar Meter neben unserem Tisch abspielte.

Eine Mutter hielt ihr kleines Baby auf dem Arm und daneben stand, voll liebevoller Worte und Bewunderung für das Kleine, dieselbe Frau, die kurz zuvor so grob gewesen war. Irgend etwas an dem Baby hat es dieser Frau ermöglicht, sich zu öffnen, locker zu werden, sich vom Streß ihres Jobs zu befreien und zu einer vollkommen liebenswerten und liebenden Persönlichkeit zu werden.

War der Säugling in diesem Fall ein Heiler? Wenn dieses Beispiel auch eher trivial zu sein scheint, repräsentiert es für mich doch auch in einem tieferen Sinne die Gabe des Kindes zu heilen, zu transformieren, den Weg zu weisen. In diesem Kapitel werden wir das Potential untersuchen, das Kinder in unserer Kultur als Heiler haben. Im Verlaufe dieser Erörterung werde ich das Wort „Heilung" in seiner weitesten Bedeutung benutzen.

Der Begriff der Heilung umfaßt hier die Vorstellung, daß etwas, was falsch war, richtig gemacht wird. Dieses Verständnis von Heilung kann auf unsere übliche Vorstellung der physischen Heilung angewandt werden, kann sich aber darüber hinaus auch auf die emotionale und spirituelle Heilung und Führung erstrecken. Es kann die Heilung eines Individuums, einer ganzen Gemeinschaft oder der Menschheit selbst umfassen. Da wir in einer Ära leben, in der, wie Yeats sagt, „die Dinge auseinanderfallen", steht das Kind als ein Symbol der Regeneration da, der Heilung von sozialen Verletzungen und kollektiven Wunden sowie der Transformation der individuellen Psyche.

Die Vorstellung, Kinder könnten in der Gesellschaft als Heiler wirken, erscheint zunächst unhaltbar. Kinder scheinen die in der Gesellschaft am wenigsten für Heilungsfunktion Geeigneten zu sein, da es ihnen an den Fähigkeiten, Fertigkeiten und Erfahrungen fehlt, die notwendig sind, um physische, emotionale oder spirituelle Heilung zu bewirken. Darüber hinaus sind Kinder selbst wehrlos und den Angriffen von Viren, Unfällen, psychischen Traumata und anderen üblen Ereignissen ausgesetzt. Sie sind es, die am stärksten der Unterstützung durch erwachsene Heiler bedürfen. Sie brauchen Hilfe, um Immunität gegen Krankheiten aufzubauen, die zur Vermeidung von Unfällen notwendigen Fähigkeiten und Fertigkeiten zu erwerben und die psychische Abwehr zu entwickeln, die sie vor emotionalem Trauma schützen kann.

Diese Sicht von Kindern ist richtig, wenn man aus der Perspektive „vom Körper aufwärts" schaut. Es gibt jedoch eine komplementäre Sicht von Kindheit und Heilung, die ich gern vorstellen möchte. Sie beruht auf einer Sicht der Entwicklung „vom Wesen abwärts", in der das Kind als Metapher für den Akt der Heilung selbst gesehen wird. Da es sich um eine Metapher handelt, kann diese Perspektive nicht immer wörtlich auf den tatsächlichen Heilungsprozeß übertragen werden. Ich werde nicht versuchen, Kinder durch die Behauptung zu glorifizieren, sie könnten physische oder emotionale Krankheiten so heilen wie ein Arzt oder ein Psychotherapeut. Aber ich behaupte sehr wohl, daß Kinder Zugang zu Heilungsenergien haben, die dem durchschnittlichen Erwachsenen verschlossen sind, und daß dies sie qualifiziert, manche Heilungsfunktionen auszuüben, die ihrer persönlichen Entwicklungsebene angemessen sind. Durch diese Sichtweise von Kindern als möglichen Heilern möchte ich nicht nur unser Konzept der Kindheit erweitern, sondern auch unser Verständnis des Heilungsprozesses in jedem Alter bereichern.

Das Kind als Archetypus des Heilers

In seiner anregenden Schrift „Zur Psychologie des Kindarchetypus" präsentiert C. G. Jung ein zweifältiges Bild des Kindes, das eine Parallele zu der Dichotomie „vom Körper aufwärts / vom Wesen abwärts" darstellt. Er sah das Kind als infantil *und* göttlich, verletzbar *und* unzerstörbar, unreif *und* weise:

> Es ist das Verlassene und Ausgelieferte und zugleich das Göttlich-Mächtige, der unansehnliche, zweifelhafte Anfang und das triumphierende Ende. Das „ewige Kind" im Menschen ist eine unbeschreibliche Erfahrung, eine Unangepaßtheit, ein Nachteil und eine göttliche Prärogative, ein Imponderabile, das den letzten Wert und Unwert einer Persönlichkeit ausmacht.[2]

Der Kindarchetypus bildet einen integralen Teil der menschlichen Psyche, der in sich sowohl das Potential für Krankheit (Verlassenheit, Ausgeliefertheit, Gefährdung) wie für Heilung (Göttlichkeit, Regeneration, Neuanfang) birgt. Die Heilungsfunktion von Kindern ist in der Mythologie der Welt gut dokumentiert.

Äskulap, der legendäre griechische Arzt, der später zum Gott der Heilkünste erhoben wurde, wird in der Ikonographie meist als Kind, Jugendlicher oder als alter Mann dargestellt.[3] Apollo, der griechische Schutzherr der Ärzte und der Heilung (und Vater von Äskulap), hat sein Heiligtum in Delphi bereits als Kind gegründet. Dort vollbrachte er schon in ganz jungen Jahren große Leistungen, einschließlich der Vernichtung des Drachen Python.[4]

Wir haben bereits im vierten Kapitel gesehen, wie zahllose andere Kind-Helden aus der Mythologie ihr Exil und ihre Verlassenheit angesichts scheinbar unüberwindlicher Schwierigkeiten bewältigt haben. Diese Kinder hatten eine göttliche Verbindung zu heilenden und nährenden Energien, sowohl in der Natur (Hilfe von einfachen Leuten und Tieren) wie dem Himmel (Hilfe von den Göttern). Vielen dieser Kind-Helden erleben zwar erst im reifen Erwachsenenalter die Krönung ihres Lebensweges, aber sie haben dennoch als Kinder viele Schlachten geschlagen und gewonnen, was wieder einmal die heilenden und regenerativen Kräfte der Kindheit bezeugt.

Die Offenheit des Kindes für heilende Energien

Es ist eine im Volkswissen allgemein akzeptierte Tatsache, daß Kinder schnell genesen. Sie werden oft ganz plötzlich krank und ebenso schnell wieder gesund. Das kann man gut beobachten, wenn Kinder Fieber bekommen: Ihre Temperatur steigt ganz unvermittelt auf 40 Grad und ist ein paar später Stunden wieder normal. George Meek schreibt dazu in seinem Buch *Healers and the Healing Process*:

> Die dramatischsten Heilungserfolge gibt es oft bei Kindern und kleinen Haustieren. Sie wissen nur, daß etwas nicht in Ordnung ist, und wollen schnell wieder gesund werden. Kinder müssen die Vorstellung, die auf der Annahme beruht, Heilung käme durch Pillen, Spritzen, Verschreibungen oder Verordnungen, erst noch aufbauen.[5]

Aus der im fünften Kapitel beschriebenen Weltsicht der Theosophie kann dieses Phänomen der schnellen Heilung bei Kindern teilweise der Sensibilität des Kindes für die subtilen Lebensenergien des „ätherischen Feldes" zugeschrieben werden. Wie wir gesehen haben, haben junge Kinder, besonders die unter sieben, eine angeborene Empfänglichkeit für diese Ebene von Energie. Sie werden daher sowohl Opfer der in ihr vorhandenen unzuträglichen Elemente wie Empfänger der heilenden Qualitäten.

Mythologisch sind diese Elemente als lebendige Wesenheiten beschrieben worden: Teufel, Engel, böse Könige oder Tiere, von denen einige Krankheit fördern, andere die Gesundheit unterstützen. Psychologisch werden sie als positive und negative Gedanken bezeichnet. Aus der metaphysischen Perspektive verweisen Phoebe und Laurence Bendit darauf, daß das junge Kind für die „übersinnliche Atmosphäre" des ätherischen Feldes offen ist, besonders innerhalb der Familienmatrix. Wenn der Vater beispielsweise immer wütend ist, können seine destruktiven Gedankenformen in das ätherische Feld des Kindes eindringen und sich später als körperliche Krankheit manifestieren[6], auch wenn die Wut gar nicht gegen das Kind gerichtet war. Ähnlich ist es, wenn die Mutter über spirituelle Prinzipien meditiert (auch wenn das Kind noch im Mutterleib ist). Diese höheren Gedankenformen können sich als heilende Energien manifestieren und das Kind schützen, sogar vor der Wut des Vaters.[7]

Entwicklungsstadien des Heilens

Kinder sind, wie gesagt, nicht Heiler im Sinne unseres Verständnisses eines Arztes, eines Psychiaters, Schamanen oder Körpertherapeuten. Aber Kinder haben ihre eigene Rolle als Heiler in der Gemeinschaft, und ihre Funktion wechselt je nach ihrem Entwicklungsstadium. Ich habe ein Schema erarbeitet, das die Heilungsfähigkeiten von Kindern in drei weitgefaßten Entwicklungsstadien beschreibt, die jeweils sieben Jahre dauern:

0 - 7 Jahre:	Kinder als Werkzeuge der Heilung innerhalb des kollektiven Unbewußten
7 - 14 Jahre:	Kinder als Träger der gesellschaftlichen Vorstellungen vom Heilen
14 - 21 Jahre:	Kinder als Heiler-Lehrlinge

0 - 7 Jahre: Kinder als Werkzeuge der Heilung innerhalb des kollektiven Unbewußten

In dem von mir vorgestellten Schema scheint es so zu sein, daß Kinder unter sieben als universale und unbewußte Heiler fungieren. Ihr Heilen erfolgt *absichtslos*, das heißt, ihre Fähigkeit manifestiert sich natürlich und unsichtbar inmitten der offensichtlicheren Ereignisse des Lebens. Außerdem scheint das Heilen auf dieser Ebene eher in den tiefen Strukturen der Gemeinschaft oder den tiefen Ebenen der individuellen Psyche zu erfolgen und sich weniger auf bestimmte, eng lokalisierte Körperteile oder Krankheiten zu beziehen. In den von Joan Halifax untersuchten Eskimokulturen geschah das Heilen durch Kinder auf eher subtile und unsichtbare Weise:

> . . . er (Sila, eine Gottheit) hat andere Mittel der (Kommunikation) durch Sonnenlicht und die Stille des Meeres und kleine Kinder, die unschuldig spielen und selbst nichts verstehen. Kinder hören eine leise und sanfte Stimme, fast wie die einer Frau. Sie kommt auf mysteriöse Weise zu ihnen, aber so sanft, daß sie keine Angst haben, sie hören nur, daß irgendeine Gefahr droht. Und die Kinder erwähnen das (beiläufig), wenn sie nach Hause kommen, und dann ist es die Aufgabe des (Schamanen), die richtigen Maßnahmen zum Schutze vor der Gefahr zu ergreifen.[8]

Bei diesem Beispiel dienen die Kinder dem Schamanen beinahe als „Assistenten". Durch ihre unterschwellige Kommunikation mit der Natur nehmen sie informell und unbewußt an den Heilungsprozessen des Stammes teil. Es ist so, als ob diese Kinder das kollektive Unbewußte anzapfen und diese Information zum Wohle ihres Volkes einsetzen.

Ein weiteres Beispiel für das Wirken eines Kindes auf der Ebene des unbewußten Heilens findet man in der religiösen Bekehrungserfahrung des heiligen Augustinus:

> Er war in einem Garten und hörte von der anderen Seite der Mauer die Stimme eines Kindes und die Worte „tolle legge, tolle legge" (Nimm und lies, nimm und lies). Da nahm er das Exemplar der Paulusbriefe, in dem er zuvor gelesen hatte, und öffnete es aufs Geratewohl an der Stelle, wo es in den Briefen an die Römer heißt: „Lasset uns ehrbar wandeln als am Tage, nicht in Fressen und Saufen, nicht in Kammern und Unzucht, nicht in Hader und Neid." Die Stimme war so plötzlich gekommen und die Botschaft so passend – diese beiden Tatsachen prägten sich tief in Augustinus Denken ein. Er hatte das Gefühl, es handele sich gewiß um ein göttliches Orakel. Seine Zweifel lösten sich auf. [9]

Das Kind in diesem Beispiel hatte nicht die Absicht, eine Bekehrungserfahrung bei Augustinus herbeizuführen. Und doch diente die Stimme des Kindes als Werkzeug, das es dem Heiligen ermöglichte, nach innen zu gehen und die Wahrheiten zu entdecken, die sein Leben verändern sollten. Er machte diese Einsichten dann durch seine *Bekenntnisse* und andere Schriften bekannt. In diesem Sinne war das Wirken des Kindes sowohl individuell wie universell; individuell insofern, als es zur Transformation des Augustinus als Person beitrug, und universell deswegen, weil das Ereignis das Leben von Millionen von Christen beeinflußte, die von den Lehren und Visionen des Augustinus berührt wurden.

Ein letztes Beispiel für diese Art von Heilungspotential bei jungen Kindern findet sich in einem Brauch der Huichol-Indianer in Mexiko. Wenn nach ihrer Zeitrechnung das Jahr zu Ende geht, wird ein großes Feuer gebaut. Das jüngste Kind des Stammes, das designiert worden ist, selbst einmal Schamane zu werden, wird dazu erwählt, das Feuer immer mit Holz zu versorgen und 72 Stunden ohne Schlaf oder Nahrung Wache zu halten.[10] Das Kind fungiert bei dieser Zeremonie als Symbol für die Gemeinschaft, es ist eine Manifestation der Immanenz des Großen Geistes im Stamm, der über die Flamme des neuen Jahres und die Anfänge neuen Lebens wacht.

7 - 14 Jahre: Kinder als Träger der gesellschaftlichen Vorstellungen vom Heilen

Etwa mit sieben Jahren tritt das Kind als funktionierendes Mitglied in die Gesellschaft ein. Zu dieser Zeit gibt es die größte Berührungsfläche zwischen der Glaubenslehre der Kultur und dem, was das Kind selbst für möglich hält. Vor diesem Alter waren Kinder auf einer unbewußten Ebene empfänglich für ihre Umgebung, mit ungefähr sieben Jahren nehmen sie aktiv die Glaubensvorstellungen von Eltern, Schule und Gleichaltrigen in ihre eigene Auffassung von Realität auf. Im wesentlichen baut das Kind dieses Modell der Wirklichkeit durch Interaktion mit den zugrundeliegenden Glaubenslehren der Kultur auf. Die Kultur bestimmt für das Kind, was möglich ist. In bezug auf Heilen ist es die Kultur, die die Faktoren bestimmt, die Wohlsein fördern und hindern. Im allgemeinen liefern die Glaubenslehren der im Leben des Kindes bedeutenden Erwachsenen (besonders der Eltern) die Basis für die eigenen Vorstellungen des Kindes über Krankheit und Gesundheit. Wenn die Eltern Heilen mit Medikamenten und Spritzen gleichsetzen, wird das Kind vermutlich die Kraft des Heilens in solchen Dingen sehen. Wenn die Eltern jedoch eine andere Vorstellung von der Realität haben, insbesondere eine transpersonale Sicht, dann wird das Kind wahrscheinlich stark von dieser Vorstellung beeinflußt werden.

Joseph C. Pearce stellt in seinem Buch *Die magische Welt des Kindes* ein überzeugendes Beispiel für den Einfluß von Glaubenslehren auf das Kind vor. Die von ihm berichtete Anekdote illustriert, wie machtvoll eine Vater und Sohn gemeinsame Vorstellung von körperlicher Gesundheit sein kann:

> Ein Mann besuchte eines meiner Seminare über das magische Kind, weil er etwas erlebt hatte, das ihn tief beunruhigte und sein ganzes akademisch-rationales Weltbild in Frage stellte. Sein achtjähriger Sohn war einmal mit einer Schnitzarbeit beschäftigt, als plötzlich das Messer abrutschte und eine Arterie am Handgelenk traf. Nach einem Moment der Panik beim Anblick des hervorschießenden Blutes

> nahm er, wie im Traum, das Gesicht seines schreienden Sohnes zwischen die Hände, schaute ihm in die Augen und sagte: „Hör zu, wir halten das Blut jetzt an!“ Das Schreien hörte auf, ohne Zögern kam die Antwort: „In Ordnung“, und zusammen starrten sie jetzt auf den Blutstrom und riefen: „Blut, hör auf!“ Und das Blut blieb stehen.[11]

Die Übertragung von Glaubenslehren von den Eltern auf die Kinder ist dem Kind in diesem Alter noch weitgehend unbewußt. Es gibt jedoch auch kulturelle Mittel, mit deren Hilfe spezifische Informationen über Heilmethoden bewußt von einer Generation zur nächsten weitergereicht werden. Es gibt detaillierte kulturübergreifende Beispiele dafür, mit welchen Methoden die Älteren die Kinder im Gebrauch von Zauberamuletten, Beschwörungen, Kräutern und anderen Werkzeugen und Techniken der Heilung unterweisen. Ein Forscher ist zu dem Ergebnis gekommen, daß es sich bei einem Großteil des Kinderspielzeugs im Altertum in Wirklichkeit um beschützende Amulette und Prophylaktika gegen böse Einflüsse gehandelt hat.[12] Eine Frau aus dem ländlichen Serbien erzählt, wie sie als Kind im Gebrauch des Heilzaubers unterrichtet wurde: „Baba sagte: ‚Setz dich da in die Ecke und paß gut auf!‘ Also tat ich es. Später erklärte sie mir, was das Geflüster und Gemurmel bedeutete. Sie brachte es mir bei, also lernte ich es und behielt es, und daher weiß ich, wie man es sagen muß.“[13] Als ich an der John-F.-Kennedy-Universität in Kalifornien einen Kurs über kulturübergreifendes Heilen belegt hatte, berichteten einige der Teilnehmer, wie sie von ihren Eltern und Großeltern in Massagetechniken unterwiesen worden waren, damit sie später ihre erschöpften Verwandten massieren konnten! Eine Japanerin erinnerte sich daran, daß manche der Methoden, die ihre Mutter ihr beigebracht hatte, den Akupressur-Techniken ähnelten, die sie jetzt bei ihrer Ausbildung zur Masseuse lernte.

Dieses Entwicklungsstadium verdient bei Erziehern und Eltern sorgfältige Aufmerksamkeit, da die Botschaften, die die Kinder in diesem Alter bewußt und unbewußt bekommen, tiefgreifende Auswirkungen auf ihre Einstellung zum Heilen haben und sie für den Rest ihres Lebens beeinflussen können. Meine Eltern waren vollkommen an ein orthodoxes westliches Modell der Medizin gebunden (mein Vater war Kinderarzt, meine Mutter OP-Schwester). Ich bin daher in einer Umwelt aufgewachsen, in der komplexe Eingriffe und Vorgänge als Mittel des Heilens Vorrang hatten. Ich kann mich daran erinnern, daß ich als Kind mit meinen Eltern beim Abendbrot saß und sie endlose Gespräche über Krankheiten mit langen und furchterregenden Namen führten. Eine der Konsequenzen aus dem Aufwachsen mit diesen Vorstellungen ist die, daß ich in meinem Leben ständig eine Tendenz zur Hypochondrie bekämpfen mußte. Die Angst davor, krank zu werden, hat mich zu den Zeiten getroffen, in denen ich am verletzbarsten und für die Möglichkeiten von Heilung ebenso wie von Krankheit am offensten war. Meine Energie ist mehr in Richtung Siechtum und Abhängigkeit von äußeren medizinischen Leistungen geflossen als in das Gefühl, die Kräfte der Selbstheilung könnten ausreichen, und in das Vertrauen, daß es die natürliche Tendenz des Organismus ist, sich in Richtung Gesundheit zu bewegen. Als Erwachsener sehe ich eine Wachstumschance darin, in meinem inneren Sein eine Überzeugung wiederherzustellen, die diese letztgenannten Prinzipien von Gesundheit bejaht.

14 -21 Jahre: Kinder als Heiler-Lehrlinge

Nach dem Einsetzen der Pubertät ist der Jugendliche nun in der Lage, mit dem eigentlichen Ausbildungsprozeß zum Heiler im formalen Sinne des Wortes zu beginnen. Zu dieser Zeit gewinnen einige Kinder die übersinnlichen Fähigkeiten oder andere Potentiale wieder, die während der vorangegangenen „Latenzzeit" geruht haben. Dies ist außerdem in einigen Kulturen die Zeit, in der schwere psychische Krisen der inneren Transformation des zukünftigen Schamanen vorausgehen:

> Der Schamane ist jemand (Mann oder Frau), der in früher Jugend eine schwere seelische Krise durchgemacht hat, die man heute als Psychose bezeichnen würde. Normalerweise läßt die besorgte Familie einen älteren Schamanen rufen, damit er das Kind aus seinem Zustand herausholt, was diesem erfahrenen Heiler durch geeignete Mittel, Lieder und Übungen auch gelingt.[14]

In Fällen dieser Art wird der Jugendliche oft von dem Schamanen in eine abgelegene Gegend geführt, wo er häufig über lange Zeiträume Einsamkeit, Hunger, Kälte und andere Entbehrungen ertragen muß. Im Laufe dieser Leiden hat der junge Mensch manchmal die Vision eines „Schutzgeistes" (häufig in Form eines Tieres), der ihm in seiner zukünftigen Rolle als Schamane als leitendes Prinzip oder Heilfaktor dient. Der

Jugendliche verbleibt dann beim Schamanen und wird mehrere Jahre lang in den äußeren Ritualen und den inneren Prinzipien von Heilung und Transformation unterwiesen. Als Erwachsener kann er sie dann auf bewußte und kontrollierte Weise in seiner Gemeinschaft anwenden.

Kinder als Faktoren der kulturellen Transformation

Lyall Watson, der Autor von *Der unbewußte Mensch*, berichtet über die Eßgewohnheiten einer Gruppe von Affen auf einer japanischen Insel. Die Affen scheinen vor einem Dilemma gestanden zu haben: Sie fanden Geschmack an einer neu auf der Insel eingeführten Art von Süßkartoffeln, mochten diese aber nicht frisch aus der Erde und voller Dreck essen. Eines Tages wusch ein junger Affe die Kartoffel vor dem Essen im Meer. Schnell machten es ihm alle anderen nach, da ein Affe dem nächsten diese neue Art der Essenszubereitung beibrachte. Watson berichtet weiter, die Affen auf den anderen Inseln in der Nähe hätten noch eine Weile ungewaschene Süßkartoffeln gegessen. Und dann begannen sie plötzlich, ohne daß es physischen Kontakt mit den Kartoffelwäschern gegeben hätte, ihre auch zu waschen. Die daraus abgeleitete Schlußfolgerung ist die: Als der „hundertste Affe" auf der ersten Insel gelernt hatte, die Kartoffeln vor dem Essen zu waschen, war damit die „kritische Masse" erreicht, die auf irgendeine Art und Weise die Affen auf allen anderen Inseln beeinflußt hat, so daß sie diese Technik zur Säuberung ihrer Nahrung anzuwenden begannen.[15] Dieses Phänomen des „hundertsten Affen" dient als Metapher für das, was geschehen kann, wenn eine ausreichende Zahl von Individuen ihre Energien, Gedanken und Handlungen in dieselbe Richtung mobilisieren (zum Beispiel in Richtung auf die Förderung des Friedens in der Welt).[16]

An dieser Geschichte ist besonders faszinierend, daß es sich bei dem Erfinder der neuen Methode des Kartoffelwaschens um ein „Kind" gehandelt hat, einen 18 Monate alten Affenjungen mit Namen Imo. Diese Tatsache ist deswegen bedeutsam, weil sie aufzeigt, welche Rolle Kinder bei der Transformation der Kultur haben. Die Verspieltheit und Flexibilität der Kindheit tragen zu einem Zustand des Bewußtseins bei, in dem neuartige Lösungen und neue Arten des Seins und Handelns gefördert werden.[17]

Eines der Gebiete, in denen sich das am offensichtlichsten zeigt, ist das der Sprache. Kornej Tschukowski, ein bekannter russischer Kinderbuchautor, hat Kinder zwischen zwei und fünf Jahren als „linguistische Genies“ bezeichnet, fähig, Metaphern zu schaffen, die die Sprache bereichern und lebendiger machen.[18] Lewis Thomas nannte Kinder aufgrund ihrer Fähigkeit, Sprache zu erfinden, „das sechste moderne Weltwunder“.[19] Er beschreibt ein auf den Hawaii-Inseln beobachtetes Phänomen: Die Kinder der aus aller Welt eingewanderten Arbeiter formten sich aus den internationalen Sprachbrocken, die die Erwachsenen zur Verständigung untereinander benutzten, eine neue Sprache. Derek Bickerton schreibt im *Scientific American* über dieses merkwürdige Geschehen, daß ihre neue Sprache „die Komplexität, Nuanciertheit und Ausdruckskraft aufwies, die man auch in den etablierteren Sprachen der Welt findet“.[20]

Ein verwandtes Beispiel findet sich bei den „musizierenden Kindern“ im nördlichen Ghana. Diese Kinder kommen auf dem Dorfplatz zusammen, um zu singen und zu tanzen. Sie benutzen einfache Musikinstrumente. Ursprünglich waren ihre Lieder und Tänze Wiederaufführungen der traditionellen Dorfmusik. Allmählich entwickelten die Kinder jedoch einen neuen Tanzstil mit dem Namen Atikatika, bei dem es eine Reihe politischer Satiren und Witze gibt, die sie ohne jede Hilfe von Erwachsenen erfunden haben. Die Frivolität einiger dieser Lieder hat dazu geführt, daß Erwachsene die Tänze häufig aus der Gemeinschaft verbannen, obwohl die älteren Mitglieder die Kinder ermutigen. Wenn die Atikatika-Gruppe übt, versammeln sich viele junge Leute, um zuzuschauen und zu sehen, was die Kinder als nächstes machen. Ein Mann aus dem Dorf erzählt: „Wenn du unsere Lebensweise kennenlernen willst, dann schau den Kindern zu . . . es sind die Kinder, die unsere Kultur machen, denn die Kinder können etwas tun, und das bedeutet dann für die alten Leute etwas.“[21]

Kinder haben aber auf noch tiefgreifendere Weise dazu beigetragen, Zivilisation zu schaffen, als das bei obigem Beispiel deutlich wird. Einerseits gibt es da die Wunderkinder, die schon vor dem Erwachsenenalter etwas zur Kultur beitragen, darunter Mozart, Blaise Pascal oder John Stuart Mill. Andererseits erkennen wir bei der Betrachtung des Lebens einiger der großen Denker, die die Art und Weise, in der wir denken und leben, verwandelt haben, daß die Samen ihrer Erfindungen und Ideen in der Kindheit liegen. Albert Einstein bekam beispielsweise im Alter von vier Jahren einen Kompaß, der ihn mit einem Gefühl des

Mysteriösen und dem Wunsch erfüllte, die Antworten auf die Geheimnisse des Universums aufzuspüren.[22] Jacob Moreno, der Erfinder des Psychodramas, einer der originellsten und dynamischsten Therapien unserer Zeit, sieht den Beginn seiner Karriere in einem einfachen Ereignis in der Kindheit:

> Moreno legt die Anfänge des Psychodrama in die Zeit, als er viereinhalb Jahre alt war. Er vergnügte sich mit ein paar Freunden im Keller seines Hauses in Wien, der Stadt, in der er einen Großteil seiner prägenden Jahre verbrachte. Damals schlug er vor, sie sollten alle zusammen Gott und Engel spielen. Mitten in dem Kellerraum stand ein großer Tisch, auf dem etliche Stühle aufgestapelt waren. Moreno kletterte ganz oben drauf. Er war Gott, und er ließ die anderen Kinder in der Rolle der Engel um den Tisch laufen und mit den Armen wedeln, als hätten sie Flügel. Als die Kinder die Rollen der Engel annahmen und von sich selbst meinten, sie flögen, schlug eines vor, Moreno, der hoch oben auf den Stühlen thronte, solle doch auch fliegen, und er versuchte es. Er fiel sofort zu Boden und brach sich den Arm, aber es blieb ihm aus der Erfahrung ein Hochgefühl der Erregung und Spontaneität. Beide Elemente – Erregung und Spontaneität – sollten zu den zentralen Konzepten bei der späteren Entwicklung von Morenos Theorie werden.[23]

Leonardo da Vinci erzählt in seiner Autobiographie die Geschichte davon, wie ein riesiger Vogel zu ihm kam, als er in der Wiege lag. Er merkt an, daß dieses Ereignis eine bedeutsame Verbindung zu seiner späteren Faszination von Vögeln im Fluge darstellt. Der Jungianische Theoretiker Erich Neumann meint sogar, Leonardo habe diese frühe Kindheitserfahrung in seine Kunst integriert.[24] Die Bilder anderer großer Künstler wie Chagall, Picasso und Miró enthüllen eine Vorliebe für kindhafte Darstellungen. Zudem haben ungezählte Schriftsteller einen großen Teil des Stoffs für ihre Werke aus ihren frühen Kindheitserfahrungen bezogen. Denken Sie beispielsweise an Marcel Prousts *Auf der Suche nach der verlorenen Zeit* und James Joyces *Ein Porträt des Künstlers als junger Mann.*

Kindheit ist in gewissem Sinne der Boden, dem *alle* kreative Arbeit entsprießt. Manche Leute vertreten daher die Ansicht, das künstlerische oder wissenschaftliche Genie sei in Wirklichkeit einer, der sich seine kindliche Neugier und sein Staunen bewahrt und zugleich die Fertigkeiten der Erwachsenen erworben habe, die notwendig sind, diese Unschuld für die Bedürfnisse der Kultur zu übersetzen und anzupassen. J. Robert Oppenheimer, einer der Väter der nuklearen Energie, bemerkte einmal: „Auf der Straße spielen Kinder, die einige meiner dringlichsten physikalischen Hauptprobleme lösen könnten, weil sie noch über Formen der Sinneswahrnehmung verfügen, deren ich schon lange verlustig gegangen bin.“[25] Ob wir dieser recht erstaunlichen Bemerkung von Oppenheimer nun zustimmen oder nicht, müssen wir auf alle Fälle zugeben, daß die Kindheit immaterielle Qualitäten in sich birgt, die für die Gesellschaft wertvoll sind.

Ashley Montagu, ein bekannter Anthropologe, belegt in seinem Buch *Zum Kind reifen* überzeugend die kulturelle Bedeutung der Kindheit.[26] In dieser bemerkenswerten Arbeit beschreibt er die *Neotonie*, die Tendenz einer Spezies, jugendliche Charakteristika bis ins Erwachsenenalter aufrechtzuerhalten. Montagu meint, daß mit der Entwicklung einer Spezies ein Trend einhergeht, jugendliche Charakteristika für immer länger werdende Zeit ins Erwachsenenalter mitzunehmen. Ein von ihm aufgeführtes Beispiel ist das des Menschenaffen-Babys, dessen Kiefer mehr dem des Menschen ähnelt als dem des ausgewachsenen Artgenossen. Montagu folgert von anatomischen und physiologischen Untersuchungen wie diesen auf psychologische Prinzipien. Er meint, es sei für die Fortdauer unserer Spezies von Vorteil, wenn kindhafte Eigenschaften länger und bis weit ins Erwachsenenleben hinein beibehalten würden. Die Jungen einer jeden Spezies wecken in uns Mitgefühl, Fürsorglichkeit und Versorgungsbereitschaft. Montagu merkt zudem an, daß die Kindheit eine Zeit des Staunens, der Ehrfurcht, der Liebe, Verspieltheit und Neugier ist. Die Ergebnisse seiner Forschungen sprechen dafür, daß diese Eigenschaften in das Leben der Erwachsenen eingegliedert werden *müssen*, wenn wir als Spezies überleben wollen (ohne uns selbst und diesen Planeten in die Luft zu jagen).

Diese Sichtweise steht im Widerspruch zu der gegenwärtig extrem populären psychodynamischen Weltanschauung, die ein Festhalten an den Eigenschaften der Kindheit für regressiv und unreif hält. Ein Ich-Psychologe hat zur Beschreibung von „Männern, die nie erwachsen werden“, den Begriff des Peter-Pan-Syndroms geprägt. Diese Männer werden als egoistisch, verantwortungslos, unrealistisch und unkonzentriert bezeichnet. Ein anderer Therapeut bietet Workshops an, in denen das „ewige Kind“ von diesen Eigenschaften geheilt werden soll. Selbst die Jungianer sprechen abfällig über den „Puer aeternus“ (den ewigen Jüngling) in unserer Kultur, der sich weigert, die Verantwortung für sein Leben zu übernehmen.[28] Keine dieser Sichtweisen scheint die Gesamtbedeutung der Kindheit erfaßt zu haben. So wie sich beim Kind zwei Entwicklungslinien aufzeigen lassen, von denen eine im Materiellen und eine im Spirituellen wurzelt, so kann man auch zwei allgemeine Kategorien von Kindlichkeit beschreiben: das *kindische* Wesen (selbstsüchtig, eifersüchtig, anklammernd, aggressiv, verantwortungslos, unrealistisch – die Einstellung „vom Körper aufwärts“) und das *kindliche* Wesen (unschuldig, weise, mitfühlend, staunend, kreativ – eine Haltung „vom Wesen abwärts“). Wenn die Therapeuten ihrer Arbeit nachgehen und die Peter Pans dieser Welt verändern und von ihren kindischen Zügen heilen, müssen sie gut aufpassen, daß sie nicht die kindlichen Eigenschaften zerstören, die für das Überleben dieses Planeten so dringend gebraucht werden. Leider finden sich das Kindische und das Kindliche oft in derselben Psyche vereint, so daß der Mensch, der von den negativen Aspekten des ewigen Kindes „geheilt“ worden ist, sich oft nur mit den Worten eines Patienten beschweren kann, der eine Freudsche Analyse durchlaufen hatte : „Sie haben mir die Teufel ausgetrieben, mit ihnen aber auch meine Engel.“[29]

Das „innere Kind“ als Heiler

Kindheit kann den Zustand der Heilung in *jedem* Alter bezeichnen. Erwachsenen, die körperlich, geistig und/oder seelisch leiden, täte es gut, sich daran zu erinnern, welchen Wert es hat, „wie ein Kind zu werden“, wenn sie den Genesungsprozeß erleichtern wollen. Im Bereich der Untersuchungen zur holistischen Gesundheit häufen sich die Beweise, daß es eine starke Verbindung zwischen emotionalem Wohlbefinden und physischer Gesundheit gibt. Viele der typischen Krankheiten in unserer Kultur – einschließlich Krebs, Schlaganfällen und Herzversagen – sind mit emotionalem Streß in Verbindung gebracht worden. Die medizinischen Interventionsprogramme schließen immer häufiger Entspannungstechniken, emotionale Therapie und Visualisation als Mittel ein, mit Krankheit umzugehen und sie zu bekämpfen. Der natürliche Zustand des Kindes könnte als Modell des Wohlbefindens dienen. Kinder verfügen über mehrere wichtige Fähigkeiten, die Schlüssel zum erfolgreichen Bekämpfen von Krankheit sind: die Fähigkeit, zu entspannen und der Natur ihren Lauf zu lassen, die Bereitschaft, denen zu vertrauen, die um sie herum sind und die ihnen dabei helfen, gesund zu werden, Hoffnungsfreudigkeit und Optimismus, Sinn für Humor, Freude am Spiel und eine reiche Phantasie.

Viele Ansätze zur emotionalen Heilung in unserer Kultur beinhalten irgendeine Art von Regression in den Zustand des Kindes. Die Psychoanalyse beispielsweise zielt darauf ab, den Patienten durch Träume und freie Assoziation zu den Szenen von Kindheitsstraumata zurückzuführen, so daß die dort entstandenen Komplexe aufgelöst werden können. Wilhelm Reich hat sein eigenes Therapiesystem entwickelt, das der Vorstellung folgt, daß wir als Antwort auf emotionalen Streß im Laufe der Jahre Schichten muskularer Spannung ansammeln. Dieser „Panzer“, wie Reich ihn nannte, muß geknackt werden, um wieder die für das Kind charakteristischen tieferen Schichten freifließender Energie erfahrbar zu machen.[30] Arthur Janov ist berühmt für seine „Urschrei“-Therapie, bei der die Patienten in emotionale Zustände der Kindheit zurückgeführt und darin unterstützt werden, die Wut wiederzuerfahren, die bei ihnen dadurch entstanden ist, daß Mami und Papi nicht erreichbar waren.[31] Eine andere Form von Psychotherapie, der Quadrinity-Prozeß (früher Fisher-Hoffman-Prozeß genannt), benutzt gelenktes Bilderleben, um Erwachsene in die Erfahrungen der Kindheit regredieren zu lassen. Dazu gehört eine detailliert ausgearbeitete Serie von Visualisationen, in denen Erwachsene aufgefordert werden, sich ihre Eltern in einer Vielzahl von Kindheitsszenen auszumalen (etwa einen Streit zwischen Mutter und Vater). Die Teilnehmer an dem Prozeß werden dabei unterstützt, die ursprünglichen Gefühle und Bilder der Kindheit so tief wie möglich wiederzuerfahren, und dann in ein weiteres Stadium geführt, in dem diese Erfahrungen in positive Gefühle von bedingungsloser Liebe transformiert werden.[32] Bei der Transaktionsanalyse schließlich geht man davon aus, daß das psychopathologische Individuum die inneren „Skripten“ ausagiert, bei denen das „Kind“, die „Eltern“ und der „Erwachsene“ verschiedene Facetten des Individuums repräsentieren, die miteinander zurechtkommen müssen. Als Vorbedingung für geistige Gesundheit muß in diesem inneren Drama die Energie und Lebendigkeit des „Kindes“ von den „Eltern“ (Über-Ich) und dem „Erwachsenen“ (dem reifen Ich) anerkannt und honoriert werden.[33]

Bei jeder der hier beschriebenen Therapien wird Erwachsenen geholfen, noch einmal die Verletzbarkeit, Offenheit und Impulsivität der Kindheit zu erfahren. Durch die Rückkehr in diesen kindlichen Zustand werden Energien, die im Erwachsenenalter aufgestaut und versteckt sind – was unweigerlich geistiges Leiden zur Folge hat – freigesetzt und damit wieder der Gesamtpersönlichkeit verfügbar. Die bereits angesprochene Psychosynthesis postuliert, daß im Erwachsenen zahlreiche Unterpersönlichkeiten stecken, die für die Gesamtperson neu integriert werden müssen.[34] Einige dieser Unterpersönlichkeiten repräsentieren die Kinder, die wir einmal waren: das wütende Kind, das liebende Kind, das mürrische Kind, das Kind, das gefallen will. Viele Menschen leben ihr Leben, ohne zu merken, wie sie noch immer von den Kindern, die sie einst waren, beeinflußt werden. Jede Therapie, die ihnen hilft, wieder Kontakt zu ihren „inneren Kindern“ zu finden, kann dazu dienen, sie wieder in Verbindung zu längst vergessenen Teilen von sich selbst zu bringen, und sie dabei unterstützen, Zugang zu verschütteten Quellen von heilender Energie zu finden.

Ein wunderbares Beispiel dafür, wie sich das im Leben eines bekannten Denkers des 20. Jahrhunderts ausgewirkt hat, ist die Geschichte von C. G. Jungs Midlife-Krise. Er hatte gerade seine Beziehung zu Sigmund Freud abgebrochen, der bis dahin sein Freund und Mentor gewesen war. Nun plagten ihn Gefühle der Unsicherheit und des Selbstzweifels. Eines Tages kam ihm ein Traum, der ihn an ein Spiel erinnerte, das er als zehnjähriger Junge gespielt hatte: aus Steinen und Mörtel kleine Häuser und Schlösser zu bauen. Jung faßte das als Botschaft auf: „Aha, der kleine Junge ist noch da und besitzt ein schöpferisches Leben, das mir fehlt.“ Also begann er im Alter von 38 Jahren wieder, wie ein Kind zu spielen. Er sammelte nach jedem Mittagessen Steine und setzte sie, wie so viele Jahre zuvor, zu kleinen Dörfern zusammen. Jung schrieb später, daß dieses spielerische Bauen einen Strom von Phantasien auslöste, die der Erneuerung seines kreativen Lebens dienten und ihm eine Grundlage lieferten, von der aus er zur nächsten Lebensphase schreiten konnte.[35]

Schließlich kann die kindliche Natur auch im Bereich des spirituellen Heilens eine Bereicherung sein. Die meisten religiösen Systeme haben Metaphern, die Gott oder das Absolute in mütterlicher oder väterlicher Form repräsentieren. Anhänger oder Anbetende spielen die Rolle der liebenden Söhne oder Töchter. Diese spirituelle Beziehung wiederholt in gewissem Umfang die frühe Kindheitsbeziehung. Der spirituelle

Aspirant erkennt die totale Abhängigkeit von der Gnade und dem Segen der allwissenden, allmächtigen Gottheit an, so wie das Kind für die Erfüllung seiner Grundbedürfnisse vollkommen von Mutter und Vater abhängig war. Während einige Psychologen diese spirituelle Beziehung als Regression in einen früheren und primitiveren Zustand von Abhängigkeit ansehen, weist eine alternative Sichtweise auf die Heilkräfte hin, die sich im Rahmen eines solchen Arrangements entfalten können.[36] Auf dem spirituellen Weg wird der erwachsene Andächtige zum „Kind" und öffnet sich dem „Segen von oben". In Anlehnung an die transpersonale Psychologie könnten wir sagen, daß das Individuum die Barrieren des personalen Selbst durchbricht und eine heilende Verbindung mit den Energien des höheren Selbst herstellt. Diese Art von Offenheit für spirituelle Gnade, sei es durch Gebet, Meditation, Anrufung oder andere Praktiken, kann grundlegende Wandlungen des Lebensstils, der Persönlichkeit, der Gewohnheiten, der emotionalen Zustände und des physischen Befindens bei denjenigen hervorrufen, die sich „vor Gott zu Kindern machen".

Projekte, bei denen Kinder Heiler sind

Die meisten bisher angeführten Beispiele demonstrieren die Möglichkeiten von Kindern und dem „inneren Kind", auf informelle oder metaphorische Weise zu heilen oder zu transformieren. Es gibt jedoch ein paar neuere Versuche, die heilende Kraft der Kindheit anderen Menschen auch in einem wörtlicheren Sinne zugänglich zu machen. So zielen einige Bemühungen darauf ab, Kinder und Senioren zum Zwecke der Heilung zusammenzuführen, beispielsweise durch die Verlegung von Kindergärten in Altenheime. Ein solches Zentrum gibt es in Mechanicsburg in Pennsylvania bereits seit 1978. Einige der älteren Bewohner hatten bei diesem Unternehmen zunächst die Vorstellung, nun würden Horden von kleinen Kindern wild um sie herumtoben. Diese Befürchtungen erwiesen sich jedoch als unbegründet. Die Erfahrung zeigt, daß sich die älteren Menschen mit jungen Kindern um sich herum weniger von der wirklichen Welt und ihren Familien abgeschnitten fühlen. Wie einer der Senioren sagte: „Die Stimmen und Aktivitäten der Kinder geben meinem Leben eine weitere Dimension."[37] Andere Beispiele für diese Art von Heilungsprojekten sind die „Streichelzentren" von Laura

Huxley und die von Elisabeth Kübler-Ross gegründeten Zentren für Senioren und Kleinkinder (Elder-Toddler-Centers).

Zu den Unternehmen, die die heilenden Energien der Kindheit auf eine globale Ebene zu lenken versuchen, gehören „Children as Teachers of Peace“ (Kinder als Lehrer des Friedens) und „Universal Children's Gardens“ (Universale Gärten für Kinder). „Children as Teachers of Peace“ entstand 1982 durch den Einsatz des Psychiaters Gerald Jampolsky, und auch Pat Montadon versucht durch ihre Organisationen, Kinder zusammenzubringen, um sie Antworten auf die Probleme der Welt finden zu lassen. Daraus entstanden unter anderem ein Buch mit Kindergedichten und -malerei, ein internationales Reiseprogramm und eine Friedenspreisaktion, bei der Kinder aus aller Welt Anerkennung dafür erhalten, daß sie ihre Gefühle über Frieden in Wort und Bild zum Ausdruck bringen. Das internationale Reiseprogramm hat kleine Gruppen von Kindern aus den USA in verschiedene Länder geführt, um dort mit den Führern dieser Welt zusammenzutreffen. Dabei haben die Kinder mit Indira Gandhi gesprochen, mit dem chinesischen Premier Zhao Ziyang, mit Vitaly Rubin, damals Vorsitzender des Obersten Sowjets im Kreml, mit Menachem Begin in Israel, mit dem deutschen Kanzler Helmut Kohl sowie mit führenden Politikern in Japan, Taiwan und Frankreich.[38] Die Friedenspreisaktion hat kürzlich 17 Stipendien über 1000 Dollar an Kinder aus Nordirland, Kanada, England, Ägypten, Israel, Griechenland und Italien vergeben.[39] Grundlage dieses Projekts ist die Anerkennung, daß Kinder Antworten auf die Probleme der Welt haben und daß unser Planet die Anfänge dauerhaften Friedens erleben könnte, wenn die Führer der Welt nur auf diese Vorschläge hören und ihr Handeln danach ausrichten würden.

Das „Universal Children's Garden“-Programm wurde 1981 mit dem Ziel gestartet, noch vor der Jahrtausendwende „1000 örtliche Gärten für Kinder zu etablieren, einen in der Hauptstadt jedes Landes“.[40] Diesem Projekt ist es durch seine sehr informelle Organisation gelungen, ein breites Spektrum kreativer Unternehmungen auszulösen, die Kinder, Gartenbau, Ökologie und Weltfrieden betreffen. Die Größe der Projekte reicht vom „Ein-Mann-Pflanzer“ in Mercer Island, Washington, bis zum ganzen staatlich geförderten Programm einer Gartenbau-Gesellschaft. Die Vereinten Nationen haben diesem Projekt vor einiger Zeit assoziativen Status zuerkannt. Das derzeitige Verzeichnis der Gärten weist Programme in zehn Ländern der Welt auf. Dieses visionäre Projekt bietet eine wunderbare Metapher für weltweites Heilen und weist mit seiner Kombination von Kindern und Gärten darauf hin, daß es im Kind ein leben-schenkendes Prinzip gibt, das den Schlüssel für die Transformation der Menschheit enthält.

Zusammenfassung

Kinder sind auf vielen Ebenen Heiler. Durch ihre Offenheit für subtile Energien, alternative kulturelle Wirklichkeiten und entwicklungsbedingte Veränderungen der Bewußtheit können sie den Heilungsprozeß ohne Beeinträchtigung durch rigide Prinzipien oder selbstbegrenzende Überzeugungen geschehen lassen. Ihre Rolle als Heiler wechselt je nach ihrer eigenen Entwicklungsebene. Sie reicht von unbewußten Manifestationen des universalen Heilens über gemeinsames und kulturell unterstütztes Heilen zur formalen Ausbildung für das kontrollierte Anwenden von Heilungsenergie.

Kinder sind in mehr als metaphorischem Sinne der Samen für eine neue Menschheit. Durch ihren Erfindungsreichtum, ihre Offenheit für Erfahrung und ihre Freude am Spiel regen sie Erneuerungen und Erfindungen an, die in die reiferen und starreren Schichten einer Kultur eindringen und deren grundlegende Visionen des Lebens bereichern können. Kindheit repräsentiert im weiteren Sinne den Zustand des Heilens in uns allen. Das Kind verkörpert die Prozesse des inneren und äußeren Wandels und ist uns ein Spiegel für die fundamentalen Strukturen der Transformation. In den Worten von C. G. Jung:

> Das Kind ist potentielle Zukunft . . . daß das „Kind" eine zukünftige Wandlung der Persönlichkeit vorbereitet. Es antizipiert im Individuationsprozeß jene Gestalt, die aus der Synthese der bewußten und der unbewußten Persönlichkeitselemente hervorgeht. Es ist daher ein die Gegensätze vereinigendes Symbol, ein Mediator, ein Heilbringer, das heißt Ganzmacher.[41]

Siebtes Kapitel

Die Prä/Trans-Verwechslung und die Spiritualität des Kindes

Die goldenen Äpfel stammen vom gleichen Baum, ob nun ein imbeziler Schlosserlehrling oder ein Schopenhauer sie aufliest. [1]

C. G. Jung: *Zwei Schriften über analytische Psychologie*

Es sollte mittlerweile deutlich geworden sein, daß Kindheit viel mehr ist als das, was uns Piaget, Freud, Erikson und andere bekannte Entwicklungspsychologen sagen. Kindheit ist sowohl eine Zeit der transpersonalen Wunder wie der infantilen Wünsche. Aber merkwürdigerweise hat die transpersonale Psychologie Kindheit bisher so ähnlich betrachtet, wie es die Entwicklungspsychologen tun.

Die Liste der transpersonalen Denker, die der Kindheit ausschließlich nicht-transpersonale Bedeutung beimessen, ist lang und voll berühmter Namen. William James, den manche als den ersten transpersonalen Psychologen sehen, hat religiöse Erfahrungen im Erwachsenenalter untersucht, hielt aber, wie bereits angemerkt, die Wahrnehmungen des Kleinkindes für „blühendes, schwirrendes Durcheinander".[2] Bei C. G. Jung haben wir gesehen, daß er sehr wohl gewisse Aspekte der Begegnung des Kindes mit dem Numinosen ernst nahm, daß er aber wahre spirituelle Erfahrung im allgemeinen für etwas hielt, was erst in der zweiten Hälfte des Lebens auftaucht. Er schreibt über die ersten Lebensjahre: „Es gibt hier höchstens *Bewußtseinsinseln*, wie einzelne Lichter oder beleuchtete Gegenstände in weiter Nacht."[3] Stanislav Grof, Forscher und Pionier auf dem Gebiet der LSD-Psychotherapie, betrachtet Kindheitserfahrungen, die während der Regression durch LSD an die Oberfläche kommen, als weitgehend in Übereinstimmung mit den grundlegenden Konzepten der klassischen Psychoanalyse.[4] Alle diese Forscher scheinen bei diesen Aussagen nur die Entwicklungslinie „vom Körper aufwärts" im Auge gehabt zu haben.

In neuerer Zeit hat es sogar innerhalb der transpersonalen Psychologie Bemühungen gegeben, Kindheitserfahrungen klar vom transpersonalen Bereich zu trennen. Diese Bemühungen orientieren sich an einem von Ken Wilber entwickelten Konzept, das er die „Prä/Trans-Verwechslung" nennt. Dieses Konstrukt schließt, so wie Wilber und andere es anwenden, die Möglichkeit der transpersonalen Erfahrung in der Kindheit aus. In diesem Kapitel werde ich einen Blick auf Wilbers Argumente werfen und aufzeigen, warum sie für den Umgang mit vielen der in diesem Buch beschriebenen Kindheitserfahrungen nicht gültig zu sein scheinen. Wir werden sehen, daß Wilbers „Prä/Trans-Verwechslung" ein brauchbares Instrument ist, um zwischen unterschiedliche Ebenen von Erfahrung zu unterscheiden. Es versagt aber, wenn man versucht, authentische spirituelle Erfahrungen in der Kindheit aus dem Reich des Transpersonalen auszuschließen.

Paradoxerweise enthalten Wilbers frühe Schriften sehr wohl Hinweise auf die Kindheit als transpersonales Entwicklungsstadium.[5] Aber in seinen späteren Schriften rückt er von dieser Sichtweise ab. Als Antwort auf diejenigen, die die frühe Einheitserfahrung des Kindes mit der Mutter mit einer Art spirituellen oder mystisch paradiesischen Zustands gleichsetzten, erklärt Wilber:

> Der Verschmelzungszustand der Kindheit ist tatsächlich eine Art „Paradies", wie wir sehen werden, jedoch ein Paradies prä-personaler Unwissenheit, nicht transpersonalen Wachseins. Die wahre Natur des präpersonalen, frühkindlichen Verschmelzungszustandes wurde mir erst klar, als ich Piagets Beschreibung desselben las: „Das Selbst ist in diesem Zustand sozusagen *materiell* . . ." Und *materielle Einheit* ist, wie wir sehen werden, die niedrigste Form von Einheit, die möglich ist – nichts metaphysisch „Hohes" ist ihr eigen.[6]

Auf dieser Prämisse baut Wilber dann die „Prä/Trans-Verwechslung" auf.[7] Er behauptet, viele Theoretiker hätten den Fehler gemacht, entweder authentische transpersonale Erfahrungen von Erwachsenen auf infantile Ursprünge zu reduzieren (Prä/Trans-Verwechslung Nummer eins oder PTV-1) oder infantile Erfahrungen von präpersonaler Einheit in einen transpersonalen Status zu erheben (PTV-2). PTV-1 ist bei der Analyse recht häufig, wie wir beispielsweise bei der Betrachtung der Tatsache gesehen haben, daß Freud alle religiösen Gefühle für infantile Regression hält. Wilber behauptet, die zweite Form der Prä/Trans-Verwechslung (PTV-2) zeige sich in den Schriften von Wordsworth, Jung, Bergson, Welwood, Norman O. Brown und anderen. Er betont, daß an dem „Prä"-Zustand der materiellen Einheit des Kindes nichts auch nur im entferntesten Transpersonales sei: „Jedenfalls ist es lächerlich, von einer Verwirklichung des Transpersonalen zu sprechen, wenn sich nicht zuvor das Personale vollständig entwickelt hat."[8]

Wilbers Argumente sind bestechend und bis zu einem gewissen Punkt auch zutreffend. Er hat recht, wenn er zwischen „Prä"- und „Trans"-Erfahrungen bei der menschlichen Entwicklung unterscheidet. Er irrt sich jedoch, wenn er den „Prä"-Zustand der Kindheit zuschreibt und den „Trans"-Zustand irgendeiner fortgeschrittenen Zeit im späteren Erwachsenenalter. Es ist wichtig zu verstehen, daß diese beiden Ebenen (und alles dazwischen) *die ganze Zeit* und in *allen* Menschen existieren, unabhängig von ihrer Plazierung im chronologischen Schema der menschlichen Entwicklung.

Wilber leugnet das nicht. Wie wir im dritten Kapitel gesehen haben, postuliert er mit seinem Konzept des „auftauchenden Unbewußten" genau diese Tatsache. Er weist jedoch darauf hin, daß diese Ebenen nur als Potential existieren, bis sie im Laufe der Entwicklung bewußt gemacht werden. Und diese Entwicklung muß aus Wilbers Sicht fortlaufend voranschreiten. Der Säugling muß auf der „präpersonalen" Ebene beginnen, die ichhaften Ebenen durchschreiten, um dann (und nur dann) die Möglichkeit zum Erreichen der transpersonalen Ebenen zu haben („gewöhnlich nach der Adoleszenz, aber selten früher").

Ich stimme dem insoweit zu, als dies eine bestimmte Entwicklungsrichtung repräsentiert, nämlich die „vom Körper aufwärts", auf die in diesem Buch immer wieder Bezug genommen wird. Wilber scheint jedoch die Möglichkeit eines bewußten Abstiegs aus den spirituellen Reichen nicht ganz erkannt zu haben, der sich im Bewußtsein der frühen Kindheit manifestieren kann. Allerdings macht er im *Atman-Projekt* deutlich, daß ein solcher Abstieg stattfinden kann. In seinen Beschreibungen der Bardos oder Nachtodeszustände des tibetischen Buddhismus weist er darauf hin, daß jeder Augenblick unseres Lebens für jeden von uns ein Abstieg vom „klaren Licht" ist.[9] Aus Wilbers Sicht führen dieser Abstieg und die Einbettung der Psyche in die materielle Welt jedoch eher zum Vergessen dieser Bereiche oder zum Verlust des Bewußtseins.

Auch ich habe darauf hingewiesen, daß dieses Vergessen eintritt. Der hauptsächliche Unterschied scheint in der Frage zu liegen, *wann* und bis zu welchem Grad das dem einzelnen widerfährt. Wilber würde argumentieren, daß es bei allen Individuen bei der Geburt geschieht, während ich behaupte, daß es auch anders sein kann. Obwohl Wilber bereit ist, die Möglichkeit einer Entwicklungslinie „vom Wesen abwärts" anzuerkennen, nimmt er von dieser Vorstellung wieder Abschied, wenn er von der „präpersonalen Verschmelzung" der Säuglingszeit spricht. Eine umfassendere Entwicklungspsychologie würde anerkennen, daß es nicht nur dieses materielle Verschmelzungs-Bewußtsein gibt, sondern auch eine echte transpersonale Vereinigung mit spirituellen Sphären. Wenn wir es für möglich halten, daß diese beiden Einheiten in der frühen Entwicklung nebeneinander existieren, dann können wir verstehen, warum Dichter und Mystiker so anders über diese frühe Zeit sprechen als Entwicklungspsychologen. In dieser umfassenderen Sicht wäre die „Prä"-Ebene der Kindheit das von Mahler, Freud, Piaget und in den späteren Schriften Wilbers beschriebene Reich. Die „Trans"-Ebene wäre dann das, was Steiner, Robinson, Traherne, Wordsworth, der frühe Wilber und viele der Jungianer meinen. Diese letztgenannten Autoren sind nicht der „Prä/Trans"-Verwechslung zum Opfer gefallen. Sie sprechen vielmehr in ihren Beschreibungen der Kindheit von einer ganz anderen Art der Erfahrung.

Es wird zuweilen behauptet, Kinder könnten gar keine mystischen Erfahrungen haben, weil die *richtigen* Heiligen oder Weisen höhere Ebenen von Bewußtsein auf Dauer und in einer Weise wahrnehmen können, in der alle bisherigen Ebenen integriert sind. Oft geschieht das auch so, daß sie das anderen Menschen vermitteln können. Wenn andererseits Kinder höhere Zustände erfahren, geschieht das meist nur kurzfristig, auf eine Weise, die nicht mit dem Rest ihrer primitiven Persönlichkeiten integriert ist, und in einer nicht leicht kommunizierbaren Art. Abraham Maslow hat eine solche Unterscheidung zwischen Kindern und Weisen gemacht:

> (Das Kind) ist unschuldig, da es unwissend ist. Das ist ganz, ganz anders als die „zweite Unschuld" oder, wie ich es genannt habe, die „zweite Naivität" des weisen, sich selbst verwirklichenden älteren Erwachsenen, der das ganze D-Reich (Defizit-Reich) kennt, die ganze Welt, all ihre Laster, ihre Streitereien, ihre Armut, ihren Zank und ihre Tränen, und doch fähig ist, sich über sie zu erheben und das Ein-

> heitsbewußtsein zu haben, in dem er das S-Reich (Seins-Reich) sehen kann, die Schönheit des ganzen Kosmos inmitten all der Laster und Streitereien, der Tränen und des Zankes.[10]

Obwohl diese Unterscheidung im allgemeinen zutreffend zu sein scheint, könnte es selbst hier Beispiele für Kinder geben, die kontinuierlich und in vollkommen integrierter Weise transpersonale Ebenen erfahren haben (beispielsweise vielleicht gewisse Kinder-Avatare).[11] Daneben muß man sehen, daß viele Kinder, die Gipfelerlebnisse haben, genau das tun, was Maslow beschreibt; sie erheben sich über ihr eigenes D-Reich (die Ebene der Persönlichkeits-Entwicklung) und erfahren die Schönheit des S-Reiches.

Maslows Hinweis sollte jedenfalls nicht als Argument dafür gesehen werden, daß Kinder keine transpersonalen Erfahrungen machen, sondern nur dafür, daß sie bei ihnen anders sein mögen als bei voll erleuchteten Heiligen und Weisen. Auch viele Erwachsene kennen transpersonale Erfahrungen, die vorübergehend, schwer zu integrieren und schwierig zu artikulieren waren. *Die Vielfalt religiöser Erfahrung* von William James und *Die Erfahrung des kosmischen Bewußtseins* von Richard Bucke enthalten reichlich Fallstudien dieser Art. Wie wir im zweiten Kapitel gesehen haben, sind die in diesem Buch beschriebenen Kindheitserfahrungen in vielen wesentlichen Details den in obigen Werken dargestellten Erlebnissen vergleichbar. Zugleich waren einige der in diesem Buch beschriebenen Kindheitserfahrungen sehr wohl recht feinfühlig artikuliert (etwa die Träume und Gedichte), und viele der Erfahrungen wurden durchaus, wenn auch nicht sofort, so doch im Laufe des individuellen Lebens integriert (beispielsweise das Bild der kleinen Blume und des Behemoth im Traum von Frances Wickes). Kindheitserfahrungen des Transpersonalen treten in einem anderen Stadium des Lebenszyklus als dem des voll integrierten Heiligen oder Weisen auf. Und doch scheinen viele der transzendenten Erfahrungen bei Kindern aus denselben göttlichen Ursprüngen zu stammen, aus denselben höheren Hüllen der Seele zu fließen und denselben tiefen transpersonalen Urquellen zu entspringen wie die der reiferen spirituellen Individuen.

Bleibt eine letzte Frage zu erörtern. Wilber und Maslow argumentieren, das Kind könne deswegen nicht das Transpersonale erfahren, weil „es unwissend ist“. Das Problem bei dieser Haltung ist Folgendes: Sie beruht auf einem Konzept von Kindheit, das der *Tabula rasa* von Locke und den Behavioristen ähnelt. Aus dieser Sicht kommt das Kind bar jeder Erfahrung auf die Welt und erwirbt dann im Laufe seines Lebens die Erfahrungen, die für eine spätere mögliche Transzendenz vonnöten sind („man kann das Ich nicht transzendieren, wenn man keins gehabt hat"). Diese Sichtweise ignoriert ein fundamentales Prinzip der Kindesentwicklung, das die Traditionen des Ostens bereits lange anerkennen – daß nämlich das Kind das Leben mit den in vielen früheren Leben oder Existenzen erworbenen Erfahrungen beginnt, die in seiner Psyche gespeichert sind.

In den Forschungen von Ian Stevenson haben wir bereits Hinweise auf diesen Erfahrungsspeicher entdeckt. Ein weiteres Beispiel läßt sich aus der Welt des tibetischen Buddhismus anführen. In dieser Tradition machen sich die Ältesten nach dem Tod eines Lamas (eines spirituellen Lehrers) auf die Suche nach einem Kleinkind, das den Besitz des verstorbenen Lamas erkennt. Chögyam Trungpa Rinpoche, ein tibetischer Lama, der lange in den USA gelebt hat, erzählt davon, wie dies in seiner Kindheit geschah.[12] Mehrere Gegenstände, die dem vorigen Lama gehört hatten, wurden neben identische Objekte gelegt, die nicht seine waren. Wenn das Kind auf die richtigen Gegenstände wies, zeigte es damit den Ältesten an, daß es die Sachen „erkannt" hatte und daher in Wirklichkeit die Reinkarnation des verstorbenen Lamas war. Dieses Ritual setzt voraus, daß ein Kind genügend Erinnerungen an das vorige Leben haben kann, um richtig zu entscheiden.

Man braucht nicht an Reinkarnation zu glauben, um zu spüren, daß Kinder in dieses Leben mehr als eine leere Tafel mitbringen. C. G. Jung war einer der ersten westlichen Forscher, der das anerkannte. Er schrieb dazu:

> Die vorbewußte Psyche, also zum Beispiel die des Neugeborenen, ist keineswegs ein leeres Nichts, dem alles beizubringen wäre, günstige Umstände vorausgesetzt, sondern eine enorm komplizierte und individuell aufs schärfste determinierte Voraussetzung, die nur darum als dunkles Nichts erscheint, weil wir sie nicht direkt sehen können. Kaum erfolgen aber die ersten sichtbaren psychischen Lebensäußerungen, so braucht es schon einen Blinden dazu, um den individuellen Charakter dieser Äußerungen, nämlich die eigenartige Persönlichkeit, nicht zu sehen.[13]

In jüngerer Zeit haben Psychologen und Psychiater, wie in den vorigen Kapiteln erörtert, klinische Daten gesammelt, die auf die Existenz eines ausgeprägten Bewußtseins bereits vor, während und nach der Geburt hinweisen.[14] Die Ergebnisse von Stevenson, Wambach, Verny, Chamberlain und anderen lassen die Vorstellung glaubhaft erscheinen, daß Kinder zwar in diesem Leben neu sein mögen, in bezug auf ein breiteres Entwicklungsspektrum jedoch als alt zu betrachten sind. Aus dieser Sicht wären manche Kinder dadurch für echte transpersonale Erfahrungen qualifiziert, daß sie in früheren Inkarnationen Zugang zu transpersonalen Ebenen hatten.

Eine solche Perspektive erfordert ein neues Konzept der menschlichen Entwicklung, bei dem es Raum für die Möglichkeit authentischer transpersonaler Erfahrungen in der Kindheit gibt. Abbildung 4 ist ein Beispiel dafür, wie das aussehen könnte.

In diesem Diagramm ist Wilbers Konzept des Lebenszyklus auf seine drei primären Stadien reduziert worden: präpersonal (Unterbewußt-

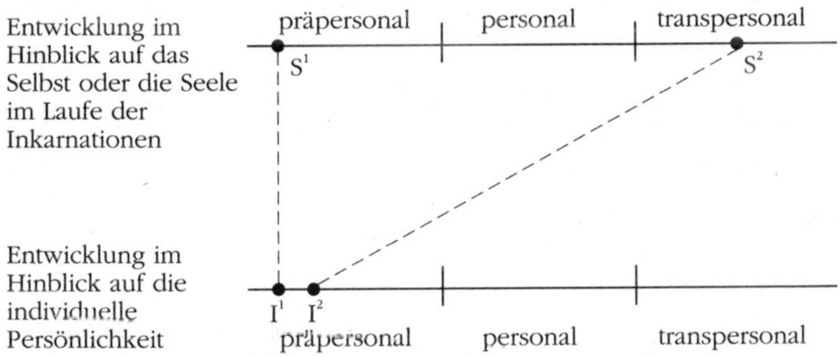

Abbildung 4: Transpersonale Erfahrung in der Kindheit[15]

sein), personal (Selbst-Bewußtsein) und transpersonal (Überbewußtsein).[16] Entwicklung wird als linearer Prozeß dargestellt: In Wilbers Schema werden transpersonale Ebenen nach Beendigung des „Zyklus" nicht wieder in präpersonale Stadien zurückverwandelt. Die untere horizontale Linie repräsentiert das an Wilber angelehnte individuelle Entwicklungsmodell. Die obere horizontale Linie steht für die globalere Evolution der Seele über mehrere Inkarnationen oder Existenzen hinweg.[17] S^1 und S^2 repräsentieren individuelle Seelen im Hinblick auf ihre Stellung in diesem weiteren Sinne. I^1 und I^2 stehen für dieselben Seelen im Hinblick auf ihre Inkarnationen als individuelle Persönlichkeiten in spezifische Leben. In diesem Diagramm hat S^1 seine Reise in menschlicher Gestalt gerade begonnen, während S^2 eine ganz alte Seele ist, die die aufeinanderfolgenden Stadien der Entwicklung (nach Wilber) durchschritten und im Laufe vieler Leben transpersonale Ebenen von Erfahrung erreicht hat.

Die gepunkteten Linien zeigen den Pfad der jeweiligen Seele bei ihrer Inkarnation in ein spezifisches Leben. Individuelle Seelen können zwar je nach ihrer Ebene der Evolution oder Involution eigentlich zu jedem Stadium gehören, aber *alle* Seelen müssen in jedem Leben auf der präpersonalen Ebene beginnen (d. h., sie beginnen alle mit der physisch/materiellen Geburt, durch die das Bewußtsein eingebettet wird). Im vorliegenden Fall wird I^1 sehr wenig Chancen haben, während der präpersonalen oder personalen Stadien einer Lebenszeit Zugang zum Transpersonalen zu finden. I^2 andererseits wird viel eher die Möglichkeit haben, das Transpersonale bereits in den präpersonalen und personalen Stadien zu erleben, da er diese Ebenen bereits durchlaufen und in früheren Leben bewußt die transpersonalen Ebenen erfahren hat.[18] Dieses Schema bietet die Anfänge eines Entwicklungsmodells für transpersonale Erfahrungen in der Kindheit, das als Antwort auf die Einwände der Theoretiker dienen kann, die behaupten, das Kind habe nichts, das es transzendieren könne.

Es muß betont werden, daß das Wachstum des Kindes zwar aus der Perspektive „vom Körper aufwärts" Wilbers Atman-Projekt zu folgen scheint (drittes Kapitel), daß es aber überzeugende Hinweise auf die Interaktion *aller* Ebenen des Bewußtseins *in jedem Alter* gibt. Sogar in der Säuglingszeit gibt es die Keime der potentiellen Ich-Entwicklung. Piaget hat diese Vorläufer der späteren Entwicklung als „vertikale Verstellwinkel" bezeichnet. So demonstriert etwa die Fähigkeit des Babys, nach einem Objekt zu greifen, das man ein Stück entfernt hat, die Befähigung zu folgerichtigem Umgang mit einem Objekt trotz seiner veränderten Erscheinung (der anderen Plazierung im Raum). Diese Fähigkeit des Kleinkindes kündigt eine spätere Entwicklung in der mittleren Kindheit an, wenn Kinder sich innerlich Objekte aus unterschiedlichen Perspektiven vorstellen können (sich also beispielsweise in einen anderen hineinversetzen und ausmalen können, wie das Objekt aus dessen

Blickwinkel aussieht).[19] Daneben gibt es neuere Beweise dafür, daß ein Kind bereits im Mutterleib oder während der ersten Lebenstage Farben, Formen, Figuren, Stimmungen, Töne und andere Reize unterscheiden kann. Daraus würde folgen, daß Fertigkeiten, die später während der personalen/ichhaften Stadien benutzt werden, bereits in diesem präpersonalen Entwicklungsstadium auf einer rudimentären Ebene angewandt werden.[20]

Außerdem scheint es wahr zu sein, daß der Säugling, auch wenn er in eine präpersonale Verschmelzung mit der Mutter eingebettet ist, ein Aufleuchten des Transpersonalen erfahren kann, das eine Vorahnung späterer spiritueller Errungenschaften und Fortschritte ist. Erich Neumann, dessen Konzept des Uroboros Wilbers Beschreibung des „Prä-Personalen" zugrunde liegt, sprach davon, daß der urohorische Zustand sowohl mütterliche wie *väterliche* Elemente enthält. Wilber scheint bei seiner Erörterung der „präpersonalen Verschmelzung" den mütterlichen Aspekt des Uroboros betont und die väterlichen Aspekte vernachlässigt zu haben. Das ist verständlich, denn nach Neumann „ist die väterliche Seite des Uroboros viel schwieriger im Bild zu fassen als die mütterliche Seite".[21] Neumann schreibt dazu:

> Obgleich das Ich den Uroboros auch als fruchtbare Dunkelmacht des Unbewußten erfährt und erfahren muß, verbindet die Menschheit mit diesem Urstadium ihrer frühen Existenz keineswegs die Erfahrung der Angst und des Dahindämmerns. Wenn auch für das bewußte Ich Licht und Bewußtsein ebenso wie Dunkel und Unbewußtsein zusammengehören, weiß die Menschheit noch von einem anderen und, wie sie meint, tieferen „außerweltlichen" Wissen.[22]

Neumann sagt, dieses Wissen sei zugleich vorweltlich *und* nachbewußt: „Das meint der jüdische Midrasch, wenn er dem Ungeborenen im Mutterleib Wissen zuschreibt und sagt, über seinem Haupt brenne ein Licht, in dem er alle Enden der Welt sieht."[23] Daraus folgt, daß transpersonale Wahrnehmung an demselben Punkt der Entwicklung auftritt wie präpersonales Eingebettetsein. Es scheint daher so zu sein, daß Wilbers Zuordnung des Präpersonalen und des Transpersonalen zu den entgegengesetzten Enden der Lebenszeit auf ungenauen und linearen Annahmen über die menschliche Entwicklung beruht. Die tiefere Wahrheit deutet darauf hin, daß Prä- und Trans- so unvermeidlich miteinander verknüpft sind, wie die uroborische Schlange sich mit sich selbst verbindet.[24]

Als Gegengewicht zu den obigen Ausführungen möchte ich betonen, wie dienlich das Konzept der „Prä/Trans-Verwechslung" zur Klärung gewisser bisher unklarer Probleme in der Entwicklung des Menschen ist. Es ist allerdings ebenso wichtig, daß die primitive, vorbewußte Erfahrung der materiellen Einheit mit der Mutter *nicht* mit spirituellem Bewußtsein verwechselt wird, wie daß authentische Fälle mystischer Erfahrungen im Erwachsenenalter nicht auf den präpersonalen Status reduziert werden. Aber genauso gilt, daß authentische mystische Erfahrungen des Säuglings oder Kleinkinds nicht reduziert werden dürfen. Sonst machen wir mit dem spirituellen Leben des Kindes das gleiche, was Freud und seine Anhänger mit den mystischen Erfahrungen der Erwachsenen gemacht haben. Mittlerweile sollte es offenkundig sein, daß es riesige Unterschiede zwischen der Art von außergewöhnlichen Grenzerfahrungen, wie sie bisher in diesem Buch beschrieben wurden, und den primären und diffusen Erfahrungen der grenzenlosen Verschmelzung mit der Mutter gibt, wie sie beispielsweise in der psychoanalytischen Literatur auftauchen.

Der wirkliche Wert von Wilbers Konzept der „Prä/Trans-Verwechslung" liegt darin, daß es ein Werkzeug ist, verschiedene Ebenen von Erfahrung unabhängig davon, in welchem Alter sie gemacht werden, zu unterscheiden. Deswegen werde ich im nächsten Kapitel die Art von Unterscheidungen, die Wilber zwischen den Prä- und den Trans-Ebenen gemacht hat, auf die Phänomenologie der Bewußtseinszustände der Kindheit anwenden. Auf diese Weise hoffe ich, das Konzept der Prä/Trans-Verwechslung so einzusetzen, daß es transpersonale und Kindheitserfahrungen nicht trennt, sondern verbindet.

Achtes Kapitel

Das Spektrum des Bewußtseins in der Kindheit

> Vielen Kindern kommen Visionen leicht und natürlich. Sie unterscheiden nicht zwischen den Visionen des Geistes und denen der Augen. Sie reden über beide in derselben Weise, ohne besondere Aufregung. Eine meiner Töchter teilte mir ganz gelassen mit, sie habe Jesus gesehen. „Und er hat sich an einen Apfelbaum gelehnt und gelacht, und ich habe ihn gebeten, mir eine Geschichte zu erzählen." Diese Vision ist ihr ein ganzes Leben lang erhalten geblieben. In gewissem Sinne war das ihr Leben.[1]
>
> Dr. Allen Brockington: *Mysticism and Poetry*

Am 19. September 1846 hüteten zwei Bauernkinder von elf und fünfzehn Jahren auf dem Mont La Salette in den französischen Alpen das Vieh. Da sahen sie in weiter Ferne ein helles Licht. Als sie darauf zuliefen, bemerkten sie eine Frau, die dasaß und weinte. Als die Kinder ihr näher kamen, erhob sie sich und glitt auf sie zu, wobei ihre Füße einige Zentimeter über dem Boden blieben. Die Frau war ganz in weiß gekleidet und trug einen Hut, der Licht ausstrahlte. Um ihre Füße waren Rosen in vielen Farben.

Die Frau gab den Kindern die Botschaft, die Leute in ihrer Gegend hätten die Religion verspottet und würden mit einer schweren Hungersnot bestraft werden. Sie riet den beiden, ihre Religion von ganzem Herzen auszuüben und die Botschaft unter den Menschen des Landes zu verbreiten. Dann erhob sie sich, stieg in die Luft auf und dematerialisierte sich vor ihren Augen. An dem Ort, an dem sie gestanden hatte, lag noch einige Minuten ein Glühen in der Luft.

Als am nächsten Tage die Leute aus dem Dorf an diese Stelle kamen, um die Geschichte, die die Kinder berichtet hatten, zu untersuchen, entdeckten sie dort einen plätschernden Bach. Später wurde von diesem Wasser gesagt, es habe wundersame Heilkräfte.

Die von der Frau angekündigte Hungersnot traf wirklich ein und kostete fast eine Million Menschen das Leben. Andere Mitteilungen, die die Frau den Kindern gemacht hatte, haben diese zwar der katholischen Kirche berichtet, aber die hat sie nie enthüllt.[2]

Was war das für eine Erfahrung? Eine Vision? Eine Phantasie? Ein Wunder? Besessenheit? Die Geschichte der Kinder von La Salette wirft eine Frage auf, der ich mich in diesem Kapitel widmen werde: Wenn Kinder wirklich in der Lage sind, das Außernormale zu erfahren, wie sollen wir dann diese Ereignisse von den weltlicheren Erfahrungen der Kindheit, die auf „Wunscherfüllung" und Phantasiereichtum basieren, unterscheiden?

Wir alle kennen die lebhafte Vorstellungskraft von Kindern. Kinder kommen mit allen möglichen phantastischen Ideen an, die deutlich nicht auf Tatsachen fußen. Mit diesem Buch versuche ich, Gründe für die Annahme zu finden, daß zumindest *einige* der scheinbaren Erdichtungen von Kindern auf einer tieferen psychologischen oder metyphysischen Wahrheit beruhen. Wie können wir also unterscheiden, was reine Imagination und was authentisch ist?

Die heutige Kinderpsychologie, die nicht an die Realität von „anderen Welten" oder höhere Ebenen des Bewußtseins glaubt, hat keine Gelegenheit gehabt, diese Frage zu stellen oder sie gar zu beantworten. Kinderpsychologen betrachten die Erfahrungen von irgend etwas, das außerhalb des Normalen liegt, als Halluzination, Phantasie, Täuschung oder etwas, das auf andere Weise mit primitiven Ebenen der Wahrnehmung, des Affekts und der Erkenntnis verbunden ist. In diesem Kapitel werde ich die Spreu vom Weizen zu trennen versuchen, so daß wir allmählich feine Unterscheidungen zwischen verschiedenen Arten von Kindheitserfahrungen machen können. Dies könnte uns einen Maßstab geben, an Hand dessen wir eine außerhalb des Normalen liegende Erfahrung eines Kindes beurteilen können – einen Traum, ein Bild, ein Kunstwerk oder einen anderen Ausdruck der inneren Welt. Ein solcher Maßstab würde uns ein Mittel bieten, die Erfahrung zu interpretieren, ohne ihre potentielle Tiefe zu ignorieren oder zu reduzieren.

Einige der in den letzten Kapiteln vorgestellten Modelle schreiben dem Menschen unterschiedliche Ebenen von Bewußtsein zu. In diesem Kapitel werde ich meine eigene Art, Kindheitserfahrungen zu unterscheiden, vorstellen, die zum Teil auf Begriffen beruht, die Ken Wilber geprägt hat: präpersonal, personal, transpersonal. Dieses „Spektrum des

Bewußtseins in der Kindheit“ wird sich insofern von den bisher beschriebenen psychologischen und metaphysischen Modellen unterscheiden, als ich nicht behaupte, daß diese Kategorien von Erfahrung wirklich in der Psyche des Kindes liegen. Was ich vorschlage, ist eine Möglichkeit, die Erfahrungen des Kindes zu verstehen, nicht eine weitere Landkarte des inneren Selbst. Für das Verständnis des Bewußtseins in der Kindheit schlage ich fünf Kategorien vor: präpersonal, subpersonal, personal, suprapersonal und transpersonal.

Präpersonal

Diese Kategorie beschreibt Erfahrungen, die in Zusammenhang mit dem Eintauchen des Kindes in eine materiell/körperliche Verbindung mit der Mutter und dem Unbewußten stehen. Wir haben in den vorigen Kapiteln gesehen, daß diese Erfahrungen durch Nicht-Differenzierung von physiologischen/sensomotorischen/biologischen Impulsen, Trieben und Instinkten charakterisiert ist. Dies ist das Reich von Neumanns Uroboros, Wilbers Pleroma, Mahlers „normalem Autismus“ und Piagets materiellem Selbst. Außerdem hat diese Ebene der Erfahrung Wurzeln in der archaischen Anatomie der niederen Gehirnstrukturen und den tiefen Schichten des kollektiven Unbewußten.

Wenn wir davon sprechen, daß das Bewußtsein von einem höheren Zustand in Materie hinabsteigt, dann ist dies der Ort, an dem der Abstieg seinen tiefsten Punkt erreicht, wo das Vergessen der eigenen Natur am extremsten ist, wo das Bewußtsein am stärksten verhüllt oder verschleiert ist. Das Präpersonale existiert in jedem Alter als Möglichkeit der materiellen und psychischen Desintegration. Die Phänomenologie dieser Kategorie taucht immer wieder in den Fallgeschichten von Psychotikern im Kindes- und Erwachsenenalter auf, die das beständige Ziehen des Archetypus der „verschlingenden Mutter“ spüren, die umfassende Leere des offenen Raumes oder die uranfängliche Bedrohung durch chthonische Kreaturen aus der Unterwelt.

Subpersonal

Diese Kategorie beschreibt die unterschwelligen Verbindungen des Kindes mit der Natur und der Familie, Bindeglieder, die die Grundlage für übersinnliche Wahrnehmung liefern können. Dies ist die „Bauch- oder Eingeweide-Ebene“ der Psychologie. Nach Joseph C. Pearce verbindet sich hier das Kind mit der Erdmatrix. Es erfährt eine Art von „Körper-Wissen”, das dem der Tiere ähnelt, die eine ausgeprägte Empfindsamkeit für Ereignisse in ihrer Umgebung haben, die für ihr Überleben wichtig sind.[3] Das kann man spüren, wenn man kleine Kinder draußen in der freien Natur beim Spielen beobachtet. Sie scheinen ein tiefes, intuitives Verständnis des geographischen Terrains zu haben, schenken geologischen Details Aufmerksamkeit, die den Erwachsenen mit ihrem abstrakteren Denken entgehen. Es scheint auf dieser Ebene eine enge Gemeinsamkeit zwischen Kindern und Tieren zu geben, wie auch die vielen Geschichten von Kindern und Tieren in unserer Literatur bezeugen.

Die Verbindung des Kindes mit der Mutter ist hier von großer Wichtigkeit und hat eine übersinnliche oder telepathische Qualität. Erich Neumann und Jan Ehrenwald haben diese Kategorie als eine Art parapsychologischer Symbiose zwischen Mutter und Kind beschrieben. Diese tiefe parapsychische Verbindung reicht auch zu anderen Familienmitgliedern und scheint in irgendeiner Form das ganze Leben lang bestehenzubleiben. E. Bruce Taub-Bynum, ein Familientherapeut, spricht von dem „Familien-Unbewußten”, einem unsichtbaren Band, das die Familienmitglieder durch gemeinsame Erfahrungen wie Träume, telepathische Kommunikation und andere paranormale Vorkommnisse miteinander verbindet.[4] Das kleine Kind ist sich dieses familiär/interpersonalen Feldes in starker Weise bewußt und lebt mit dem Rest der Familie in dem, was Levy-Bruhl eine *Participation mystique* genannt hat. Wie bereits angemerkt, hat C. G. Jung oft von der hochgradigen Empfindsamkeit gesprochen, die das Kind für das unbewußte Leben seiner Eltern hat.[5] Dieses subpersonale Reich ist die Ebene, auf der vieles aus dem instinkthaften und/oder pathologischen familiären Unbewußten von den Eltern auf das Kind übertragen wird (Assagiolis „tieferes Unbewußtes”). Jung, R. D. Laing und Taub-Bynum meinen, die Strukturen dieses grundlegenden Systems der Übertragung von Pathologischem seien über viele Generationen wirksam.[6]

Zu den mit dieser Kategorie assoziierten Phänomenen gehören viele der im zweiten Kapitel beschriebenen einfacheren hellseherischen, telepathischen und psychokinetischen Erfahrungen. Wie bereits gesagt, kann man die Einstimmung des Kindes auf diese Phänomene einer hochgradigen Empfindsamkeit für die in der esoterischen Psychologie beschriebenen ätherischen und astralen Felder zuschreiben. Peterson nannte diese niederen übersinnlichen Fähigkeiten des Kindes „atavistisch", da sie in archaischen oder altererbten evolutionären Strukturen wurzeln. Kinder haben wenig Kontrolle über diese Kräfte, die, wie im fünften Kapitel ausgeführt wurde, meist im Alter von ungefähr sieben Jahren deutlich zurücktreten.

Personal

Diese Kategorie der Erfahrung beschreibt die Bewegung des Kindes in Richtung Enkulturation, Sozialisation, Anpassung an das Kollektiv und alle Formen kultureller Normen. Die personale Ebene umschreibt alle Modelle, die von der Entwicklung des Ich, des Selbst oder der Persönlichkeit sprechen. Dazu gehören Piagets Stadien der kognitiven Entwicklung, Freuds psychosexuelle Stadien, Kohlbergs Stadien der moralischen Entwicklung, Eriksons psychosoziale Stadien, Loevingers Stadien der Ich-Entwicklung, Mahlers Stadien der Individuation und Goldmans Stadien der religiösen Entwicklung.

Jedes dieser Modelle enthält Ebenen und Stadien, die in Verbindung zu den beiden vorigen Kategorien (präpersonal und subpersonal) gesetzt werden können. Mahlers Stadium des „normalen Autismus" beispielsweise ist im wesentlichen ein präpersonales Stadium, und Piagets Stadium des präoperationalen Denkens hat gewisse Eigenschaften mit der subpersonalen Kategorie gemeinsam (obwohl Piaget nie die Möglichkeit einer echten übersinnlichen Wahrnehmung auf dieser oder irgendeiner anderen Ebene erkannt hat). Dennoch gehören diese Modelle richtigerweise in die personale Kategorie, da ihnen allen eine Bewegung in Richtung Anpassung an die vorherrschende kulturelle Realität gemeinsam ist. Piagets Stadium des präoperationalen Denkens etwa ist in seinem Modell nur insofern wichtig, als es dazu dient, den Weg für das reifere Stadium der konkreten Operationen zu ebnen (es ist schließlich nur ein „Prä"-Stadium). Andere während des präoperationalen Denkens auftauchenden Erfahrungen (zum Beispiel Berichte des Kindes über paranormale Vorkommnisse) haben in der personalen Kategorie keinen Raum, weil sie nichts zu der Bewegung des Kindes in Richtung Anpassung an die Kultur beitragen.

In diesem Sinne dient die Kultur als Filter, mit dessen Hilfe bestimmte Erfahrungen selektiv durch angemessene Erziehung und Unterstützung kultiviert und andere unterdrückt, ignoriert oder in eine annehmbarere Form gebracht werden (wenn das Kind etwa echte Wahrnehmungen einer außernormalen Wirklichkeit hat, macht man sie zu „Phantasien").[7] Zu den Erfahrungen, die aus dem Bewußtsein des Kindes ausgefiltert werden, gehören nicht nur die obengenannten, sondern auch die, welche die suprapersonale und die transpersonale Ebene betreffen, die im folgenden noch erörtert werden. Was dann übrigbleibt, wenn die außernormalen Erfahrungen ausgesondert worden sind, ist das, was dem Kind hilft, sich auf eine gesunde Anpassung an die Gesellschaft zuzubewegen. Das schließt Phantasien, Träume und auch imaginäre Freunde ein, wenn sie dazu dienen, die Ich-Stärke zu stützen. Unsere Kultur fördert vor allem zunehmende Kompetenz beim Meistern der gesellschaftlichen Fertigkeiten (beispielsweise der Grundkenntnisse des Lesens und Schreibens), höhere Grade der Selbständigkeit und der Individuation von der Mutter und der Familienmatrix, wachsendes abstraktes Denkvermögen, größere Flexibilität in zwischenmenschlicher Kommunikation und Verbundenheit und die zunehmende Fähigkeit, mit emotionalen Zuständen und Streß fertig zu werden.

Das meiste von dem, was wir in der Phänomenologie der Kindheit sehen (besonders im Schulalter und darüber hinaus), gehört zu der personalen Kategorie. Das heißt nicht, daß keine Erfahrungen aus den vier anderen Kategorien bei diesen Kindern vorkommen, sondern einfach, daß wir sie nicht *beobachten*.[8] Das, was wir im Leben von Kindern sich ereignen sehen, betrifft zumeist ihre Bemühungen, die Werte der Gesellschaft zu internalisieren, Fähigkeiten und Fertigkeiten zu entwickeln, die ihnen einen Platz in der Kultur geben, und sich selbst die Selbstachtung und Sicherheit zu verschaffen, die mit einer erfolgreichen Anpassung an die Norm einhergeht. Bei diesen Aufgaben zu versagen heißt das Risiko der Psychopathologie und eines Lebens im Elend einzugehen. Es ist unmöglich, diese Aufgaben zu ignorieren, da der Großteil dessen, was Kindern im täglichen Leben begegnet, darauf ausgerichtet ist, ihnen die in ihrer Kultur vorherrschende Sicht der Wirklichkeit einzuflößen. Da das Überleben eines Kindes davon abhängt, die „Spielregeln" zu lernen, müssen sie dazu den überwiegenden Teil ihrer Energie aufwenden.

Die personale Kategorie beschreibt also die Übertragung von Fertigkeiten, Fähigkeiten, Regeln und Metaregeln, Kompetenzen, Lernstilen und Rollen, die der Erhaltung der Kultur dienen von einer Generation auf die nächste (von Eltern zu Kindern, Lehrern zu Schülern und so weiter).[9]

Suprapersonal

Kindheitserfahrungen, die zwar aus einer höheren Dimension von Bewußtsein zu stammen scheinen, bei denen es sich aber doch nicht ganz um die tiefen Erlebnisse oder Gipfelerfahrungen von Mystik oder Religion handelt, fallen in diese Kategorie des Suprapersonalen. Sie erwecken oft den Eindruck, sie seien übersinnlicher Natur, unterscheiden sich aber von den subpersonalen (parapsychischen) Erfahrungen, die von Natur aus eher unterschwellig und erdgebunden sind.

Zu dieser Kategorie gehören die Visionen von Engeln, Schutzgeistern und himmlischen Lichtern sowie kreative und intuitive Inspirationen, Gefühle und Wahrnehmungen in der Kindheit. Dies ist der Ort von Assagiolis „höherem unbewußten" oder „überbewußten" Gewahrsein. Es ist die Ebene gewisser archetypischer Inhalte von Jungs kollektivem Unbewußten, die ihrem Wesen nach positiv und weisheitsbringend sind (etwa Sophia oder Isis als positive Mutter-Archetypen). Große Lebensziele, höhere religiöse Werte, kreative Neigungen und reine ästhetische und spirituelle Qualitäten werden auf dieser Ebene zwischen Erwachsenem und Kind übertragen.

Ich habe das Gefühl, daß dieses Gebiet der Psychologie von den Forschern fast vollständig vernachlässigt worden ist. Man hat der Frage, wie psychopathologische Elemente von einer Generation auf die nächste übertragen werden, viel Aufmerksamkeit gewidmet, aber es gibt so gut wie keine Literatur darüber, wie höhere Kräfte von Gesundheit und Wohlbefinden durch überbewußte Kanäle von Generation zu Generation weitergeleitet werden. An dieser Stelle kommt einem das Bild der Stammesältesten, die den Kindern das spirituelle Erbe ihrer Gemeinschaft übermitteln, in den Sinn. Und es gibt zahllose andere Beispiele für die subtile Art und Weise, in der Eltern und Lehrer Kindern unbewußt Liebe, Verehrung, Schönheit, Mitgefühl und andere spirituelle Qualitäten und Prinzipien beibringen.

Transpersonal

Dies ist das Reich von Wordsworth und Traherne, der Gipfelerfahrungen aus den Untersuchungen von Edward Robinson und vieler der in diesem Buch bereits genannten autobiographischen Berichte von außergewöhnlichen Menschen. Es entspricht dem kosmischen Bewußtsein von Bucke und der Vielfalt tiefreligiöser Erfahrung, wie sie William James beschrieben hat. Es ist die Erfahrung des Kindes, das Verbindung mit dem Jungschen Selbst oder dem „höheren Selbst" von Assagioli herstellt. In metaphysischer Sicht schließt es den Kontakt mit höheren Dimensionen der Seele oder des Geistes ein, mit dem *Anandamayakosha* oder dem „klaren Licht der absoluten Wirklichkeit". Hier liegen für das Kind außerdem die tiefsten Erfahrungen einer inneren Wesensidentität. Diese Ebene gewährt auch einen Blick in die tiefste Tiefe des offenen Seinsgrundes oder läßt den Betrachter zum Zeugen eines universalen Panoramas oder kosmischen Spektakels werden.

Ist das Kind einmal transpersonalen Erfahrungen dieser Art begegnet, leben sie als Leitstern durch die Höhen und Tiefen des menschlichen Lebens in ihm weiter. Sie stellen die Urerinnerung an die wahre eigene Natur dar und definieren die Struktur des eigenen Lebenssinns oder Schicksals. Solche Erfahrungen können in vielen verschiedenen Erscheinungsarten auftreten: als Vision (Black Elk), als Traum (Frances Wickes), als Licht (Yogananda) oder als Intuition aus heiterem Himmel (Jean Houston). In jedem Fall ist jedoch ihr Vorkommen außergewöhnlich, ihr Heilungspotential immens groß und ihre Kraft, dem Leben Bedeutung zu verleihen, unvergleichbar.

Anders als bei den vier bisherigen Kategorien gibt es kein spezifisches Mittel, um diese Erfahrungsebene von Generation zu Generation zu übertragen, es sei denn im Rahmen einer Guru-Schüler-Beziehung. Kinder müssen diese Ebene allein erfahren, nicht als Kinder, sondern als reines Sein, vom Wesen her mit der Essenz des Lebens selbst identisch.

Das Spektrum der imaginären Begleiter

Das oben vorgestellte Modell soll nur das mögliche Feld oder Spektrum von Ebenen andeuten, die man in der Kindheit erfahren kann. In gewissem Umfang ähneln die Kategorien dieses Modells den Ebenen und Stadien anderer Entwicklungsmodelle (beispielsweise den Modellen von Wilber, Vedanta, Theosophie usw.). Aber die Betonung liegt hier nicht auf einer von der Ebene abhängigen Entfaltung: Ich sage nicht, daß das Kind mit der präpersonalen Kategorie beginnt und dann der Reihe nach durch die anderen vier geht. Wenn diesem Modell irgendeine Art von Fließen oder Bewegung eigen ist, dann das zwiefältige „vom Körper aufwärts“ und „vom Wesen abwärts“.

In der präpersonalen und subpersonalen Kategorie geht es um ein Aufsteigen aus dem Körper, in der suprapersonalen und transpersonalen hingegen um den Abstieg des Kindes aus spirituellen Ebenen. Die mittlere oder personale Kategorie ist der Schnittpunkt, an dem sich die Entwicklungslinien „vom Körper aufwärts“ und „vom Wesen abwärts“ treffen. Diese personale Kategorie kann auch das sein, was (als „Ich“ oder „Kultur“) übrigbleibt, wenn die außernormalen Realitäten ausgesondert worden sind.

Man sollte jedoch nicht vergessen, daß diese Einteilungen vollkommen willkürlich sind. Sie entstanden aus meinem eigenen Versuch, mit einigen der in diesem Buch beschriebenen Erfahrungen zurechtzukommen. Von vielen dieser Erfahrungen könnte man zu Recht sagen, daß sie in mehr als eine Kategorie fallen oder eine andere als die bisher genannten Kategorien erfordern. Aber ich habe das Gefühl, daß dieses Modell einen Anfang darstellt. Es kann ein nützliches Werkzeug sein, um Unterscheidungen zwischen sehr verschiedenen Erfahrungen auf der Ebene der Kindheit zu machen.

Im folgenden möchte ich am Beispiel einer recht häufigen Kindheitserfahrung zeigen, wie dieses Werkzeug benutzt werden kann, um zwischen Erfahrungen zu unterscheiden, die auf der Oberfläche sehr ähnlich aussehen, sich aber als völlig verschiedenartig erweisen, wenn man sie eingehender betrachtet. Ich habe zur Demonstration meines Modells die imaginären Begleiter gewählt. An ihrem Beispiel will ich zeigen, wie sich die Wesenszüge eines imaginären Begleiters im Leben eines Kindes von einer Stufe oder Kategorie zur nächsten radikal verändern. In manchen Kategorien scheint der Begleiter reine Einbildung zu sein, in anderen könnte er eine metaphysische oder spirituelle Realität aufweisen, die weit über die bloße kindliche Phantasie hinausreicht.

Ernest Hilgard von der Stanford-Universität berichtet in einer Untersuchung, daß je eins von sechs an seiner Forschung beteiligten Kindern in ihrem Leben mindestens einen imaginären Spielgefährten gehabt hätte.[10] Dieses Erlebnis trat am häufigsten im Alter von fünf und sechs Jahren auf. Die Vielfalt der imaginären Gefährten reichte von Menschen und Tieren bis zu unbelebten Objekten. Die Psychologen haben das Vorhandensein imaginärer Spielgefährten in der Kindheit üblicherweise einer Vielzahl von innerpsychischen Mechanismen zugeschrieben, die dem Kind helfen, mit den Problemen von Wachstum und Veränderung umzugehen. Imaginäre Begleiter dienen jedoch, wie wir sehen werden, nicht nur einer Vielfalt von psychologischen, sondern zuweilen auch übersinnlichen, spirituellen und transpersonalen Zwecken.

In der *präpersonalen* Kategorie tauchen imaginäre Begleiter gern in der Form von Phantasien auf, bei denen es um Hexen, bedrohliche Tiere, Ungeheuer und andere primitive, „verschlingende" Archetypen geht. Diese Symbole repräsentieren die uroborische Mutter, deren Zugkraft in Richtung Unbewußtes das winzige Ich des Kindes bedroht. Präpersonale Begleiter tauchen auch in den Halluzinationen von schizophrenen Kindern auf, wie etwa in dieser Fallgeschichte eines achtjährigen Mädchens:

> Wasserbälle kamen sie jede Nacht besuchen und störten sie auch bei Tage, etwa wenn sie ihre Mathematikaufgaben machen wollte. „Sie haben Schlüssel statt Augen. Sie wollen wissen, was ich tue und denke."[11]

Diese primitiven Wesenheiten, die aus dem Unbewußten des Mädchens auftauchten, drohten ihren unsicheren Bezug zur objektiven Wirklichkeit aufzuheben und sie in einen Zustand der vollkommenen Abhängigkeit zurückzuwerfen, der ein Kennzeichen des präpersonalen Bewußtseins ist.

Im *subpersonalen* Bewußtsein können imaginäre Begleiter in vielfältigen unbewußten Projektionen der noch sehr sprunghaften Einbildungskraft des Kindes vorkommen. Sie können jedoch auch so auftreten, daß sie über eine eigene übersinnliche Lebendigkeit verfügen, etwa wenn sie als Feen, Zwerge, Elfen, Kobolde, Sylphen, Wasserjungfrauen oder andere Arten von Naturgeistern erscheinen. Die Folklore ist voll von Hinweisen auf diese „kleinen Leute". Einzelne Menschen wie William Butler Yeats und Sir Arthur Conan Doyle, der Schöpfer von Sherlock Holmes, waren zutiefst von der Existenz der Naturgeister überzeugt. Es sind mehrere Bücher veröffentlicht worden, die die verschiedenen Arten dieser Geister katalogisieren und über ihre metaphysische Realität spekulieren.[12] Naturgeister sollen mit den ätherisch/astralen Ebenen des Bewußtseins zusammenhängen. Hellseher haben beobachtet, daß sie sich um die Hege und Pflege aller lebendigen Substanzen von Pflanzen und Tieren bis zum wachsenden Kind kümmern.

In anderen Fällen kann es sich auf der subpersonalen Ebene bei dem Begleiter auch um eine körperlose Wesenheit oder eine Person handeln, die „gestorben" und in den Astralreich hinübergewechselt ist. Jim Peterson, dessen Arbeit mit hellseherisch begabten Kindern im zweiten Kapitel vorgestellt wurde, schrieb über ein vierjähriges Mädchen namens Jill, die eine detaillierte Beschreibung einer unsichtbaren „Freundin" namens Sybil abgab. Peterson berichtete, daß Sybil bei einer Sitzung aufgefordert wurde, das Zimmer zu durchqueren und eine Nummer auf Petersons Führerschein vorzulesen, was sie mit unheimlicher Genauigkeit tat (durch Jill).[13] Charles Cayce, Kinderpsychologe und Enkel des bekannten Mediums Edgar Cayce, berichtet von einer ähnlichen Untersuchung. Der imaginäre Begleiter des Kindes wurde bei dieser Studie angewiesen, in ein angrenzendes Zimmer zu gehen und ein Telefonbuch anzuschauen, das einer von Dr. Cayces Kollegen auf einer bestimmten Seite aufgeschlagen hatte. Selbst der Kollege wußte nicht, welche Seite aufgeschlagen worden war (um die Möglichkeit der Telepathie auszuschließen). Der unsichtbare imaginäre Begleiter konnte wieder durch das Kind, das untersucht wurde, die richtige Seitenzahl angeben, und das nicht nur einmal, sondern auch bei mehreren weiteren Versuchen.[14]

Schließlich gehören auch die Poltergeister oder die anderen „Plagegeister" die häufig in der Zeit der Adoleszenz auftreten, zu den imaginären Begleitern auf dieser Ebene. Die meisten dieser Fälle gehen mit physischen Ereignissen einher und machen den Eindruck, mehr zu sein als reine Einbildung. Kinder scheinen sich auf eine subtilere Ebene der Energie einzustimmen und Wesenheiten anzuziehen, die wirklich irgendwie „da" sind.

Die häufigste Art von imaginären Spielkameraden kommt in der *personalen* Kategorie vor. So wie im präpersonalen Bereich sind die Begleiter in dieser Kategorie des Bewußtseins wahrhaft imaginär. Sie entspringen den wachsenden Ich-Strukturen des Kindes, und in vielen Fällen tragen sie dazu bei, daß Kinder besser mit den Problemen fertig werden, denen sie im Entwicklungsprozeß begegnen. Auf die eine oder andere Weise scheinen sie es Kindern leichter zu machen, sich an ihre Umgebung anzupassen. Wenn das Kind von regelmäßigen Kontakten mit Gleichaltrigen abgeschnitten ist, kann der imaginäre Begleiter als Ersatzfreund dem Kind helfen, mit Gefühlen von Einsamkeit oder Verlassenheit umzugehen. Frances Wickes weist darauf hin, daß imaginäre Begleiter vielleicht Eigenschaften ersetzen könnten, die den Eltern fehlen. Sie schreibt über die imaginäre Begleiterin eines Kindes, „eine Frau Comphret, die einfach gemütlich und langsam und ruhig war und lächelte" (im Englischen hat der Name Anklang an *comfort*, Gemütlichkeit, Behagen, Anm. d. Übers.). Im Gegensatz dazu war die richtige Mutter des Kindes wachsam, schnell, dominant und bestand darauf, daß die Dinge „sofort" geschahen.[15] Nach Hilgard könnte es auch so sein, daß imaginäre Begleiter verschiedene Funktionen durchspielen, die Teilen aus dem reichen Spektrum der wachsenden Persönlichkeit des Kindes entsprechen. Sie können das Über-Ich oder das Gewissen repräsentieren, nicht-integrierte Emotionen, das beobachtende Selbst, das Ich-Ideal oder sogar Bestandteile des kreativen Potentials des Kindes.[16] Das erinnert einen an die Brontë-Schwestern, die zwei imaginäre Welten schufen – Angria und Gondal – , die mit einer ganzen Schar von Persönlichkeiten bevölkert waren, deren Charaktere schließlich im späteren Leben der Autorinnen zu den Romanen *Jane Eyre* und *Sturmhöhe* führten.[17]

Das *suprapersonale* Bewußtsein könnte vielleicht eine Erklärung für die Vision bieten, die am Anfang dieses Kapitels beschrieben wurde. Es gibt viele bekannte Berichte über ähnliche Begegnungen mit der Jungfrau Maria, Engeln und anderen spirituellen und religiösen Wesen. Samuel berichtet in seinem Buch *Psychic Children* von verschiedenen Fällen dieser Art. Da gibt es beispielsweise den Fall der Bernadette Soubirous, deren Geschichte als Grundlage für den berühmten Film *Das Lied von Bernadette* diente. Der jungen Bernadette erschien eine Frau von ungefähr sechzehn Jahren auf einer goldenen Wolke und tauchte dann noch mehrmals in der später zum Heiligtum erklärten Grotte in Lourdes auf.[18] Weiter hatten 1871 zwei Brüder von zehn und zwölf Jahren die Vision einer wunderschönen jungen Frau zwischen drei Sternen am französischen Nachthimmel.[19] Und schließlich sahen 1917 drei portugiesische Hirtenkinder im Alter von sechs, acht und neun Jahren in der Nähe von Fatima das Bildnis einer strahlenden Frau.[20]

Aus jüngerer Zeit berichtet Young die Geschichte einer Frau aus New Jersey, die als Kind mit ihrer Mutter Wäsche aufhängte, als ihr „die Gestalt eines älteren Mannes in langen Gewändern“ erschien, „der den Körper des gekreuzigten Christus hielt“ und sie mit einem Gefühl tiefen Friedens erfüllte.[21] Eine andere Frau aus Texas erzählt von ihren Kindheitserinnerungen an „weißgekleidete Wesen, die von Licht umgeben waren“. Die Frau sagt dazu: „Meine Reaktion war immer die ganz großer Freude. Es hat zwischen uns immer telepathische Unterhaltungen gegeben.“[22] Schließlich erinnere ich mich selbst an eine Frau aus einem meiner Kurse über Kindesentwicklung, die von der Kindheitserinnerung an ein Wesen aus strahlendem Licht berichtete, das ihr über einem Baum erschien. Dieses Wesen verströmte eine gewaltige Kraft der Liebe, von der sie sagte, sie sei größer gewesen, als jede Liebe, die sie bis dahin jemals erfahren hätte.

Jede dieser Erfahrungen hat ein übersinnliches Element – eine außerweltliche oder übernatürliche Qualität, die manchmal telepathische Erfahrungen einschließt. Aber sie bergen auch tiefere religiöse oder spirituelle Einsichten in sich, die oft noch lange dableiben, wenn die „Erscheinung“ längst verschwunden ist. Daraus folgt, daß man sie von den zuvor beschriebenen subpersonalen Erfahrungen unterscheiden sollte, die zwar auch von außerweltlichen Ereignissen handeln, aber keinen tieferen Sinn mit sich bringen.[23] Da jedoch auch diese Visionen eine Art materieller Form angenommen haben, bleiben sie zumindest in gewisser Weise innerhalb der Welt des Sinnlich-Übersinnlichen und liegen noch nicht ganz in dem, was ich als den transpersonalen Bereich bezeichne (wobei ich das Wort hier – innerhalb dieses Modells – in einem engeren Sinn benutze).

Der *transpersonale* Bereich enthält Erfahrungen, die zwar äußerlich weniger dramatisch sein mögen als die obengenannten, die aber tiefer im Kern des kindlichen Seins verankert sind. Die Begleiter sind hier im wesentlichen symbolischer Ausdruck der innersten Verbundenheit des Kindes mit der spirituellen Wahrheit. Frances Wickes meint:

> Es gibt Begleiter, die sogar bis ins hohe Alter bei den Kindern bleiben. Die Seele bewohnt von frühester Kindheit an eine Welt der leuchtenden Dunkelheit und des numinosen Geheimnisvollen. Aus dieser Welt kann ein Freund kommen, der das sich entwickelnde Ich auf seiner nie endenden Reise zum Bewußtsein begleitet.[24]

Wickes erzählt die Geschichte eines kleinen Jungen, dessen Freund „so klein wie der Stern ‚Twinkle' und so groß wie das Dunkel ‚Stockfinster'" war. Der Junge berichtete:

> Twinkle ist kleiner als ein Stern, aber er ist wirklich ein Stern. Er ist wie ein kleiner Funke, der vom Lagerfeuer hochsteigt, aber der Funke erlöscht, und Twinkle nicht. Er *bleibt*. . . Weißt du, Stockfinster kann einfach in den Tag hineinlaufen. Dann muß ich ganz feste daran denken, Twinkle zu sehen. Wenn ich ihn genau in der Mitte von Stockfinster sitzen sehe, habe ich keine Angst, mich an das zu machen, was ich tun muß, und dann weiß ich, daß auch Stockfinster mein Freund ist.[25]

Twinkle ist dem „Lebensstern" von Wordsworth sehr ähnlich, dessen Leuchten die Keime des tiefsten Sinns und Schicksals einer Person enthält.[26] Das Dunkel Stockfinster scheint eine Rückkehr zum Präpersonalen zu sein, wo das Schwarz des Unbewußtseins das Kind zu überwältigen und verschlingen droht. Und doch ist es auch ein Freund des Kindes. Es ist, wie das Kind sagt, ein Teil von Twinkle; wie kann es schließlich Licht ohne Dunkel geben? An diesem Punkt erreichen wir einen geheimnisvollen Ort, an dem sich das Präpersonale und das Transpersonale treffen und beide Ausdruck derselben nicht endenden Einheit sind. Das ist die Erfahrung des universalen Selbst, ob als Leere oder als Substanz, deren lebendiger Ausdruck das Herz aller spirituellen/transpersonalen Erfahrung ausmacht.

Neuntes Kapitel

Kindern auf außernormalen Ebenen helfen

> Ihre sorglosen Herzen spiegeln Eigenschaften wider, die durch ihre pausenlosen Streiche göttlich und durch ihre Unschuld glückselig sind. Es liegt an Ihnen zu sehen, wie weit Sie diese „Göttlichkeit" im Menschen nutzen können, die durch den Gott im Kinde zum Ausdruck kommt.[1]
>
> Meher Baba

Vielleicht sind Sie mittlerweile davon überzeugt, daß Kinder außergewöhnliche Erfahrungen machen, fragen sich aber, wozu all diese außernormalen Ereignisse taugen, wenn es darum geht, richtigen Kindern in der Welt des Alltags zu helfen. Wir haben eine sehr ergebnisorientierte Kultur, und viele von uns haben gelernt, mißtrauisch gegenüber Vorstellungen zu sein, die gut klingen, aber wenig praktischen Wert haben.

Wenn ein Buch wie dieses mit vielerlei Konzepten daherkommt, die von C. G. Jung und Reinkarnation bis zu E.T. und süßkartoffelnessenden Affen reichen, ist es eigentlich ganz normal, auch ein wenig über den Wert dieser Theorien für das Leben von Kindern nachzudenken. Dieses Kapitel ist daher ein erster Schritt auf dem Weg, diesen Wert zu definieren. Ich spreche deswegen von einem ersten Schritt, weil die Implikationen dieser Theorien für Elternschaft, Erziehung, Therapie und Forschung riesengroß sind.

Diese Perspektive verspricht nichts Geringeres als eine vollkommene Verwandlung unserer Art, über Kinder zu denken. Statt dieses monumentalen Unterfangens will ich hier aber nur ein paar Vorschläge machen, wie diese neue Einstellung zur Kindheit unsere Haltung verändern kann, ob wir nun Eltern, Lehrer, Kindertherapeuten, Forscher auf dem Gebiet der kindlichen Entwicklung oder einfach Freunde von Kindern sind.

Die Spiritualität des Kindes und Elternschaft

Wie wir im Laufe dieses Buches immer wieder gesehen haben, hat das sich entwickelnde Kind zwei Seiten. Die eine ist damit beschäftigt, sich an die Konturen der dreidimensionalen Welt anzupassen. Die andere arbeitet daran, sich an die göttlichen Ursprünge zu erinnern. Die Aufgaben der Elternschaft sind daher ebenfalls zwiefältig. Die meisten Ratgeberbücher für Eltern kümmern sich ausschließlich um den anpassenden Teil „vom Körper aufwärts" und vergessen den erinnernden Teil „vom Wesen abwärts". Dieses Buch, in dem das Erinnern betont wird, stellt eine Bemühung dar, diese Einseitigkeit auszugleichen. Man darf jedoch nicht vergessen, daß das Kind *beides* braucht. Wenn es sich ausschließlich auf das Erinnern ausrichtet, wird man es vermutlich als autistisch oder schizophren bezeichnen. Und wenn ein Kind ganz und gar auf Anpassung erpicht ist, wird es wahrscheinlich als Erwachsener ein starres, auf Konkurrenz ausgerichtetes, statussuchendes und leistungsorientiertes Leben führen. Elternschaft mit einer integrativen Zielsetzung erkennt die spirituellen Ursprünge des Kindes an und hilft ihm, dieses Wissen auf ganz praktische Art in die objektive Welt einzubeziehen. Hier sind ein paar Vorschläge:

- Nehmen Sie sich jeden Tag ein paar Minuten Zeit, sich darauf zu konzentrieren, daß Ihr Kind ein größeres Wesen ist als das kleine Ich, das sich da formt. Der Theosoph George Arundale hat über das Kind einmal gesagt: „Es gibt viel mehr von ihm, als Sie sehen können."[2] Dieses größere Etwas können Sie als das Potential, als das sich entwickelnde Unbewußte, höhere Schichten der Seele, spirituelles Selbst oder anderswie bezeichnen. Es geht darum, daß dieses größere Wesen mehr ist als nur eine seltsame Metapher: Es ist eine lebendige Wirklichkeit. Das zu erkennen, kann zu einer neuen Ebene des Respekts für Ihre Kinder führen und Sie in ihren Worten und Handlungen Dinge sehen lassen, die Ihnen bisher unsichtbar waren.
- Diese breitere Perspektive kann Ihnen helfen, Ihre Kinder loszulassen und sie nach ihren eigenen, einzigartigen Rhythmen und Mustern wachsen zu lassen. Die in diesem Buch beschriebene Sicht liefert eine empirische Bestätigung für Kahlil Gibrans berühmtem Satz über Kinder: „Sie kommen durch dich, aber nicht von dir."[3] Der physisch/biologische Körper des Kindes entstammt wirklich dem Körper der Mutter und der genetischen Kodierung der Eltern, und die physischen, emotionalen

und mentalen Welten des Kindes werden durch diese Beziehung und den umfassenderen Einfluß der Kultur aufrechterhalten und gefördert. Aber die Seele und der Geist des Kindes kommen anderswoher. Wenn sie auch ein *Teil* der physischen, emotionalen und mentalen Beziehung mit den Eltern ist, so gehört die Seele doch nicht ausschließlich zu dieser Beziehung, sondern existiert innerhalb eines viel weiteren, sogar ewigen Bezugsrahmens.

Das zu erkennen, kann Eltern helfen, sich weniger von dem täglichen Streß und den Anstrengungen im Umgang mit den emotionalen Verwicklungen einfangen zu lassen, die durch das sich entwickelnde Ich des Kindes entstehen. Ihre Rolle kann sich dahingehend verändern, daß Sie für jemanden, der durch Ihr Leben geht, Begleiter werden, statt daß Sie die Person sind, um die sich das ganze Leben des Kindes dreht.

- Die spirituelle Perspektive des Kindes kann Sie darin unterstützen, Ihren Kindern bei dem häufig schwierigen Übergang zwischen den Welten, der spirituellen und der irdischen Welt, zu helfen. Kinder kommen von Ebenen des Seins, auf denen es eine ganz andere Art von Logik gibt, eine andere Art von Fortbewegung (ohne physischen Körper) und auch andere Arten von Sinneswahrnehmung und Erfahrung. Hazrat Inayat Khan weist darauf hin, daß der Säugling „viel feinere Musik gewohnt ist, als wir uns vorstellen können".[4]

Schauen Sie sich an, wie dieses Verständnis des Kindes als eines im Übergang befindlichen Wesens dazu beitragen kann, seine Probleme auf neue Weise zu erklären. Wenn Sie ein hyperaktives Kind haben, lohnt es sich daran zu denken, was Rudolf Steiner über die neu angekommene Seele des Kindes gesagt hat. Er fordert uns auf, uns vorzustellen, wir würden plötzlich verurteilt, uns immer in einem Raum mit 62 °C aufzuhalten. Wir könnten es schlicht nicht! Für die Seele des Kindes, die aus den spirituellen Welten herabgestiegen ist, ist es noch viel schwieriger, sich an die irdischen Bedingungen zu gewöhnen, sagt Steiner. Die Seele, die plötzlich in eine vollkommen andere Welt gebracht worden ist, wo sie die neue Erfahrung macht, einen Körper mit sich herumtragen zu müssen, benimmt sich eben so, wie wir das Kind sich benehmen sehen (also ungelenk, laut, hyperaktiv usw.).[5]

Diese Einsicht mag zwar die Hyperaktivität nicht vertreiben, aber Ihr eigenes tieferes Verständnis der Situation des Kindes kann den Prozeß des Beruhigens und Linderns auslösen.

- Schenken Sie den Geschichten und Träumen, die Ihr Kind Ihnen erzählt, Aufmerksamkeit. Tun Sie sie nicht einfach als reine Phantasie ab (obwohl sie vielleicht genau das sind). Es ist möglich, daß das Kind symbolisch über das Erfahren von außernormalen Bereichen spricht. Wie bereits gesagt, beruht die Tatsache, daß wir nicht mehr über außernormale Erfahrungen in der Kindheit wissen, zum Teil darauf, daß Erwachsene sie bei Kindern zu unterdrücken, ignorieren oder reduzieren neigen. Im Rahmen der früher zitierten Untersuchung von Edward Robinson meinte ein Erwachsener: „Man lernt, vorsichtig zu sein, was man seinen Eltern erzählt.“[6] Jemand aus Annette Hollanders Untersuchung berichtete: „Ich merkte, daß es in Ordnung war, sich in der Kirche Reden über Jesus anzuhören, nicht aber, daß Jesus mit mir redete.“[7] Andere Erwachsene, die von transzendenten Erfahrungen in der Kindheit berichten, erinnern sich an den Schmerz, der dadurch entstand, daß ein Erwachsener ihre Erfahrungen als Lügen, Täuschungen oder Tagträume bezeichnete. Da Kinder so sehr die Liebe ihrer Eltern gewinnen wollen, opfern sie natürlich ihre eigenen Wahrnehmungen und lernen, das zu sagen, was sie nicht fühlen. Doch allzuoft geht mit diesem Opfer ein Aufgeben ihres eigenen tieferen Selbst einher.

Das heißt nicht, daß Sie ermutigend wirken oder tief in die Welt des Kindes eindringen sollten, wenn es von außernormalen Erfahrungen berichtet. Das kann genauso schädlich sein, wie die Erfahrungen zu ignorieren oder zu unterdrücken. Charles Cayce erzählt, daß in seiner Jugend Parapsychologen von nah und fern angereist kamen, um ihn zu „testen“ und zu sehen, ob er die Fähigkeiten seines bekannten hellseherischen Großvaters Edgar Cayce geerbt hatte. Er empfand diese Besuche als sehr aufdringlich und störend. In einem Fall hat ihn ein Parapsychologe sogar „bestochen“ zu sagen, er habe merkwürdige Farben und Lichter gesehen! Er wollte einfach in Ruhe gelassen werden und eine normale Kindheit verleben dürfen.[8]

Wenn Kinder wirklich merkwürdige Farben, Lichter und Visionen sehen, kann das sehr lästig sein und das Bedürfnis des Kindes stören, sich auf das Hier und Jetzt auszurichten. In solchen Fällen kann die Aufgabe der Eltern diejenige sein, dem Kind zu helfen, sich in der objektiven Wirklichkeit *zu erden*. Eine Mutter, die als Kind übersinnlich begabt war, formuliert das so: „Wenn ich in der Schule mit einem Kind arbeite, das ein seltsames Wesen über sein Pult wandern sieht, dann sage ich: ‚Gut, wie sieht das Ding aus? Wo ist es jetzt? Prima. Also, bist du jetzt mit deinen Aufgaben fertig?‘ “[9] Die Wahrnehmung wird anerkannt, beschrieben, aber es wird keine weitere Aufmerksamkeit auf sie gerichtet, und die Aufmerksamkeit des Kindes wird dann auf die zu erledigende Aufgabe gelenkt (den Teil der Entwicklung, der Anpassung zum Ziel hat). Ob die Eltern mehr Zeit damit verbringen sollten, das Kind anzuerkennen oder es zu „erden", hängt von dem Kind, der Art der Erfahrung (also etwa davon, ob sie übersinnlich oder spirituell ist) und dem Zusammenhang ab (wirkt die Erfahrung fördernd oder störend auf das Wachstum und des Kindes?).

• Eine Art, die Erfahrung des Außernormalen anzuerkennen, ist die Kommunikation über diesen Bereich durch Märchen und andere bildhafte Kinderliteratur. Die Jungianer glauben, Märchen seien in Wirklichkeit Allegorien, die die Struktur der Psyche auf allen Ebenen beschreiben. Kinder zeigen durch ihre Freude über diese Geschichten, daß irgendein Teil ihres Wesens die versteckten Botschaften hört und versteht. *Erzählen* Sie, wenn irgend möglich, die Geschichten aus sich selbst heraus, statt sie einfach nur vorzulesen. Rudolf Steiner sagte, ein Großteil der Lebendigkeit einer Geschichte ginge verloren, wenn man sie vorliest.[10] Eltern sollten eine Geschichte erst kennenlernen und sie gewissermaßen mit den Säften des eigenen Unbewußten durchtränken, bevor sie sie an ihr Kind weiterreichen. (Siehe Literaturempfehlungen im Anhang.)

• Künstlerischer Ausdruck ist eine weitere Möglichkeit, höhere Welten im Wesen des Kindes anzuerkennen. Kinder, die keine anderen Mittel haben, ihre Erinnerungen an solche Erfahrungen zu kommunizieren, zeigen sie gern durch Malen, Zeichnen, Theater und Musik. Da die außernormale Erfahrung ihrem Wesen nach nonverbal ist, ist die Kunst in der ganzen Welt immer schon eine der Hauptmöglichkeiten zur Darstellung dieser Erfahrung gewesen. Das gilt besonders für Kinder, denn sie verfügen nicht über die anspruchsvolle Terminologie der transpersonalen Psychologie und der vergleichenden Religionswissenschaft, können aber das Unsagbare leicht durch ein Gemälde, eine Skulptur, einen Tanz oder ein Lied ausdrücken.

• Geben Sie dem Kind Werkzeuge, mit denen es diese Welten ausdrücken kann, aber programmieren Sie es nicht mit Übungen oder Aktivitäten darauf, das Transpersonale „hervorzurufen". Ein Bewußtseinsforscher hat festgestellt, wie leicht New-Age-Eltern ihre eigenen spirituellen Wünsche auf ihre Kinder projizieren können. Statt also Hans beim Abschluß seiner Schulausbildung zu helfen, bemühen sie sich, ihn auf den Weg der spirituellen Erleuchtung zu bringen. Es gibt heute viele Bücher dieser Art (Yoga für Kinder, Meditation für Kinder usw.). Einige dieser Bemühungen können manchmal für bestimmte Kinder von Nutzen sein. Aber am wichtigsten ist die Einstellung, die man dazu hat, wenn man Kindern beim spirituellen Wachstum helfen will. Charles Cayce berichtet aus seiner Jugend, er sei mit Kindern anderer spirituell bewußter Eltern in Gruppen gesteckt worden und habe das Gefühl gehabt, daß „an der ganzen Sache irgendwas faul war".[11] Kinder sind für die Absichten ihrer Eltern sehr empfindsam und können leicht spüren, ob sie zu etwas angeregt werden, weil es an sich wertvoll ist oder weil „Mami und Papi wollen, daß ich es tue".

• Das bringt uns zu dem vielleicht wichtigsten Prinzip von Elternschaft, Erziehung und Therapie: Was Sie *tun* ist wichtiger, als was Sie *sagen*, und was Sie *sind* ist wichtiger, als was Sie *tun*. Der erste Teil dieses Prinzips ist verständlich: Kinder haben, wie gesagt, eine gute Antenne für Heuchelei. Diese Empfindsamkeit erstreckt sich über Worte und Handlungen hinaus auch auf Gedanken, Absichten, Gefühle und Seinsweisen. Das gilt besonders für die ersten sieben Lebensjahre, denn während dieser Zeit sind Kinder extrem leicht von ihrem psychologischen Milieu beeinflußbar, so daß Launen und Emotionen einen sehr starken Einfluß haben können.

Steiner und andere esoterische Autoren haben, ebenso wie Forscher aus der etablierten Psychologie, darauf verwiesen, wie starke Emotionen, die tief in das Kind eingepflanzt sind, im späteren Leben physische und emotionale Krankheiten hervorrufen können. Somatische Schulen der Psychotherapie wie Rolfing, Bioenergetik usw. haben dazu die Entdeckungen geliefert, daß emotionale Traumata sich verschlüsselt im Körpergewebe wiederfinden. Aber Kinder können von Gedanken und Absichten genauso stark beeinflußt werden wie von Emotionen.

Viele Eltern sind sich dessen bewußt, wie wichtig es ist, einem Kind gegenüber keine Wutanfälle zu kriegen. Aber wenige Eltern erkennen, daß auch ihre *Gedanken* dem Kind schaden können. Erinnern Sie sich an das, was Jung darüber gesagt hat, wie Kinder sehr stark von dem Leben beeinflußt werden können, das ihre Eltern *nicht gelebt haben.*[12] Durch die ungesagten Worte, die versteckten Frustrationen, die Familiengeheimnisse und die negativen inneren Einstellungen, die in der Verkleidung des „richtigen Verhaltens" auftreten, wird das Kind auf subtile Weise geformt.

• Glücklicherweise gilt das auch umgekehrt. Kinder werden von den positiven Seiten des Innenlebens eines Erwachsenen ebenso stark beeinflußt. Selbst wenn es so aussieht, als hätten die Eltern nicht das „Richtige" gesagt oder getan, wird das Kind vermutlich, wenn die dahinterstehende Absicht lauter und in bezug auf das Leben der Erwachsenen „richtig" war, diesen unsichtbaren Aspekt des tieferen Wesens seiner Eltern als hilfreich und nährend empfinden.

Wie bereits gesagt, können zwischen Eltern und Kind (oder Lehrer und Schüler, Therapeut und Klient usw.) subtile Übertragungen auf suprapersonalen Ebenen stattfinden. So wie das tiefere Unbewußte Neurosen und Verklemmungen übertragen kann, so kann das höhere Unbewußte Inspiration, Mut, Liebe und viele andere hohe Ideale, die aus den spirituellen Reichen kommen, weitergeben. Das ist deswegen so wichtig zu wissen, weil viele Eltern zu Unrecht Schuldgefühle wegen ihrer Erziehungsmethoden haben. Sie lesen Ratgeberbücher und entdecken, daß sie seit Jahren „alles falsch" machen. Vom Standpunkt der transpersonalen Elternschaft aus spielt es jedoch keine Rolle, welche Methoden Sie benutzen, solange sie ein Produkt Ihrer tiefsten Intuitionen davon sind, wie Sie Ihrem Kind helfen können, und solange Sie selbst sich bemühen, ein so guter Mensch zu werden, wie Sie nur können. Die Erkenntnis, daß man nicht die perfekte Mutter, der perfekte Vater, Lehrer oder Therapeut sein muß, trägt oft dazu bei, Druck und Schuldgefühle zu verringern und den Weg zu natürlicheren (und daher wirksameren) Arten von Elternschaft zu öffnen, die widerspiegeln, wer Sie als Eltern jetzt gerade sind.

• Neulich haben mir Eltern Folgendes erzählt: „Wir möchten wirklich etwas für das spirituelle Leben unseres Kindes tun. Sollen wir ihn in die Kirche und die Sonntagsschule schicken? Wir sind uns da gar nicht sicher, weil unsere eigene religiöse Erziehung recht sinn- und zwecklos war, und wir nicht wollen, daß unser Kind das gleiche durchmacht. Andererseits haben wir das Gefühl, wir würden unserem Kind keine Grundlagen für seine religiöse Entwicklung liefern, und fragen uns, ob ein formeller Eintritt in die Kirche helfen würde. Was sollen wir machen?"

Das ist eine komplexe Frage. Formale religiöse Unterweisung ist für viele Kinder einfach eine weitere Maßnahme, mit der sie an die Kultur angepaßt werden sollen, und sie kann langweilig, schmerzhaft und für ihre tieferen spirituellen Bedürfnisse völlig belanglos sein. Meine eigenen frühen Erinnerungen an die Sonntagsschule hängen eher mit Plätzchen und Limonade zusammen als mit Spiritualität. Andererseits kann religiöse Ausbildung, ob zu Hause oder in der Kirche, die Grundlage sein, auf der sich das spirituelle Wesen des Kindes entfaltet. Die Erfahrungen, die ein Kind beim gemeinsamen Gebet in der Familie oder in einem verständnisvollen Gespräch mit dem Pfarrer macht, können höhere spirituelle Ebenen des Unbewußten anregen. Welche dieser beiden Richtungen man einschlägt, hängt weniger von der Form der religiösen Unterweisung, sondern vielmehr von den tieferen Absichten und der Einstimmung der Eltern oder des Pfarrers ab. Der bekannte Kinder-Psychoanalytiker Erik Erikson hat den Kern dieser Frage sehr genau getroffen:

> Der Kliniker kann nur beobachten, daß viele stolz sind, keine Religion zu haben, deren Kinder es sich nicht leisten können, ohne eine solche zu existieren. Andererseits gibt es viele Menschen, die einen vitalen Glauben aus sozialen Tätigkeiten oder wissenschaftlichen Anstrengungen beziehen können. Und schließlich gibt es viele, die einen Glauben bekennen und doch in der Praxis Mißtrauen gegen das Leben wie den Menschen ausstrahlen.[13]

Die wichtige Frage lautet daher nicht: „Soll ich mein Kind in die Kirche schicken?“, sondern: „Wie ist meine *eigene* Einstellung zu den großen Geheimnissen des Lebens, und wie will ich mit meinem Kind über diese Dinge kommunizieren?“ Dabei wird jeder zu einer anderen Antwort kommen, die einerseits eine enge Verbindung zur Kirche oder selbstgeschaffene Familienrituale beinhalten kann. Andererseits kann die Antwort aber auch darin bestehen, daß man das Leben mehr nach den eigenen höchsten Prinzipien führen und das Kind daraus lernen lassen will.

Die Spiritualität des Kindes und die Ausbildung

Ausbildung bedeutet heute weitgehend Anpassung an die Kultur und heißt in vielen Fällen, daß das Kind die Bewußtheit einer höheren Wirklichkeit verliert. Es kommt in die Schule und wird dem abstrakten Denken, Hausaufgaben, wettbewerbsorientierten Beziehungen unter

Gleichaltrigen, mechanischem Drill und langen Lehrermonologen ausgesetzt. Diese Aktivitäten strapazieren nicht nur die Augen, Ohren, Hände und Körper der Kinder, sie verdrängen auch den Reichtum von außernormalen Erfahrungen. Wahre Ausbildung bedeutet, daß diese inneren Welten nicht vom Lehrer vergessen, sondern auf irgendeine Weise nutzbar gemacht und in das Alltagsleben integriert werden. Lehrer müssen erkennen, wie wichtig es ist, in den Lehrplan und ihren eigenen Lehrstil Gedanken und Prinzipien zu integrieren, die dazu beitragen, diesen Integrationsprozeß im Leben ihrer Schüler zu fördern. Dazu ein paar Vorschläge:

- Vermeiden Sie es, Kinder zu früh an das abstrakte Denken heranzuführen. Mehrere „transpersonale Erzieher", die auf ihre Weise Sehende waren, darunter Rudolf Steiner, Sri Aurobindo und Hazrat Inayat Khan, haben betont, daß Kinder im allgemeinen erst im Alter von etwa sieben Jahren irgendeiner Art von Schule ausgesetzt werden sollten. Da dies heutzutage nicht immer praktikabel ist, könnten Lehrer ausreichend Einfühlungsvermögen entwickeln, um sicherzustellen, daß Kinder besonders in den ersten Klassen mit Aktivitäten konfrontiert werden, die eine sinnvolle Verbindung zur inneren Psyche des Kindes darstellen. Der von Rudolf Steiner entwickelte Waldorf-Lehrplan verkörpert auf sehr reale Weise die Verbindung von akademischen Fertigkeiten mit dem tieferen Bedürfnis des Kindes nach künstlerischem Ausdruck, Phantasie, Rhythmus und Gefühl. Die Kinder erlernen das Lesen, Schreiben und Rechnen durch erzählte Geschichten, Malerei, Schauspielen und andere künstlerische Mittel. In neuerer Zeit gibt es auch auf dem Gebiet der transpersonalen Erziehung ein ganzes Spektrum von neuen Methoden und Materialien, und man gebraucht Metaphern, Mythen, Bewegung und andere kreative Ansätze, um das starre Erlernen von Grundfertigkeiten aufzulockern (vgl. Literaturempfehlungen im Anhang). Diese Aktivitäten können die „erinnernde" Seite der Kindheit nähren und zugleich den Kindern dadurch helfen, sich an die Welt anzupassen, daß sie es ihnen leichter machen, die von der Gesellschaft geforderten Fertigkeiten zu erwerben.
- Gleichzeitig sollten Lehrer zwischen den nützlichen „New-Age"-Aktivitäten und denen unterscheiden, die zwar oberflächlich hilfreich zu sein scheinen, aber nicht wirklich in einem tieferen Sinne hilfreich sind. So werden beispielsweise neuerdings in den USA Meditation und geführte Imagination im Klassenzimmer recht populär. Persönlich habe

ich jedoch das Gefühl, daß man den Bedürfnissen der Kinder als wachsenden Individuen nicht unbedingt dadurch gerecht wird, daß man sie die Augen schließen und sich Lichter oder Bilder vorstellen läßt.

Ich habe einmal einem bekannten Bildungsexperten von meiner Begeisterung für die neuen Meditationsarten und die Erfahrungen mit geführter Imagination geschrieben, die damals gerade aufkamen. Er schrieb zurück, daß diese Aktivitäten, die den Kindern scheinbar helfen würden zu entspannen, ihnen statt dessen nur noch zusätzlich etwas gäben, worum sie sich Gedanken machen oder was sie lernen müßten. Das leuchtete mir ein. Wenn ein Kind spontan das Bedürfnis hat zu meditieren, ist das eine Sache. Aber ich habe den Eindruck, daß formale Meditation und geführte Imagination Kinder womöglich nur lehren, ihre Vorstellungskraft von ihren Gefühlen, ihrem Körper und den äußeren Wahrnehmungen zu trennen. Wenn ein Lehrer ihnen während dieser Aktivitäten sagt, was sie sehen, denken oder fühlen sollen, lernen Kinder dabei möglicherweise auch, sich von ihrem eigenen Willen zu trennen.[14] Das erinnert mich an etwas, was Hazrat Inayat Khan schon vor sechzig Jahren über geführte Imagination sagte, also lange bevor sie im Westen populär wurde:

> Ich habe einmal eine Schule für Denk-Kultur besucht. Sie hatten ein neues System, und ich ging mir das anschauen. Da standen zehn oder zwölf Kinder, und der Lehrer sagte: „Schaut, was ist hier zu sehen?" Vor ihnen stand nichts als eine leere Tafel. Darauf ein Kind: „Eine Lilie." Der Lehrer: „In Ordnung." Zu einem Kind sagte er: „Schau, was ist hier?" Das andere Kind sieht hin und antwortet: „Eine rote Rose." Der Lehrer ist zufrieden. . . Und dann fordert er eine weiteres Kind auf, zu sagen, was da ist, und das Kind antwortet: „Ich sehe nichts." Da dachte ich bei mir: „Das ist dasjenige unter ihnen, das Verstand hat, denn es hat nicht gelogen."[15]

Inayat Khan meinte, diese Art von Training könne nur zu einer Kultur von „Trance-Medien" führen. Er schlug vor, dem Kind zu helfen, sich auf *echte* Blumen zu konzentrieren, damit es natürliche Schönheit schätzen lerne. Kinder müssen gar nicht erst lernen, wie man meditiert. Sie tun es schon von ganz alleine, wenn sie sich ganz und gar auf eine Aktivität, eine Wahrnehmung oder eine Beziehung einlassen. Maria Montessori nannte diese Fähigkeit des Kindes den „absorbierenden

Geist". Man kann Kindern helfen, diese Fähigkeit des Absorbierens auf natürlichem Wege zu erhalten, indem man bei Aktivitäten wie Geschichtenerzählen, Spaziergängen und Bewegungsspielen ihr ganzes Sein anspricht.

• Gehen Sie nicht davon aus, daß Übungen und Aktivitäten die einzige Möglichkeit sind, Verbindung mit Ihren Schülern auf transpersonaler Ebene aufzunehmen. Ich war selbst als Lehrer eine Zeitlang außerordentlich frustriert, weil ich meinte, nicht genug für die „transpersonale Ausbildung" der Kinder zu tun. Ich war sehr nervös, wenn die Aktivitäten, an denen ich mich versuchte, nicht richtig klappten. Ich wurde sogar wütend auf die Kinder, weil sie mir die Gelegenheit nahmen, ein „wahrer" transpersonaler Erzieher zu sein.

Wie sich herausstellte, kamen die echten transpersonalen Momente nicht mitten in einem Traumseminar oder während einer mythenaufbauenden Aktivität. Sie tauchten vielmehr zu unerwarteten Zeiten auf, wenn etwas Besonderes zwischen den Schülern und mir selbst vor sich ging. Einmal habe ich für ein Kind, dessen Eltern eine schmerzhafte Scheidung durchmachten, ein Lied geschrieben. Es gab Zeiten, zu denen ich innerlich unter irgendeinem persönlichen Problem litt und die Kinder das spürten und an dem Tag besonders nett zu mir waren. In Augenblicken wie diesen geschah auf irgendwelchen unsichtbaren Ebenen zwischen mir selbst und meinen Schülern ein Besonderes, Höheres.

• Wenn Sie erst einmal erkannt haben, daß diese Ebene in der Beziehung zu Ihren Schülern sehr wohl existiert, dann fördern Sie diesen Kommunikationskanal. Auch wenn das Beten im Klassenzimmer nicht vorgesehen sein sollte, können Sie still für die Schüler beten oder auf andere Weise eine wortlose Verbindung zwischen der Klasse und sich selbst auf einer höheren Ebene schaffen. Ein Mittel, das mir selbst gute Dienste geleistet hat, um während meiner Zeit als Lehrer eine spirituelle Verbindung zu den Kindern herzustellen, war ein Lied, dem die „Carpenters" zu Popularität verholfen hatten: „Bless the Beasts and the Children" (Segne die Tiere und die Kinder). Im Text heißt es: „Erleuchte ihren Weg, wenn das Dunkel sie umgibt. Schenk ihnen Liebe, laß sie rings um sie erstrahlen." Dieses Lied, das ich manchmal gespielt habe, bevor ich mich auf den Weg in die Schule machte, brachte Bilder davon hervor, wie Schutz und Licht das Klassenzimmer umgaben, und erweckte mein innerstes Gefühl für meinen Lebenssinn und meine Berufung als Lehrer.

Die Spiritualität des Kindes und die Psychotherapie

Die beiden vorherrschenden Therapiemethoden für Kinder in unserer Kultur sind die psychodynamische (auf Freud beruhende) und die verhaltenstherapeutische. Wenn ein Kind mit einem Problem einen Therapieraum betritt, wird der Therapeut wahrscheinlich entweder das innere Leben des Kindes ignorieren (verhaltenstherapeutischer Ansatz) oder die Probleme des Kindes im Rahmen einer recht mechanistischen Sicht des innerpsychischen Selbst interpretieren (Freudscher Ansatz). In letzter Zeit hat man auch den humanistischen und den kognitiven Ansätzen im Umgang mit Kindern einige Aufmerksamkeit gewidmet. Mit Ausnahme der Arbeit einiger Jungscher Kindertherapeuten wie Dora Kalff, Edith Sullwold und Frances Wickes gibt es bisher jedoch in bezug auf transpersonale Ansätze für die Therapie von Kindern leider nur sehr wenig.

Ein Teil des Problems liegt darin, daß selbst die meisten transpersonalen Psychologen Kindheit bislang nicht als transpersonal betrachten und sich bei ihrer Arbeit im allgemeinen auf die konventionellen Kartographien der Entwicklung des Kindes stützen (Freud, Piaget, Erikson, Mahler und so weiter). Da dieses Buch jedoch gezeigt hat, daß es überzeugende Argumente für einen transpersonalen Bereich in der Kindheit gibt, besteht auch ein Bedürfnis nach einem korrespondierenden Versuch, transpersonale Modelle der Kinder-Psychotherapie zu schaffen, die das höhere Wesen des Kindes anerkennen und davon Gebrauch machen. Ich habe ein paar Vorschläge, wie man damit beginnnen könnte:

- Benutzen Sie aktive Therapiemethoden, bei denen Kinder ihre innere Welt auf unterschiedliche Weise zum Ausdruck bringen können: Sandspieltherapie, Drama-, Kunst- und Bewegungstherapie und ähnliches. Achten Sie, während das Kind spielt, auf Symbole, die Anzeichen für das Außernormale sein können. Die Sandspieltherapie ist dafür besonders geeignet, da das Kind eine Vielfalt von Symbolen einsetzen kann, um eine „Welt“ zu bauen. Stellen Sie eine breite Palette von Figuren zur Verfügung, von Urwesen und Ungeheuern aus Plastik bis zu Miniaturen von Menschen aus den unterschiedlichsten Kulturen und Berufen sowie religiösen Ikonen und Symbolen. Dann haben Kinder das Material, die präpersonalen, personalen und transpersonalen Dimensionen ihrer Existenz darzustellen.

• Achten Sie bei der Therapie auf einen Augenblick, der tiefere Aspekte der Psyche des Kindes enthüllt. Wenn er eintritt, könnte das einen Wendepunkt in der Therapie bezeichnen. Er kann einen Kontaktpunkt mit einer tieferen Ebene in der Psyche repräsentieren, die es dem Kind möglich macht, die Hindernisse zu überwinden und zu wachsen. Dazu Edith Sullwold, eine Jungsche Therapeutin:

> Diese Erfahrung kann symbolisch in einem Traum auftreten (in Bildern, die Mitte oder Ausgleich, Kreis oder Quadrat darstellen), in einer Zeichnung, einem Stück Ton, einem Tanz oder einem Lied. Sie ist ein numinoser Moment in der Therapie. Sie kann den Wachstumsprozeß in einer richtigen Beziehung zur individuellen Natur des Kindes mit Energie versehen und leiten. Der harmonisierende Effekt dieses Moments stellt einen heilenden Faktor für das Kind dar.[16]

• Entwickeln Sie die Fähigkeit, zwischen den fünf im achten Kapitel beschriebenen Kategorien von Bewußtsein in der Kindheit zu unterscheiden: präpersonal, subpersonal, personal, suprapersonal und transpersonal. Wenn das Kind dann eine neue Erfahrung einbringt – etwa einen imaginären Freund –, werden Sie feststellen können, um welchen Aspekt des Kindes es geht. Das wird wiederum Ihre eigene Reaktion in der Therapie bestimmen. Sie würden mit einem Kind, das Halluzinationen von Wasserbällen hat, nicht genauso arbeiten wie mit einem Kind, das die Vision eines göttlichen Wesens hatte. Vielleicht ist letzteres nur Einbildung, aber bedauerlicherweise würden heutzutage allzuviele Kindertherapeuten beide Erfahrungen automatisch als bloße Einbildungen behandeln. Ein transpersonaler Ansatz in der Kindertherapie erkennt den Unterschied zwischen „Prä"- und „Trans"-Erfahrungen in der Psyche an, wie Ken Wilber zu Recht sagt.

• Die Fähigkeit von Kindertherapeuten, solche Unterscheidungen zu machen, hängt stark davon ab, wie sehr sie sich selbst auf diese unterschiedlichen Kategorien von Erfahrung einstimmen können. Leider – oder auch Gott sei Dank – gibt es keine transpersonale Version eines Persönlichkeitstests, der objektive Kriterien dafür festsetzt, was authentische außernormale Erfahrungen ausmacht. Nur die Intuition und Empfindsamkeit des Therapeuten für die außernormale Wirklichkeit können entscheiden, wie die Erfahrung eines Kindes zu interpretieren und zu nutzen ist.

• Wie bei Eltern und Lehrern ist es auch für Therapeuten unbedingt notwendig, an ihrem eigenen Wachstum und ihrer persönlichen Entfaltung zu arbeiten. Vielleicht können Sie die relevanten Ereignisse (Träume, Synchronizitäten usw.) in einem Tagebuch aufzeichnen, was dazu beitragen kann, Interaktionsmuster, die auf außernormalen Ebenen zwischen Ihrem Klienten und Ihnen vorkommen, zu enthüllen.
• Ein Schlüsselwort für den transpersonalen Kindertherapeuten ist *Integration*. Kinder steigen gleichzeitig von einem Körper-Ich, das in „tieferen" biologisch/instinkthaften Kräften verwurzelt ist, herauf und aus einer „höheren" spirituellen Welt hinab. Die Kraft, die in diesen beiden Entwicklungslinien verschlossen ist, muß einfühlsam in die Bewegung des Kindes zu größerer Anpassung an seine Umgebung integriert werden. Kurz: Alle fünf Kategorien von Bewußtsein in der Kindheit müssen auf das Ziel gerichtet werden, dem Kind dabei zu helfen, ein volles und reiches Leben zu führen.
• Achten Sie besonders auf bestimmte Gruppen von Kindern, bei denen außernormale Erfahrungen häufiger auftreten als bei anderen. Dazu gehören Kinder, die unter katastrophalen oder lebensbedrohenden Krankheiten leiden. Elisabeth Kübler-Ross schreibt dazu auf der Grundlage ihrer eigenen umfassenden Arbeit mit solchen Kindern:

> Wenn man mit einem fünf-, sechs- oder siebenjährigen Kind spricht, das eine tödliche Krankheit hat . . . spricht es manchmal wie ein Neunzigjähriger, wie eine sehr alte, weise Seele, mit all der Weisheit von neunzig Lebensjahren. Das geschieht selbst dann, wenn die Eltern unspirituell sind. Wie bei diesem kleinen Kerl gestern, der mir sagte: „Ich genieße jetzt jeden Augenblick meines Lebens. Ich kann jetzt in Spielzeugläden gehen und herumstöbern, und das Stöbern macht mir jetzt so viel Spaß, wie ich früher hatte, wenn ich Spielzeug gekauft habe."[17]

Eine weitere besondere Gruppe von Kindern sind die, die als autistisch oder schizophren bezeichnet werden. Ernest Pecci, ein Psychiater, der mit mehr als 2000 solcher Kinder gearbeitet hat, merkt an, einige von ihnen stünden immer noch mit einem Bein in der „anderen Welt" und seien unfähig, den Übergang zur konkreten, objektiven Wirklichkeit zu vollziehen.[18] Die wirkliche Aufgabe des Therapeuten besteht darin, diesen Kindern dabei zu helfen, den Übergang zu vollenden, so daß sie die Lektionen und Fertigkeiten lernen können, derentwegen sie hierhergekommen sind. Um ihnen dabei helfen zu können, muß man ihre individuellen Welten verstehen, und die sind in vielen Fällen mindestens teilweise übersinnlicher und spiritueller Natur.

Eine weitere Gruppe bilden die Kinder, deren Entwicklung verzögert verläuft oder ausbleibt. Da es ihnen häufig an den verbalen, kognitiven und sozialen Fertigkeiten mangelt, die man für eine reibungslose Anpassung an die Gesellschaft braucht, sind sie gezwungen, sich auf Fertigkeiten und Fähigkeiten einer tieferen Ebene zu verlassen, zu denen reiche emotionale Ausdruckskraft, übersinnliche Fähigkeiten und eine tiefe spirituelle Empfindsamkeit zählen. Ich kann mich an einen Nachmittag an einer staatlichen Sonderschule in Boston erinnern, wo ich Kinder besuchte, die ihr ganzes Leben in einem Zustand der hilflosen Abhängigkeit von anderen verbringen müssen. Dies waren die ganz zurückgebliebenen Kinder, die nicht einmal lernen konnten, selbständig zu essen. Ich spürte eine Spiritualität in diesem Zimmer, die mich an Gefühle beim Besuch eines Vortrags von Krishnamurti oder in Meher Babas Ashram in Indien erinnerte. Ich hatte ein Gefühl, als ob die höheren Wesen dieser Kinder da neben ihnen standen und allen, die den Raum betraten, überströmende Liebe entgegenbrachten.

Zu einer letzten Gruppe gehören das begabte und das überbegabte Kind. Assagioli meinte, wie bereits angemerkt, daß diese Kinder schon in sehr jungen Jahren zu tiefer spiritueller Einsicht fähig seien. In vielen Fällen sehen Kinder durch die dünne Hülle der Maya hindurch, die die Gesellschaft für sie gewebt hat. Sie stehen da und zeigen auf „des Kaisers neue Kleider“, während sie etwas suchen, das jenseits des äußeren Anscheins oberflächlicher gesellschaftlicher Normen liegt.

Die Spiritualität des Kindes und die Entwicklungspsychologie

Mittlerweile sollte klar sein, daß die gegenwärtigen Modelle von kindlicher Entwicklung entweder modifiziert oder in manchen Fällen drastisch transformiert werden müssen, um außernormalen Arten von Erfahrung Raum zu bieten. Wie wir gesehen haben, sind die zeitgenössischen Theorien der Kinderpsychologie wie die von Piaget, Freud, Mahler und Erikson sehr geeignet, den Teil des Kindes zu erklären, der auf der biologisch/materiellen Ebene der Existenz heranwächst. Sie sagen jedoch nichts über die spirituellen Ursprünge des Kindes. Für diese Dimension des kindlichen Wachstums haben wir uns auf die Lehren von esoterischen und spirituellen Lehrern verlassen müssen wie etwa Sri Aurobindo, Geoffrey Hodson, Laurence und Phoebe Bendit, Rudolf Steiner, Hazrat Inayat Khan, Alice Bailey und Jiddu Krishnamurti. In den meisten Fällen ist das, was wir von diesen Lehrern bekommen haben, zwar einleuchtend und einsichtig, aber es ergibt noch kein umfassendes Modell der Entwicklung des Kindes. Das, was einer vollständigen transpersonalen Entwicklungspsychologie, die die spirituellen Ursprünge des Kindes berücksichtigt, am nächsten kommt, ist das System von Rudolf Steiner. Wie wir im fünften Kapitel gesehen haben, entspricht sein auf Sieben-Jahres-Zyklen beruhendes Modell der Kindheit in etwa Piagets Stadien der kognitiven Entwicklung. Aber in seiner Anerkennung der subtileren Energien, die das Wachstum des Kindes anregen, reicht es über Piaget hinaus.

Steiners Modell ist 65 Jahre alt, und es ist bisher wenig geschehen, um seine Lehre auf den neuesten Stand zu bringen oder in einen Bezug zu den derzeitigen Trends in der Kinderpsychologie zu setzen.[19] Es ist ganz offensichtlich notwendig, daß Steiners Entwicklungspsychologie weiter untersucht und von Forschern auf dem Gebiet der Kindesentwicklung ernst genommen wird. Steiner und andere transpersonale Theoretiker werfen einige wichtige Fragen auf, die Entwicklungspsychologen produktiv erforschen könnten:

• Wie Ian Stevenson gezeigt hat, könnte die Vorstellung, daß Kinder wirklich aus anderen Leben und Ebenen reinkarnieren, dazu beitragen, einige Entwicklungsprobleme zu erklären, die die Forscher bisher verwirrt haben: Warum eineiige Zwillinge oft so unterschiedliche Persönlichkeitszüge aufweisen, wieso Kinder manchmal Vorurteile, Ängste oder Vorlieben haben, die sich durch nichts erklären lassen, was ihnen in ihrem Leben zugestoßen ist, und weshalb Eltern manchmal eine besondere Zuneigung oder Ablehnung gegenüber einem ihrer Kinder empfinden. (Stevenson meint, sie könnten in einem früheren Leben eine besonders enge oder bewegte Beziehung gehabt habe.)[20] Stevensons überaus genaue Methodik für die Untersuchung von Reinkarnations-Aussagen in der Kindheit verdient sorgfältige Betrachtung und stellt ein gutes Modell dafür dar, wie diese Art von Forschung über die Entwicklung des Kindes durchgeführt werden kann.

• Piagets Stadien des präoperationalen Denkens und Freuds Konzept der Primärprozesse müssen im Lichte der übersinnlichen und spirituellen Erfahrungen neu interpretiert werden. Das traditionelle präoperationale oder magische Denken wird gewöhnlich als vorübergehendes Stadium der primitiven Kognition und Emotion im Leben des Kindes angesehen. Bei dieser Art der Wahrnehmung unterscheidet das Kind nicht zwischen äußerer und innerer Wahrnehmung, sagt Widersprüchliches über die Phänomene in dieser Welt und vermischt sein eigenes Gefühlsleben mit Beschreibungen der objektiven Wirklichkeit. Ein Beispiel für diese Art des Denkens ist der Animismus. Piaget hat dieses Wort benutzt, um die Tendenz des Kindes zu beschreiben, „toten" Dingen Leben zuzuschreiben, wie wenn beispielsweise ein Kind ein im Wind tanzendes Blatt oder einen rauschenden Bach als „lebendig" betrachtet. Piaget hielt dies für eine unreife Form der Wahrnehmung, die bald durch eine anspruchsvollere (konkret-operationale) Form des Denkens ersetzt wird, bei der das Kind klar zwischen belebten und unbelebten Dingen unterscheiden kann.

Ein transpersonaler Ansatz bei der Erforschung der präoperationalen Entwicklung würde dem zustimmen, daß das Kind vielen unbelebten Objekten zu Unrecht Leben zuspricht. Zugleich würde er aber darauf hinweisen, daß das Kind sich in manchen Fällen wirklich auf die Lebendigkeit oder Vitalität eines Objektes einstimmt. Das Kind unter sieben Jahren (in der Zeit des präoperationalen Denkens) ist, wie bereits ausgeführt, psychisch für die ätherischen oder astralen Bereiche offen oder, aus einer Jungschen Perspektive, für die Inhalte des kollektiven Unbewußten empfänglich. Auf jeden Fall kann das, was das Kind beobachtet, sei es ein lebender Archetypus oder eine astrale Wesenheit, wirklich von Leben erfüllt sein. In diesem Sinne ist dann die Sensibilität und nicht die Projektion des Kindes für den wahrgenommenen Animismus verantwortlich. Esoterische Schriftsteller, Parapsychologen und selbst Physiker haben darauf hingewiesen, daß sogar Steine und Minerale eine Art Vitalität aufweisen. Die Theosophen behaupten zum Beispiel, sie hätten ätherische und astrale Entsprechungen. Spirituelle Seher haben Kosmologien entwickelt, nach denen sich Bewußtsein durch Stadien von Stein und Mineral entwickelt. Wenn also ein Kind sagt, es habe das Gefühl, die Steine seien lebendig, dann hat es vielleicht recht.

• Lawrence Kohlberg hat eine Theorie der moralischen Entwicklung aufgestellt, die eine Parallele zu Piagets Theorie des kognitiven Wachstums bildet. Nach Kohlbergs Modell neigen Kinder unter sechs oder sieben Jahren dazu, aus einem grundlegend egoistischen moralischen Prinzip heraus zu handeln (etwa: „Ich habe Angst, die Bonbons zu klauen, weil ich nicht erwischt werden will"). Diese Vorstellung deckt sich mit Piagets Sicht (die auch die Freudianer und überhaupt die meisten Theorien der Kindesentwicklung teilen), junge Kinder seien grundlegend egozentrisch und sähen alles nur aus ihrem persönlichen Blickwinkel. Diese Perspektive mag für das Biologisch/Materielle richtig sein, aber im Hinblick auf übersinnliche oder spirituelle Dimensionen scheint sie nicht immer brauchbar zu sein. Wir haben bereits gesehen, daß Kindern ein ganzes Spektrum von unkonventionellen Sichtweisen zu eigen sein kann (etwa Jills „Begleiter", der in einem entfernten Raum Zahlen lesen konnte) und daß sie einen hohen Grad von Mitgefühl für das Universum erfahren können. Neuerdings liefern auch eher konventionelle psychologische Laboratorien Beweise dafür, daß manche Kinder durchaus auch höhere moralische Qualitäten wie Mitgefühl, Empathie und bedingungslose Liebe entwickeln.[21] Diese Eigenschaften finden sich in Kohlbergs Modell erst in den höchsten Stadien und dann auch erst im Erwachsenenalter. Sein Modell befaßt sich zwar vorwiegend mit der moralischen Urteilskraft, aber die seiner Theorie zugrundeliegenden Annahmen müssen dennoch überprüft werden, wenn sie mit dieser umfassenderen Sicht der moralischen Fähigkeiten des Kindes in Einklang gebracht werden sollen.

• Die Frage, wie Eltern Eigenschaften und Charakterzüge an ihre Kinder weitergeben, ist bereits viel Forschungsarbeit gewidmet worden. Die Untersuchungen haben sich auf Genetik, Psychopathologie, Erziehung und Anthropologie gestützt. Aber es gibt, wie bereits gesagt, so gut wie gar keine Forschung zu der Frage, wie höhere Impulse, etwa Kreativität, innere spirituelle Gefühle und Inspiration, von den Eltern an das Kind übertragen werden. Das wenige, was auf dem Gebiet geleistet worden ist, ist vom Ansatz her meist reduktionistisch (wenn man beispielsweise sagt, jemand entwickle wegen einer Fixierung auf seine Mutter Kreativität). Dies ist ein fruchtbares Feld für aufstrebende transpersonale Kinderforscher.

• Die in der transpersonalen Kinderforschung verwendeten Werkzeuge werden vermutlich in mancherlei Hinsicht anders sein als die derzeitigen Forschungsansätze. Man wird sich mehr auf phänomenologische, hermeneutische, empirische und heuristische Ansätze verlassen müssen als auf experimentelle, klinische und korrelative Methoden. Viele andere Ansätze dagegen kann man aus der gegenwärtigen Kinderpsychologie übernehmen. Piagets eigene Arbeit ist dafür ein hervorragendes Beispiel, denn ein Großteil seiner Forschung beruhte auf Gesprächen mit Kindern und auf Beobachtung von Kindern in ihrer natürlichen Umgebung. Dieser Ansatz wird, wenn man ihn in die transpersonale Perspektive umsetzt, Forscher auf das hören lassen, was Kinder über ihr eigenes tieferes spirituelles Leben zu sagen haben, ohne diese Erfahrungen zu reduzieren oder sie in irgendein ausgeklügeltes stadienspezifisches Modell einpassen zu wollen (was selbst bei den in diesem Buch präsentierten transpersonalen Modellen eine Gefahr darstellt).

Es müssen noch viele weitere Fragen erforscht werden. Beispielsweise ist bisher nicht klar, wie häufig außernormale Erfahrungen von Kindern in der Allgemeinbevölkerung sind. Obwohl ich einige Modelle zum Verständnis mancher dieser Erfahrungen geliefert habe, sind wir noch weit von der Entwicklung angemessener Forschungswerkzeuge und theoretischer Konstrukte entfernt, mit denen zwischen den vielen verschiedenen hier beschriebenen Arten von Erfahrung unterschieden werden könnte. Letztlich verspricht das Erkennen von authentischen außernormalen Erfahrungen in der Kindheit der Erforschung der Kindesentwicklung eine ganze neue Dimension hinzuzufügen. Die traditionellen Entwicklungsmodelle werden alle überarbeitet werden müssen, um diese Erfahrungen berücksichtigen zu können. Dieses Unterfangen ähnelt Piagets Bemühen, die Struktur unseres höchsten abstrakten Intellekts dadurch zu entschlüsseln, daß er ihn zu seinen Ursprüngen in der Kindheit zurückverfolgte. So versucht auch unser Vorstoß ins Unbekannte, das Rätsel des spirituellen und kreativen Lebens dadurch zu lösen, daß er an seine geheimnisvolle Quelle im innersten Wesen des Kindes zurückgeht.

Zehntes Kapitel
Engel oder Bengel?
Das ganze Kind ansprechen

Du glücklicher, glücklicher Elf! . . .
Du winziges Abbild meiner selbst!. . .
Du fröhlicher, lachender Geist!
Mit federleichtem Gemüt,
Von Kummer unberührt, von Sünde nicht befleckt. . .

Doch halt, erst küß' ich diese Träne weg. . .
Meine Güte, er steckt sich Erbsen in die Ohren,
Lieber Himmel! Das Kind schluckt eine Nadel![1]

Alexander Pope

Kurz vor meiner Promotion in Psychologie habe ich für einige Studenten und Professoren an meiner Universität Gitarre gespielt und dazu mehrere von mir selbst verfaßte Lieder über Kindheit und Spiritualität gesungen. In einem ging es um die Erinnerungen eines Kindes an frühere Leben, in einem anderen darum, wie wir Liebe von einem Menschen zum nächsten weiterreichen.

Als ich mit meinen Liedern fertig war, setzte ich mich wieder an meinen Tisch. Es gab mir ein gutes Gefühl, diese Loblieder des Staunens und der Freude mit den anderen geteilt zu haben. Plötzlich kam ein kleines Kind, vielleicht drei Jahre alt, auf mich zugerast und schrie: „Weg da! Weg da!" Ich saß auf einem Stuhl, der an die Wand gerückt war, und der kleine Junge wollte mir einfach nur mitteilen, daß ich ihm im Wege war. Als er immer weiter „Weg da!" schrie und sich ungestüm zwischen Stuhl und Wand hindurchzwängen wollte, wurde ich jäh aus meinen Träumereien gerissen. Ein leise Stimme in mir sagte: „Wie kann er es wagen, so mit mir zu reden? Ich werde dafür sorgen, daß er ‚bitte' sagt, bevor ich ihn durchlasse." Eine andere Stimme entgegnete:

„Aber damit machst du dich zur Autorität und wirst zum Heuchler, nachdem du all diese schönen Lieder gesungen hast." Es spielte keine Rolle mehr, wie ich mich entschied, denn er hatte sich mittlerweile einen Weg geschaffen und mich erschüttert und vollkommen verdattert zurückgelassen.

Ich habe eine ganze Weile über diesen Vorfall nachgedacht. Mir kam es so vor, als wäre dieses Kind gerade rechtzeitig in mein Leben getreten, um mich zur Ehrlichkeit zu zwingen, mich an die Seiten der Kindheit zu erinnern, die ich in meinen rührseligen Liedern vernachlässigt hatte. Diese Seiten der Kindheit schienen egoistische, unsensible, machthungrige und beinahe brutale Wesenszüge zu haben. Das Kind, das sich da auf mich gestürzt hatte, war ein Wirbelwind von Wut und Zorn, ein Kraftwerk instinkthafter Gewalt, ein Bewußtsein, das ausschließlich auf das Problem ausgerichtet zu sein schien, wie es seinen kleinen physischen Körper an dem von mir gebildeten materiellen Hindernis vorbeibringen könnte.

Dieses Ereignis hat meinen Blick auf den großen Widerspruch im Wesen des Kindes gerichtet. Edward Edinger, ein Jungscher Analytiker, hat den Kern dieses Widerspruchs sehr treffend eingefangen:

> Einerseits ist die Kindheit eine Zeit, in der Wahrnehmung und Reaktion von großer Frische sind; das Kind steht in unmittelbarem Kontakt zu den archetypischen Realitäten des Lebens. Es befindet sich im Stadium der originären Poesie; in jedem alltäglichen Ereignis lauern erschreckende transpersonale Kräfte. Aber andererseits kann das Kind ein egoistisches kleines Biest sein, voller Grausamkeit und Gier.[2]

Dieser Widerspruch erschien mir noch offensichtlicher, wenn ich an all die poetischen Bilder dachte, mit denen die Menschheit das Wesen des Kindes umschrieben hat: der edle Wilde, der Unschuldige, die leere Tafel, das göttliche Biest, das Wunderkind, das selbstsüchtige Balg, die Hoffnung für die Menschheit und so manche andere.[3]

Es war meine Absicht, mich in diesem Buch auf die Bilder von Reinheit, Spiritualität und Transzendenz in der Kindheit zu konzentrieren und die selbstsüchtigen und instinkthaften Aspekte auf die präpersonale und subpersonale Ebene zurückzustufen. Aber ich kann dieses Buch nicht enden lassen, ohne zu betonen, daß ich *nicht* die Absicht hatte, das Kind als gespaltenes Wesen darzustellen, das aus selbstsüchtigen Schichten, spirituellen Schichten usw. besteht. Wenn es an Kindheit irgend etwas gibt, das alles andere überragt, dann ist das die *Ganzheit* des Kindes. Ich meine damit nicht spirituelle Ganzheit. Ich spreche von einer Ganzheit, die *alle* Ebenen, die hohen und die niederen, in undifferenzierter Einheit einschließt.

Als Erwachsene können wir natürlich an einem Kind die Verhaltensweisen und Einstellungen heraussuchen, die uns weltlicher oder spiritueller Natur zu sein scheinen. Aber das Kind nimmt sich selbst, jedenfalls zunächst, nicht als fragmentiertes Wesen wahr, das aus fünf Schichten oder sieben Ebenen oder drei grundlegenden Kategorien von Bewußtsein besteht. Das Kind lebt in einer sich ständig verändernden, aber innerlich kohärenten Welt. Dies ist eine Welt, in der Hell und Dunkel, Körper und Geist, Erde und Himmel noch nicht voneinander getrennt sind. Während wir als Erwachsene Abstand nehmen können, um Theorien über spirituelle und materielle Entwicklungslinien, die sich kreuz und quer überschneiden, aufzustellen, steht das Kind inmitten dieses Prozesses, und sein inneres Wesen ist der Tiegel, in dem diese höheren und niederen Kräfte miteinander verschmolzen werden.

Im Grunde ist der Widerspruch, vor dem wir hier stehen, der universale, der sich in der *Conditio humana* spiegelt. Dieses Paradox zeigt sich zum Beispiel in der Verwirrung unserer eigenen Kultur in bezug auf Dunkel und Licht: So ist aus Luzifer, dessen Name „Lichtbringer" bedeutet, das Symbol für Dunkel und Böses geworden. Es zeigt sich in unserer zwiespältigen Einstellung zu unserem leiblichen Körper; die einen versuchen, zu fasten und den Körper im Namen des Himmels zu geißeln, die anderen sagen, der Himmel selbst sei nur durch den Körper zu erreichen. Man findet dieses Paradox auch in den unterschiedlichen Kosmologien der Menschheitsgeschichte, von denen einige Materie als ewiglich vom spirituellen Wesen getrennt ansehen, andere dagegen Materie als eine verdichtete Form des spirituellen Wesens betrachten, das neue Wege sucht, sich selbst zu vervollkommnen. Viele Philosophen haben über diese Frage nachgedacht, und ihre Antworten sind wieder neue Widersprüche, so etwa Nietzsches „Man muß noch Chaos in sich haben, um einen tanzenden Stern gebären zu können."[4]

Dieses Paradox führt uns wieder zurück zum Wesen der Kindheit. Wie können wir davon sprechen, daß ein kleines Kind einerseits vollkommen mit dem physischen Körper und all seinen dionysischen Instinkten identifiziert ist und zugleich total in himmlischen Reichen und engelhaftem Strahlen aufgeht? Autoren wie Norman O. Brown und Wilhelm Reich haben versucht, diese widersprüchlichen Eigenschaften durch einen Hinweis auf die holistische Natur der Energien im Kind zu versöhnen, die sowohl Spiritualität wie Sinnlichkeit ausdrücken.[5]

Solche zeitgenössischen Vorstellungen wurzeln in uralten Traditionen, die Energie als etwas Ursprüngliches und Ungeteiltes ansahen (etwa *Kundalini* in der indischen oder *Fohat* in der tibetischen Tradition).[6] In diesem Sinne singt und schwingt das Wesen des Kindes als Resonanz auf kosmische Energien, deren Pole sich sowohl im Himmel wie auf Erden finden.

Verschiedene mythologische Bilder enthalten diese Vorstellung vom Kind, das sich zwischen zwei Welten befindet. Carl Kerenyi weist darauf hin, daß der kleine Junge, der mit einer Blume im Haar auf einem Delphin reitet, ein Symbol ist, das „auf ein Geschöpf irgendwo zwischen Fisch und Knospe zu deuten scheint".[7] Auch der Pan – ein halb tierisches, halb göttliches Wesen – wird oft als *Puer aeternus*, als ewig junger Knabe, dargestellt. Eine verwandte Figur finden wir in Goethes *Faust*, nämlich Euphorion:

> Nackt, ein Genius ohne Flügel, faunenartig ohne Tierheit,
> Springt er auf den festen Boden; doch der Boden, gegenwirkend,
> Schnellt ihn zu der luft´gen Höhe, und im zweiten, dritten Sprunge
> Rührt er an das Hochgewölb.[8]

Dieses Bild läßt uns an Jungs Aussagen über das paradoxe Wesen des Kind-Archetypus als Anfang und Ende, verletzlich und unzerstörbar, unbewußt und überbewußt, zeitlich und ewig denken.[9] Es bleibt das Gefühl, daß das Kind sowohl ein dunkles, materielles, unbewußtes Körper-Ich wie auch ein lichtes, transzendentes Geist-Selbst ist. Ein Paradox, aber nichtsdestoweniger eine psychische Realität!

Solche Widersprüche erscheinen realer, wenn wir sie im Kontext der menschlichen Erfahrung betrachten. Da gibt es beispielsweise Jungs eigene Kindheitserinnerung an den unterirdischen Phallus, dessen einziges Auge in einer Aura von Licht himmelwärts strahlte, ein Symbol sowohl der Erde wie des Geistes.[10] Dann haben wir die Worte von Teilhard de Chardin, dessen Erinnerung an den Ursprung seines Lebenswerkes ebenfalls eine tiefe irdische Spiritualität enthüllt:

> Ich war nicht älter als sechs oder sieben, als ich mich zur Materie hingezogen zu fühlen begann – genauer gesagt, zu etwas, das im Herzen der Materie „leuchtete".[11]

Edith Cobb schreibt über Teilhards Erfahrung:

> Er habe, sagt er, die übliche Religiosität des Kindes von seiner Mutter aufgefangen, aber sein heimliches Interesse galt einer vollkommen anderen Art von „Anbetung". Es war die Anbetung des Eisens! Er hatte eine ganze Sammlung von Götzenbildern – eine Pflugschaufel vom Lande, eine Metallklammer, sogar Bombensplitter aus der Stadt. ...Er sagt mit aller Klarheit, daß diese kindlichen Erfahrungen die Samen für seine Erforschung der kosmischen und biologischen Evolutionsgeschichte im späteren Leben gelegt haben und daß seine Fähigkeiten diesen unartikulierten Wurzeln entstammten.[12]

Dieses Verständnis der Einheit von Körper und spirituellem Wesen in der Kindheit ist entscheidend, wenn wir Kindern die richtige Hilfe bei ihrer Bewegung durchs Leben anbieten wollen. Jede transpersonale Philosophie der Kindheit läuft Gefahr, die dunkleren oder selbstsüchtigeren Eigenschaften des Kindes zu ignorieren oder beiseite zu schieben. Das ist ein häufiges Problem in den New-Age-Gemeinschaften, in denen die Eltern wollen, daß ihre Kinder ein spirituell reines Leben führen und gegen jede Spur von Selbstsüchtigkeit und „niederem Begehren" ankämpfen. Ein solcher Ansatz in der Erziehung führt notwendigerweise zu Katastrophen im späteren Leben. Kinder müssen das ganze Reich von körperlichen Gefühlen, Instinkten und Leidenschaften, von Aggressivität, Selbstsüchtigkeit und Eifersucht, die ganze Palette hoher und tiefer Empfindungen erforschen. Laurence und Phoebe Bendit verweisen auf dieses Bedürfnis, wenn sie schreiben:

> Der Ausdruck selbst mag dem erwachsenen Verstand nicht spirituell erscheinen – zum Beispiel wenn ein kleiner Junge zum Seeräuber oder Gangster wird -, aber er ist ein notwendiges Stadium in der spirituellen Entwicklung des fleischgewordenen Wesens. . . Jeder Versuch, das im Namen einer höheren Moral zu umgehen, kann der Entwicklung der Persönlichkeit schaden und Krankheit, wenn nicht sogar ein Unglück herbeiführen. J. A. Hadfield sagte, daß ein Kind

> von sechs oder sieben Jahren, das vor einem Teller voll verlockender Süßigkeiten steht und zu ehrlich ist, sich davon welche zu nehmen, obwohl niemand da ist, der ihn abhalten könnte, einer für sein Alter zu großen moralischen Belastung ausgesetzt wird.[13]

Jeder Versuch, das Kind mit einer äußeren Fassade zu versehen, die eine Projektion des elterlichen Wunsches nach eigener spiritueller Integrität ist, wird diese „niederen“ Bedürfnisse einfach unter den Tisch fegen, wo sie als „Schatten“ die zukünftigen Bemühungen dadurch sabotieren können, daß sie im späteren Leben in Form von Neurosen, psychosomatischen Krankheiten oder sogar Psychosen wieder auftauchen.[14]

Genauso gibt es – und ich betone weiterhin die Notwendigkeit des Gleichgewichts – eine andere Art von Unterdrückung, deren Wurzeln in die Kindheit zurückreichen können und die man als „Unterdrückung des Erhabenen“ bezeichnet hat.[15] Sie besteht darin, daß die Gipfelerfahrungen, kosmischen Visionen und Bilder von Harmonie und Ganzheit der Kindheit vergessen oder überdeckt werden, weil sie nicht den Erwartungen der Kultur entsprechen. So wie das Unterdrücken von physischen und emotionalen Bedürfnissen des Kindes im späteren Leben zu psychischen oder körperlichen Krankheiten führen kann, so kann ein Unterdrücken des spirituellen Wesens zu einem subtileren, aber dennoch fatalen Zustand führen, der den Meschen sozusagen mit Scheuklappen durchs Leben gehen läßt. In diesem behinderten Zustand findet man Befriedigung durch Zynismus, Skepsis und Vernünftelei statt dadurch, daß man das Alltagsleben zu etwas Heiligem macht.

Das spirituelle Kind ist kein von seinem Körper und seinen Emotionen abgeschnittenes transzendentes Wesen. Es ist wie Whitmans idealer Mensch: ein lebendiger Organismus, der sich in jedem Augenblick selbst feiert. Es ist der Inbegriff des fleischgewordenen Wesens, ein lebendiger Geist in einem gesunden und dynamischen Körper. Das am Anfang dieses Kapitels beschriebene Kind, das in meine Träumerei hineinplatzte, war randvoll von Vitalität. Natürlich war es unsensibel und brutal mir gegenüber. Aber das war etwas anderes als der Manipulationsversuch eines unsensiblen Erwachsenen, der das spirituelle Wesen eines Kindes durch Täuschung und Betrug zu unterdrücken versucht. Dieses Kind hatte vielmehr eine lebendige, tanzende Brutalität, die wie eine erweckende Kraft mein Bewußtsein aufrüttelte und mich veranlaßte, mir meinen eigenen Mangel an innerer Ausgewogenheit anzuschauen. Nachdem er diesen besonders kraftvollen Ton getanzt hatte, lebte das Kind im Laufe des weiteren Abends andere Schwingungen aus, von denen einige ebenso kraftvoll, andere eher still waren. Die Selbstsüchtigkeit, die fehlende Empfindsamkeit und die schiere Gewalt seines Seins waren von dieser Erde, die Ehrlichkeit und die Klarheit seines Verhaltens kamen aus seinem spirituellen Wesen. Wo das eine aufhörte und das andere anfing, blieb mir ein Rätsel. Aber diese beiden Elemente des Seins bestimmten seine Existenz als eine Gesamtheit.

Ich habe in diesem Buch versucht, ein Bild vom zweifachen Wesen des Kindes zu zeichnen. Im Lichte dessen, was ich zuletzt gesagt habe, scheint es richtiger, die beiden genannten Entwicklungslinien einfach als verschiedene Aspekte derselben einheitlichen Ganzheit des Seins zu betrachten. Ein Paradox? Natürlich. Aber es ist ein Paradox, dessen letztendliche Lösung sich nicht auf den Seiten eines Buches erarbeiten lassen wird, sondern nur in der sich ständig wandelnden Einheit des alltäglichen Lebens.

Das ist das wahre Wesen des spirituellen Kindes. Es gehört sowohl zum Himmel wie zur Erde, und es tritt als Brücke zwischen Licht und Dunkel, Körper und Geist, Ich und Selbst, Mensch und Gott in unser Leben. Das spirituelle Kind singt und tanzt diese Ganzheit mit jeder Faser seines Seins. Wir alle täten gut daran zuzuhören. Und noch besser daran, mitzusingen und mitzutanzen!

Anhang

Transpersonale Literatur für Kinder

Märchen und klassische Fantasy-Geschichten bieten Kindern nicht nur spirituelle Nahrung, sie sind zugleich auch einer der besten Ausgangspunkte für die Erforschung der transpersonalen Dimensionen der Kindheit. Diese Liste kann nicht mehr sein als ein Hinweis auf die Fülle des Materials, das Kindern und Erwachsenen gleichermaßen zur Verfügung steht.

Alexander, Lloyd: *Taran und das Zauberschwein.* Würzburg: Arena Verlag, 1983. Taran, ein Schweinehirt, kämpft mit den Kräften des Bösen und versucht, sein geliebtes Land Prydain zu retten. Dabei erhält er Schutz und Hilfe von unerwarteter Seite. Erster Teil des fünfbändigen Werkes *Tarans Abenteuer*, das zum Teil auf der walisischen Mythologie beruht.

Andersen, Hans Christian: *Sämtliche Märchen und Geschichten.* Hanau: Müller und Kiepenheuer Verlag, 1984. Andersens Märchen, die oft traurig oder merkwürdig sind, rühren tiefe emotionale Quellen in der Psyche des Kindes an und hinterlassen einen bleibenden Eindruck vom Reichtum der Gefühle.

Barrie, J. M: *Peter Pan.* Hamburg: Cäcilie Dressler Verlag, 1988. Ein beliebtes Märchen, das man auf viele verschiedene Weisen interpretieren kann (etwa das Niemals-Niemals-Land als die astrale Ebene, Kapitän Hook als den Schatten aus der Jungschen Psychologie oder Peter Pan als das „ewige Kind" in der Mythologie).

Barrios, Enrique: *Ami - Der Junge von den Sternen.* Planegg: Ch. Falk Verlag, 1990. Ein südamerikanischer Junge ist eine ganze Nacht lang mit einem scheinbar Gleichaltrigen aus einem Ufo unterwegs: auf der Erde, im Raumschiff, in anderen Welten weit draußen in der Galaxie. Pedro erhält Einblick in eine Zivilisation, deren Bewohner das universelle Grundgesetz der Liebe befolgen.

Baum, L. Frank: *Der Zauberer von Oos.* Hamburg: Cäcilie Dressler Verlag, 1987. Ein Klassiker, der als Vorlage für den weltweit beliebten Film diente. Eine Parabel für die Suche nach Selbstverwirklichung.

Burnett, Frances Hodgson: *Der geheime Garten.* München: Deutscher Taschenbuch Verlag, 1978. Ein Mädchen zieht zu ihrem Onkel aufs Land und entdeckt Freunde und eine ungewöhnliche Zuneigung zu den lebendigen Dingen, die das Landhaus umgeben.

Carroll, Lewis: *Alice im Wunderland.* Hamburg: Cäcilie Dressler Verlag, 1989; und *Alice im Spiegelland.* Recklinghausen: Georg Bitter Verlag, 1977. In diesen beliebten Klassikern werden unlogische und unmögliche Welten lebendig.

Grimms Kinder- und Hausmärchen. München: Verlag Eugen Diederichs, 1989.

Kyber, Manfred: *Die drei Lichter der kleinen Veronika.* München: Heyne Verlag, 1984. Die Erfahrungen eines Kindes mit der Natur, Geistern, Engeln und anderen außergewöhnlichen Phänomenen in lyrisch erzählender Form.

Laha, Mac: *Der flammende Vogel und andere Geschichten.* Planegg: Ch. Falk Verlag, 1989. Der Zwerg Graubart erzählt in fünf verschiedenen Geschichten von den Abenteuern der Seele.

LeGuin, Ursula K.: *Erdsee.* München: Heyne Verlag, 1986. Ein kleiner Junge geht in die Schule der Zauberer und sieht sich Problemen gegenüber, die den Mißbrauch von geheimen Mächten betreffen.

L'Engle, Madeleine: *Die Zeitfalte.* München: Deutscher Taschenbuch Verlag, 1988. Abenteuer in Raum und Zeit, bei denen es letztlich immer um Liebe geht.

Lewis, C. S.: *Der König von Narnia.* Wien: Anette Betz Verlag, 1982. Die Geschichte von vier Kindern, die durch einen Schlafzimmerschrank in eine andere Welt treten und viele Abenteuer erleben.

Paulus, Trina: *Hoffnung für die Blumen.* Interlaken: Ansata Verlag, 1988. Entzückende Geschichte von dem zuweilen mühsamen Bemühen einer Raupe, ein Schmetterling zu werden. Eine Parabel von Tod und Wiedergeburt.

Saint-Exupéry, Antoine: *Der kleine Prinz.* Düsseldorf: Rauch Verlag, 1988. Eine wunderschöne Geschichte über einen empfindsamen kleinen Prinzen aus einer anderen Welt.

Die schönsten Märchen aus Tausendundeiner Nacht. Erlangen: Boje Verlag, 1982. Eine für Kinder geeignete Auswahl dieser Märchen, die zum Teil auf alten Sufi-Geschichten beruhen.

Schäfer, Georg: *Im Reiche des Mescal – ein kosmisches Märchen.* Synthesis

Silverstein, Shel: *Der freigebige Baum.* Köln: Gertrud Middelhauve Verlag, 1987. Eine einfache Erzählung über die Bedeutung des Mitgefühls.

Tolkien, J. R. R.: *Der kleine Hobbit.* München: Deutscher Taschenbuch Verlag, 1974. Bilbo Baggins macht sich auf die Suche nach der Heimat der Zwerge, in der ein böser Drachen eifersüchtig über einen Juwelenschatz wacht. Dieses Kinderbuch bereitet den Weg für die anspruchsvollere, aber dennoch für Kinder geeignete Trilogie *Der Herr der Ringe.* Stuttgart: Klett-Cotta Verlag, 1987.

Darüber hinaus empfohlen: Das Verzeichnis spiritueller Kinderbücher; vom Wiener Arbeitskreis für Metaphysik, Witthauergasse 25/15; A-1180 Wien

Literaturempfehlungen zur Spiritualität des Kindes

(Themen wie Elternschaft, Erziehung, Entwicklungspsychologie, Psychotherapie unter dem transpersonalen Gesichtspunkt)

Aries, Philippe: *Die Geschichte der Kindheit.* München: Deutscher Taschenbuch Verlag, 1978. Die Bedeutung von Kindheit und Jugend hat sich im Laufe der Jahrhunderte und in unterschiedlichen Gesellschaftsformen stark gewandelt. Dies ist eine spannende und umfassende Beschreibung dieser Entwicklung.

Assagioli, Roberto: *Handbuch der Psychosynthesis.* Freiburg: Aurum Verlag, 1978, und *Psychosynthese.* Adliswil: Astrologisch-Psychologisches Institut, 2. Aufl. 1988. Diese Bücher handeln weniger von der Entwicklung des Kindes, bergen aber einen reichen Schatz an psychologischen Informationen über das Wesen des höheren Selbst, die auch in der Therapie von Kindern zur Anwendung kommen können.

Sri Aurobindo and the Mother on Education. 3 Broschüren. Pondicherry, Indien: Sri Aurobindo Society, 1972. Enthalten kurze Abschnitte aus Reden und Schriften von Sri Aurobindo und der „Mutter" zum Thema Kindheit und Erziehung.

Bachelard, Gaston: *Das Wasser und die Träume.* Frankfurt: Suhrkamp Verlag, 1989. Bachelard nutzt für seine Untersuchung der Wunderwelt kindlicher Träumereien Poesie und einen phänomenologischen Ansatz. Ein einzigartiger Beitrag zur inneren Welt des Kindes. Liefert Hinweise darauf, wie ein Programm für transpersonale Kinderforschung aufgebaut sein könnte.

Bailey, Alice: *Erziehung im neuen Zeitalter.* Berlin: Rohm Verlag, 2. Aufl. 1980. Ein wenig abstrus, besonders wenn man Baileys Arbeit nicht kennt. Enthält jedoch ein kurzes Entwicklungsmodell, das nützlich sein könnte, sowie futuristische Vorschläge, wie die unterschiedlichen Dimensionen des Wesens des Kindes kultiviert werden können.

Bendit, Laurence und Phoebe: *Die Brücke des Bewußtseins. Eine Studie über das vital-ätherische Feld des Menschen.* Graz: Adyar Verlag, 2. Aufl. 1976. Eine der besten metaphysischen Beschreibungen von der Entwicklung des Kindes, wenn auch ausschließlich auf das ätherische Feld beschränkt. Geschrieben von einem Psychiater und einer Hellseherin. Integriert Jungsche und theosophische Konzepte.

Campbell, Joseph: *Der Heros in tausend Gestalten.* Frankfurt a. M.: Suhrkamp Verlag, 1978. Hier geht es nicht direkt um die Entwicklung des Kindes, aber das Buch vermittelt ein Verständnis von bestimmten Grundmustern in der Mythologie, die sich auf den Prozeß der Individuation beim Kind übertragen lassen.

Chamberlain, David B.: *Woran Babys sich erinnern.* München: Kösel Verlag, 1990. Eine eher technische Zusammenfassung der medizinischen und psychologischen Forschung, die auf ein ausgeprägtes Bewußtsein vor und bei der Geburt hinweist. Gut dokumentiert.

Erikson, Erik: *Kindheit und Gesellschaft.* Stuttgart: Klett-Cotta Verlag, 9. Aufl. 1984. Dieses Buch verfeinert die Freudschen Vorstellungen über die Bedeutung der frühen Kindheit in entscheidender Weise. Standardwerk der anthropologischen und ethnologischen Literatur.

Evans-Wentz, W. Y. (Übers.): *Das tibetanische Totenbuch.* Olten: Walter Verlag, 18. Aufl. 1986. Ein durch Jahrhunderte überlieferter Text, phänomenologische Beschreibung des Übergangs von Tod zu Wiedergeburt in den Bildern des tibetanischen Buddhismus. Kann einen Eindruck davon vermitteln, was das Kind vor der Geburt erfahren haben könnte.

Franz, Marie Louise v.: *Der ewige Jüngling. Der Puer Aeternus und der kreative Genius im Erwachsenen.* München: Kösel Verlag, 1987. Aufsätze zum Thema des ewigen Kindes, besonders zu den Manifestationen in der Psychopathologie des jungen Erwachsenen. Enthält eine psychologische Betrachtung von *Der kleine Prinz* von Antoine de Saint-Exupéry.

Franz, Marie Louise v.: *Die Suche nach dem Selbst. Individuation im Märchen.* München: Kösel Verlag, 1985. Eine hervorragende Vortragsreihe der bekannten Jungschen Analytikerin über die tiefere Bedeutung von Märchen. Enthält eine gute Beschreibung des Göttlichen Kindes.

Hendricks, Gay und Thomas B. Roberts: *Zur Mitte hin! Bewußtseinsübungen für Kinder, Eltern und Lehrer.* Dachsberg: Verlag Werkstatt-Edition, 1986. Ein praktisches Übungsbuch: die Wahrnehmung erweitern, Verbindung zum Körper herstellen, Träume erforschen und Wachsen durch Geschichtenerzählen. Enthält Vorschläge für Eltern und Lehrer, wie diese Übungen im Alltag eingesetzt werden können.

Hendricks, Gay und Thomas B. Roberts: *The Second Centering Book.* Englewood Cliffs, N. J.: Prentice Hall, 1977. Eine Fortsetzung von *Zur Mitte hin!*. Enthält eine sehr ausführliche Bibliographie zur transpersonalen Erziehung (100 Seiten).

Houston, Jean: *Der mögliche Mensch. Handbuch zur Entwicklung des menschlichen Potentials.* Basel: Sphinx Verlag, 1984. Enthält einen wunderbaren autobiographischen Bericht über die spirituelle Entfaltung der Autorin in der Kindheit. Einige Übungen zum Erschließen der eigenen „zurückgelassenen" Möglichkeiten.

Houston, Jean: *Lebenskraft.* Basel: Sphinx Verlag, 1989. Houstons Modell der Entwicklung von Kind und Erwachsenem stützt sich zum Teil auf Gerald Heards „Five Ages of Man". Einschließlich Anleitungen zur Erfahrungstherapie.

Inayat Khan, Hazrat: *Education from Before Birth to Maturity.* Genf: Sufi Pub. Co., 1974. Enthält die meisten Vorträge des Autors über Kindheit und Erziehung.

Jung, C. G.: „Analytische Psychologie und Erziehung“ und „Über die Entwicklung der Persönlichkeit“. Gesamtwerk, Band 17. Olten: Walter Verlag, 6. Aufl. 1988. Eine Sammlung von Jungs Schriften zum Thema Kinder und Erziehung. Enthält eine der wenigen Jungschen Fallstudien eines Kindes.

Jung, C. G.: „Zur Psychologie des Kindarchetypus“. In *Archetyp und Unbewußtes.* Grundwerk, Band 2. Olten: Walter Verlag, 3. Aufl. 1989. Jungs Ansichten über die Bedeutung des „inneren Kindes“ als eines Symbols der Ganzheit in der Psyche. Reich an mythologischen Quellen und Material über die Vielfalt der Bilder vom Kind.

Kalff, Dora M.: *Sandspielen. Seine therapeutische Wirkung auf die Psyche.* Zürich: Rentsch Verlag, 1979. Eine Jungsche Ausführung zur Anwendung der Sandspiel-Therapie bei Kindern, Jugendlichen und jungen Erwachsenen. Enthält mehrere eindringliche Fallstudien.

Krishnamurti, J.: *Autorität und Erziehung.* Bern: Humata Verlag, 4. Aufl. 1986.

Krishnamurti, J.: *Erziehung zur Kunst des Lebens. Jiddu Krishnamurtis Briefe an seine Schulen.* Heidelberg: Lambert Schneider Verlag, 1986. Eine Sammlung von Gesprächen des bekannten „Nicht-Gurus“ mit den Schülern zweier Schulen in Indien.

Kübler-Ross, Elisabeth: *Kinder und Tod.* Stuttgart: Kreuz Verlag, 1984. Ein praktisches und einfühlsames Buch für Eltern, die sich mit dem Verlust eines Kindes auseinandersetzen müssen.

Montagu, Ashley: *Zum Kind reifen.* Stuttgart: Klett-Cotta Verlag, 1984. Vertritt die These, mehr kindhafte Eigenschaften ins Erwachsenenalter mitnehmen zu können sei ein evolutionärer Fortschritt für die menschliche Rasse (der Prozeß heißt „Neotonie“). Die erste Hälfte des Buches ist ziemlich technisch und wissenschaftlich. Die zweite Hälfte beschäftigt sich mit denjenigen Aspekten der Kindheit, die der gesamten Art zugute kommen (etwa Phantasie, Neugier, Spielfreudigkeit, Staunen usw.)

Montessori, Maria: *Kinder sind anders.* München: Deutscher Taschenbuch Verlag, 1987. Montessoris Schriften verbinden das praktische Wissen einer Ärztin mit der aphoristischen Weisheit einer Mystikerin. Dieses Buch enthält Kapitel über das Laufen, Bewegung und Rhythmus sowie Abschnitte über den spirituellen Embryo und die psychische Entwicklung.

Montessori, Maria: *Kosmische Erziehung.* Freiburg: Herder Verlag, 1988. Standardwerk über die Psychologie des Kleinkindalters.

Neumann, Erich: *Ursprungsgeschichte des Bewußtseins.* Frankfurt: Fischer Taschenbuch Verlag, 1984. Beruht auf dem Gedanken, daß die Entwicklung des Individuums die der gesamten Menschheit rekapituliert. Dieses Buch ist reich an mythologischen Theorien über die Strukturen der Kindheit und frühes kulturelles Bewußtsein.

Neumann, Erich: *Das Kind. Struktur und Dynamik der werdenden Persönlichkeit.* Fellbach: Bonz Verlag, 2. Aufl. 1985. Dieses Buch weist einen technischeren Gebrauch der psychologischen Terminologie auf als *Die Ursprungsgeschichte des Bewußtseins.* Es handelt explizit von Fragen der Entwicklung des Kindes, Psychopathologie in der Kindheit usw. Enthält Neumanns Stadien der Ich-Entwicklung.

Oaklander, Violet: *Gestalttherapie mit Kindern und Jugendlichen.* Stuttgart: Klett-Cotta Verlag, 4. Aufl. 1988. In diesem Buch kommt eine Wertschätzung der tieferen Ebene der Psyche des Kindes, die an das Transpersonale grenzt, zum Ausdruck. Enthält viele nützlich Vorschläge für Eltern und Therapeuten.

Pearce, Joseph C.: *Die magische Welt des Kindes.* Köln: Eugen Diederichs Verlag, 1978. Umreißt Pearces Vorstellung davon, wie die Kultur den „Plan der Natur" zur Entwicklung des Kindes behindert. Integriert Gehirnforschung, Piaget und Tierversuche mit Uri Geller, übersinnlich begabten Kindern und Mystik.

Richards, M. C.: *Das kreative Kind. Der absorbierende Geist.* Freiburg: Herder Verlag, 6. Aufl. 1987. Eine gute Einführung in die Pädagogik von Rudolf Steiner.

Steiner, Rudolf: *Elemente der Erziehungskunst. Menschenkundliche Grundlagen der Waldorf-Pädagogik.* Stuttgart: Verlag Freies Geistesleben, 1985. Vorträge über verschiedene Themen einschließlich Lehrplan, Disziplin und die metaphysischen Dimensionen der Entwicklung des Kindes.

Steiner, Rudolf: *Die Erziehung des Kindes vom Gesichtspunkt der Geisteswissenschaften.* Werke. Dornach: Rudolf Steiner Verlag, 7. Aufl. 1988. Die beste kurze Einführung in Steiners metaphysische Sichtweise der Entwicklung und Erziehung des Kindes.

Steiner, Rudolf: *Ein pädagogischer Grundkurs.* Teile 1 - 3. Dornach: Rudolf Steiner Verlag, 7. Aufl. 1988.

Stevenson, Ian: *Reinkarnation. Der Mensch im Wandel von Tod und Wiedergeburt.* Freiburg: Aurum Verlag, 5. Aufl. 1986. Sehr gut dokumentierte Beschreibung der Ergebnisse von Stevensons Forschung über Kinderberichte von früheren Inkarnationen. Ein Modell für die transpersonale Entwicklungsforschung.

Verny, Thomas und John Kelly: *Das Seelenleben des Ungeborenen.* Berlin: Ullstein Verlag, 1983. Umfassende medizinische Forschung legt nahe, daß der Mensch bereits im Mutterleib einen hohen Grad von Bewußtheit hat.

Wambach, Helen: *Leben vor dem Leben.* München: Heyne Verlag, 1989. Die Ergebnisse der von einer Psychologin geleiteten Gruppensitzungen mit hypnotischer Regression. Die Teilnehmer werden in die Zeit „vor ihrer Geburt" zurückgeführt. Einschließlich der Daten aus Fragebögen, die direkt nach der Erfahrung beantwortet wurden („Hast du dich entschieden, geboren zu werden?", „Hattest du Hilfe?" und „Wann ist dein Bewußtsein in den Fötus eingetreten?") Vertritt die Ansicht, zur Zeit der Geburt habe es eine höhere Ebene von Bewußtheit gegeben.

Wickes, Frances G.: *The Inner World of Childhood.* New York: Mentor, 1966. Eine Jungsche Psychiaterin beschreibt ihre reichen Erfahrungen mit Kindern und Jugendlichen.

Wilber, Ken: *Das Atman-Projekt.* Paderborn: Junfermann Verlag, 1990. Dieses Buch stellt Wilbers Synthese von östlichen und westlichen Modellen der menschlichen Entwicklung dar und reicht von dem unbewußten Einssein des Säuglings bis zur bewußten Transzendenz des ganz verwirklichten spirituellen Wesens. Enthält eine Reihe von Abbildungen, in denen Wilbers Entwicklungsstadien mit denen verschiedener anderer Systeme korreliert werden (etwa von Piaget, der Kabbala, Kohlberg, Buddhismus, Erikson, Vedanta).

Anmerkungen

Erstes Kapitel

1. William Blake: *Werke.* Berlin: Aufbau Verlag, 1958, S. 101 f.
2. Margaret S. Mahler, Fred Pines und Anni Bergman: *Die psychische Geburt des Menschen.* Frankfurt a. M.: Fischer Taschenbuch Verlag, 1988, S. 60.
3. Lukas 18:17.
4. James Legge: *The Works of Mencius.* In *The Chinese Classics* (Bd. 2). Oxford: Clarendon Press, 1895.
5. *Tao Te King.* Berlin: Ullstein Taschenbuch Verlag, 1980.
6. Thomas Traherne, Gladys Wade (Hrsg.): *The Poetical Works.* New York: Cooper Square Pub., 1965.
7. William Wordsworth: „Ode: Ahnungen der Unsterblichkeit durch Erinnerungen an die frühste Kindheit". In *William Wordsworth und Samuel Taylor Coleridge.* Heidelberg: Lambert Schneider Verlag, 1959, S. 47.
8. E. D. Hirsch: *Innocence and Experience: An Introduction to Blake.* Chicago: University of Chicago Press, 1964, S. 34.
9. Ernest Schactel: „On memory and childhood amnesia". In Tony Talbott (Hrsg.): *The World of the Child.* Garden City, N. Y.: Doubleday & Co., 1967, S. 28.
10. Siehe auch die Anmerkungen von D. T. Suzuki zu Trahernes Erinnerungen an die frühe Kindheit in: *Mysticism: Christian and Buddhist.* New York: Collier, 1957, S. 80.
11. Rudolf Otto: *Das Heilige.* München: C. H. Beck Verlag, 1987.
12. Geoffrey Hodson: *The Miracle of Birth.* Wheaton, Ill.: Thesosophical Publishing House, 1981, S. 98.
13. „Wesen" oder „spirituelles Wesen" (engl. spirit) bezeichnet hier in Anlehnung an die deutsche Mystik den innersten spirituellen Kern des Menschen (Anm. d. Übers.)
14. Ken Wilber: *Halbzeit der Evolution.* München, Bern: Scherz Verlag, 1984, S. 43.
15. Joseph C. Pearce: *Die magische Welt des Kindes.* Köln: Eugen Diederichs Verlag, 1978, S. 36.
16. Hazrat Inayat Khan, *The Sufi Message* (Bd. 3). London: Barrie and Jenkins, 1971, S. 13.
17. William Wordsworth, a. a. O., S. 47.

Zweites Kapitel

1. J. D. Salinger: *Neun Erzählungen.* Reinbek: Rowohlt Taschenbuch 1069, S. 152
2. Marie Louise von Franz: *Die Suche nach dem Selbst. Individuation im Märchen.* München: Kösel Verlag, 1985, S. 23.
3. Franklin Jones: *The Knee of Listening.* Los Angeles: The Ashram, 1972, S. 9 f.
4. E. D. Starbuck: *The Psychology of Religion.* London: Walter and Scott, 1906, S. 194.
5. Zitiert in Ronald Goldman: *Religious Thinking from Childhood to Adolescence.* London: Routledge and Kegan Paul, 1964, S. 4.

6. Goldman, a. a. O.

7. Augusta Theodosia Drane: *The History of St. Catherine of Siena* (Bd. 1). London: Burns and Oates, 1880, S. 12 f.

8. A. Gilchrist: *The Life of William Blake.* Totowa, N. J.: Rowman and Littlefield, 1973, S. 7.

9. John Lilly: *Zentrum des Zyklons.* Frankfurt: Fischer Taschenbuch Verlag, 1976, S. 26.

10. Annette Hollander: *How to Help Your Child Have a Spiritual Life.* New York: Bantam, 1982, S. 21.

11. Persönliche Mitteilung, 2. Januar, 1985.

12. John Lilly, a. a. O., S. 26 f.

13. Abraham Maslow: *Psychologie des Seins.* Frankfurt: Fischer Taschenbuch Verlag, 1988, S. 83.

14. Sri Ramakrishna: *Das Vermächtnis.* München, Bern: Scherz/O.W. Barth, 1982.

15. K. R. S. Iyengar: *On the Mother: The Chronicle of a Manifestation and Ministry.* Pondicherry, Indien: Sri Aurobindo International Centre of Education, 1952, S. 4.

16. Jean Houston: *Der mögliche Mensch.* Basel: Sphinx Verlag, 1984, S. 274.

17. Edward Robinson: *The Original Vision: A Study of the Religious Experience of Childhood.* Oxford: The Religious Experience Research Unit, Manchester College, 1977, S. 32 f.

18. William James: *Die Vielfalt religiöser Erfahrung.* Olten: Walter Verlag, 1979, S. 369.

19. Ebenda.

20. Richard Maurice Bucke: *Die Erfahrung des kosmischen Bewußtseins.* Freiburg: Aurum Verlag, 2. Aufl. 1988.

21. Raymond A. Moody: *Leben nach dem Tod.* Reinbek: Rowohlt, 1977.

22. M. Morse: „A near-death experience in a 7-year-old child". In *American Journal of Diseases in Children.* 137, 1983, S. 959 ff.

23. Zitiert in Nancy Evans Bush: „The near-death experience in children: Shades of the Prison-House Reopening". In: *ANABIOSIS – The Journal for Near-Death Studies*, Bd. 3, Nr. 2, Dezember 1983, S. 3 f.

24. Paramahansa Yogananda: *Autobiographie eines Yogi.* München, Bern: Scherz/O. W. Barth, 1979, S. 20.

25. J. G. Neihardt: *Schwarzer Hirsch: Ich rufe mein Volk.* Köln: Lamuv Verlag, 1987.

26. Zitiert in Frances Wickes: *The Inner World of Childhood.* New York: Mentor, 1963, S. 83.

27. Psalmen 8 : 2.

28. C. G. Jung: *Über die Entwicklung der Persönlichkeit,* GW 17. Olten: Walter Verlag, 6. Auflage 1988, S. 20 f.

29. Annette Hollander: *How to Help Your Child Have a Spiritual Life,* a. a. O., S. 27 f.

30. Elisabeth Kübler-Ross: *Kinder und Tod.* Stuttgart: Kreuz Verlag, 1984, S. 246 ff.

31. Violet Madge: *Children in Search of Meaning.* New York: Morehouse-Barlow, 1966, S. 96.

32. Rhoda Kellog: *Analyzing Children's Art.* Palo Alto, Ca.: Mayfield, 1970.

33. Michael Fordham: *Das Kind als Individuum.* München: Ernst Reinhardt Verlag, 1974.

34. Edward Robinson: *The Original Vision,* a. a. O., S. 112.

35. Ebenda, S. 27 f.

36. Ebenda, S. 115.

37. Siehe z. B. Margaret Anderson und Rhea White: „A Survey of Work on ESP and Teacher-Pupil Attitudes". In *Journal of Parapsychology,* 22, 4, Dez. 1958, S. 246 ff.; und R. L. van de Castle: „A review of ESP tests carried out in the classroom". In *International Journal of Parapsychology,* 1, 2, 1959, S. 84 ff.

38. Berthold Schwartz: *Parent-Child Telepathy: A Study of the Telepathy of Everyday Life.* New York: Garrett Publications, 1971. S. 53.

39. Jan Ehrenwald: „Parent-child symbiosis: Cradle of ESP". In *The ESP Experience. A Psychriatric Validation.* New York: Basic Books, 1978.

40. Jamuna Prasad und Ian Stevenson: „A survey of spontaneous psychical experiences in school children in Uttar Pradesh, India". In *International Journal of Parapsychology,* 10 : 3, Herbst, 1968, 241 – 261, S. 250.

41. Ebenda, S. 251.

42. Elisabeth Kübler-Ross: *Kinder und Tod,* a. a. O., S.152 ff.

43. J. R. Musso: „ESP experiments with primary school children". In *Journal of Parapsychology,* 29, 1965, S. 115 ff.

44. James Peterson: „Some profiles of non-ordinary perception of children". Unveröffentlichte Magisterarbeit. University of California, Berkeley, Ca., 1974.

45. James Peterson: „Extrasensory abilities of children: An ignored reality?" In *Learning,* Dez. 1975, S. 11 ff.

46. James Peterson: „Some profiles of non-ordinary perception of children", a. a. O., S. 71 f. Die Namen der Kinder wurden geändert.

47. Siehe das fünfte Kapitel für eine Erörterung dieser „ätherischen" Ebene der Realität, wie sie in metaphysischen Begriffen beschrieben wird.

48. Matthew Manning: *The Link.* New York: Holt, Rinehart & Winston, 1975.

49. Joseph C. Pearce: *Die magische Welt des Kindes,* a. a. O., S. 183.

50. Ebenda, S. 177.

51. Siehe Jan Ehrenwald: „Parent-child symbiosis and the revolt of the poltergeist". In *The ESP Experience: A Psychriatic Validation,* a. a. O.

Drittes Kapitel

1. Helen Wambach: *Leben vor dem Leben.* München: Heyne Verlag, 1989, S. 184.

2. David Chamberlain: *Woran Babys sich erinnern.* München: Kösel Verlag, 1990.

3. Ebenda.

4. Siehe auch Thomas Verny und John Kelly: *Das Seelenleben des Ungeborenen.* Berlin: Ullstein, 1983.

5. Gordon W. Bronson: „Structure, status and characteristics of the nervous system at birth". In Peter Stratton (Hrsg.): *Psychobiology of the Human Newborn.* New York: John Wiley, 1982, S. 102.

6. Siehe neben Chamberlain auch Helen Wambach: *Leben vor dem Leben,*

a. a. O., und Stanislav Grof: *Topographie des Unbewußten.* Stuttgart, Klett-Cotta Verlag, 1978.

7. Die ersten drei Kräfte sind psychodynamisch (Freudianisch), behavioristisch und humanistisch.

8. Anthony J. Sutich: „Some considerations regarding transpersonal psychology". In *Journal of Transpersonal Psychology,* 1, 1969, 16. Ich werde den Begriff „transpersonal" im achten Kapitel in einem engeren Sinne verwenden. Anderswo im Buch ist damit die allgemeinere Definition von Sutich gemeint.

9. C. G. Jung: *Zwei Schriften über analytische Psychologie,* GW 7. Olten: Walter Verlag, 3. Aufl. 1988.

10. Eine gute historische Beschreibung von der Entwicklung der transpersonalen Psychologie findet sich bei Anthony Sutich : „The emergence of the transpersonal orientation: A personal account". In *Journal of Transpersonal Psychology,* 8, 1976, S. 5 ff.

11. Siehe auch J. W. T. Redfearn: „Ego, and self: Terminology". In *Journal of Analytical Psychology,* 23, 1983, S. 91 ff.

12. Siehe z. B. C. G. Jung: „Die Bedeutung der analytischen Psychologie für die Erziehung" in *Psychologie und Erziehung,* GW 17. Für eine Neo-Jungianische Interpretation siehe Erich Neumann: *Das Kind. Struktur und Dynamik der werdenden Persönlichkeit.* Fellbach: Bonz Verlag, 1985.

13. C. G. Jung: *Erinnerungen, Träume, Gedanken.* Olten: Walter Verlag, 1986, S. 18 f.

14. Ebenda, S. 21.

15. C. G. Jung: „The stages of life". In Joseph Campbell (Hrsg.): *The Portable Jung.*New York: Viking, 1971.

16. Frances Wickes: *The Inner World of Childhood.* New York: Mentor, 1966, S. ix.

17. Dora M. Kalff: *Sandspiele.* Zürich: Rentsch Verlag, 2. Aufl. 1979, S. 51 ff.

18. Roberto Assagioli: *Handbuch der Psychosynthesis.* Freiburg: Aurum, 1978, S. 55.

19. Ebenda.

20. Das „höhere Selbst" ist nicht das gleiche wie Jungs Selbst, obwohl sie einige Ähnlichkeiten aufweisen.

21. Roberto Assagioli: *The education of gifted and supergifted children.* New York: Psychosynthesis Research Foundation, 1960.

22. Jack Canfield und Paula Klimek: „Education in the new age". In *New Age,* Febr. 1978, S. 32f.

23. Ebenda.

24. John Welwood: „Meditation and the unconscious: A new perspective". In John Welwood (Hrsg.): *The Meeting of the Ways.* New York: Schocken, 1979, S. 161.

25. Ebenda.

26, Ebenda, S. 166.

27. John Welwood: „On psychological space". In *The Journal of Transpersonal Psychology,* 9:2, 1977, S. 109.

28. Ken Wilber: *Das Atman-Projekt.* Paderborn: Junfermann Verlag, 1990, S. 88.

29. Eine Erörterung der anderen vier Arten des Unbewußten würde den Rahmen dieses Buches sprengen. Siehe dazu Ken Wilber: Die drei Augen der Erkenntnis. *München: Kösel Verlag, 1988.*

30. Ebenda, S. 147.

31. Ken Wilber: Das Atman-Projekt, a. a. O., S. 155.

32. Das können natürlich gleichwertige Arten sein, mit unterschiedlicher Terminologie und mit einem anderen konzeptionellen Rahmen über dieselben Dinge zu sprechen.

Viertes Kapitel

1. Hazrat Inayat Khan: „The Education of the Baby". In *The Sufi Message* (Bd. 3). London: Barrie and Jenkins, 1960, S. 34 f.

2. Otto Rank: *Der Mythus von der Geburt des Helden.* Leipzig, 1922 (zit. n. d. engl. Ausg.: *The Myth of the Birth of the Hero and Other Writings.* New York: Vintage, 1964, S. 65).

3. Die folgenden Berichte erscheinen in Anlehnung an die Texte in *Der Mythus von der Geburt des Helden,* a. a. O.

4. Joseph Campbell: *The Mythic Image.* Princeton, N. J.: Princeton University Press, 1974, S. 44.

5. Rank, a. a. O., S. 71.

6. R. D. Laing: *Die Tatsachen des Lebens.* Reinbek: Rowohlt Taschenbuch Verlag, 1981, S. 28 ff.

7. Die gegenwärtige Debatte über die Ursprünge des Menschen zwischen den Anhängern der Schöpfungstheorie und denen der Evolutionstheorie wird vermutlich so lange anhalten, bis die zweifaltige Entwicklungslinie (vom Wesen abwärts / vom Körper aufwärts) auf die Menschheit als Ganzes Anwendung findet. Jede Seite hält ein Teil des Puzzles.

8. Ken Wilber hat in *Halbzeit der Evolution* versucht, diesen zweifaltigen Aspekt der Ursprünge des Menschen durch ein Einstülpen des Spirituellen in das Materielle zu lösen. Eden war aus seiner Sicht gar nicht transpersonal, sondern ein Zustand der präpersonalen Ignoranz.

9. H. P. Blavatsky: *Die Geheimlehre.* Adyar Verlag, 2. Aufl. 1984.

10. 1. Moses 2-3.

11. Thomas J. Hopkins: *The Hindu Religious Tradition.* Encino, Ca.: Dickenson Publ., 1971, S. 101.

12. Richard Cavendish: *Man, Myth and Magic.* London: Cavendish, 1983, S. 2851.

13. Ebenda.

14. Siehe z. B. Roy Stemman: *Atlantis and the Lost Lands.* Garden City, N. J.: Doubleday and Company, 1977.

15. Siehe z. B. Charles Berlitz: *Geheimnisse versunkener Welten.* Bergisch-Gladbach: Lübbe Verlag, 1990.

16. Edwin Bernbaum: *Der Weg nach Shambhala.* Freiburg: Verlag Hermann Bauer, 1988, S. 268 f.

17. Ebenda, S. 269.

18. Clifford John Williams: „The Lord's song in a strange land". In *The Spiritual Hunger of the Modern Child: A Series of Ten Lectures.* Charles Town, W. Va.: Claymont Comm. 1984, S. 32.

19. Siehe auch Erich Neumann: *The Great Mother.* Princeton, N. J.: Princeton University Press, 1972.

20. Siehe insbesondere die Kapitel „Die Muttertötung“ und die „Vatertötung“ in Erich Neumann: *Ursprungsgeschichte des Bewußtseins.* Frankfurt: Fischer Taschenbuch Verlag, 1984, S. 127 ff.

21. Bernbaum, a. a. O., S. 273.

22. Joseph Campbell: *Der Heros in tausend Gestalten.* Frankfurt: Suhrkamp Verlag, 1978, S. 75.

23. Frances Wickes: *The Inner World of Childhood,* a. a. O., S. 257 f.

Fünftes Kapitel

1. Zitiert in Narayan Prasad: „Sparks of Psychic Fire“ in *Education for a New Life.* Pondicherry, Indien: Sri Aurobindo Ashram Press, 1976, S. 10.

2. Ian Stevenson: *Cases of the Reincarnation Type, Vol. 4, Twelve Cases in Thailand and Burma.* Charlottesville, Va.: University Press of Virginia, 1983, S. 12f.

3. Ian Stevenson: „The explanatory value of the idea of reincarnation“. In *The Journal of Nervous and Mental Disease,* 164, 1977, S. 307 f.

4. Siehe auch Ian Stevenson: *Reinkarnation. Der Mensch im Wandel von Tod und Wiedergeburt.* Freiburg: Aurum Verlag, 5. Aufl. 1986.

5. Huston Smith: *Forgotten Truth.* New York: Harper & Row, 1967, S. 62.

6. Ebenda, S. 74.

7. Rupert Sheldrake: *Das schöpferische Universum.* München: Goldmann Taschenbuch Verlag, 1987, S. 71. Die morphogenetische Feldtheorie ist nicht nur auf das ätherische, sondern auch auf alle anderen Gebiete der esoterischen Psychologie anwendbar, da sie, laut Sheldrake, „selbst in ihrer Organisation hierarchisch“ sind. Man muß beachten, daß Joseph C. Pearce (und Ken Wilber) Erde/Mutter als die primäre Matrix betrachten, die M-Feld-Theorie und die esoterische Psychologie dagegen meinen, die physische Materie werde im wesentlichen von höher formativen Matrices geprägt. Hier sehen wir einmal mehr den Unterschied zwischen den Zugängen „vom Körper aufwärts“ und denen „vom Wesen abwärts“ zu lebenden Systemen und der Psyche.

8. Siehe Dolores Krieger: *Therapeutic Touch.* Englewood Cliffs, N. J.: Prentice Hall, 1979.

9. Siehe C. W. Leadbeater: *The Astral Plane.* Adyar, Indien: The Theosophical Publishing House, 1973.

10. Siehe Annie Besant und C. W. Leadbeater: *Thought-Forms.* Wheaton, Ill.: Quest Books, 1969.

11. I. K. Taimni: *A Way to Self-Discovery.* Wheaton, Ill.: Quest Books, 1970, S. 134 f.

12. Aus Thomas Armstrong: „Transpersonal Experience in Childhood“. In *Journal of Transpersonal Psychology,* 1984, 16:2, S. 215. Die Ebenen der Persönlichkeitsentwicklung sind angelehnt an Rudolf Steiner: „Die Erziehung des Kindes vom Gesichtspunkte der Geisteswissenschaften“. In: *Rudolf Steiner Gesamtausgabe,* Band 34. Dornach: Verlag der Rudolf Steiner Nachlaßverwaltung, 1960, S. 309 ff.

13. Siehe Rudolf Steiner: *A Modern Art of Education.* London: Rudolf Steiner Press, 1972, S. 80.

14. Laurence J. Bendit und Phoebe Bendit: *Die Brücke des Bewußtseins.* Graz: Adyar Verlag, 2. Aufl. 1976. (Zitiert nach der engl. Ausgabe, S. 57.) Wie im Text erwähnt, sind die Chakras Zentren von Bewußtsein, durch die die Energien der ver-

schiedenen Felder der Psyche integriert und synthetisiert werden. Nach der indischen Metaphysik gibt es sieben Chakras. Das unterste oder erste Chakra liegt am Ende der Wirbelsäule und reguliert den Überlebensinstinkt des Menschen. Das zweite ist nahe bei den Genitalien und hat mit der sexuellen Energie zu tun. Das dritte liegt beim Solarplexus und steht in Beziehung zu Macht und Aggression. Das vierte Chakra ist im Herzzentrum und die Quelle mitfühlender und liebender Energie. Das fünfte liegt am Kehlkopf, und man sagt, es verstärke die Sehnsucht und die Suche nach Gott. Das sechste wird oft als das „dritte Auge" bezeichnet. Es liegt etwas über der Nasenwurzel auf der Stirn. Das siebte Chakra schließlich sitzt auf dem Scheitelpunkt des Kopfes und ist der „tausendblättrige Lotus", der das Individuum mit der Ewigkeit verbindet. Die Chakras wirken je nach der relativen Entwicklung des einzelnen Menschen auf unterschiedlichen Ebenen von Aktivität.

15. Ebenda.

16. Siehe Joseph Head und S. L. Cranton: *Reincarnation: An East-West Anthology.* Wheaton, Ill.: The Theosophical Publishing House, 1981.

17. W. Y. Evans-Wentz (Übers.): *Das tibetanische Totenbuch.* Olten: Walter Verlag, 18. Aufl. 1986.

Sechstes Kapitel

1. *Schwarzer Hirsch: Die heilige Pfeife.* Olten: Walter Verlag, 4. Aufl. 1982.

2. C. G. Jung: „Zur Psychologie des Kindarchetypus". In *Archetyp und Unbewußtes, Grundwerk Bd. 2.* Olten: Walter Verlag, 3. Aufl. 1989, S. 176.

3. Joseph Campbell: *The Mythic Image.* Princeton, N. J.: Princeton University Press, 1974, S. 287.

4. C. Kerenyi: „The primordial child in primordial times". In *Essays on a Science of Mythology.* New York: Harper & Row, 1963.

5. G. W. Meek (Hrsg.): *Healers and the Healing Process.* Wheaton, Ill.: The Theosophical Publishing House, 1977, S. 29.

6. Bendit und Bendit: *Die Brücke des Bewußtseins,* a. a. O.

7. Siehe Geoffrey Hodson: *The Miracle of Birth,* a. a. O. (siehe Anm. 12 zu Kap. 1).

8. Joan Halifax: *Schamanen, Zauberer, Medizinmänner, Heiler.* Frankfurt: Insel Verlag, 1983 (zit. n. d. engl. Ausg., S. 11).

9. Ninian Smart: *The Religious Experience of Mankind.* New York: Charles Scribner's Sons, 1976, S. 375 f.

10. Persönliche Mitteilung, Okt. 1983.

11. Joseph C. Pearce: *Die magische Welt des Kindes,* a. a. O., S. 176 f.

12. J. Harrison, zitiert in Michael Fordham: *Children as Individuals.* New York: Putnam's Sons, 1969, S. 32.

13. Peter Morley und Roy Wallis (Hrsg.): *Culture and Curing: Anthropological Perspectives on Traditional Medical Beliefs and Practices.* London: Peter Owne, 1978, S. 42.

14. Joseph Campbell: *Lebendiger Mythos.* München: dianus-trikont Verlag, 1985, S. 218.

15. Lyall Watson: *Der unbewußte Mensch.* Moderne Verlagsgesellschaft, 1989.

16. In einem Artikel von Maureen O'Hara wird der Wahrheitsgehalt dieser Geschichte in Frage gestellt: „Of Myths and Monkeys". In *Journal of Humanistic Psy-*

chology, 25:1, 1985, S. 61 ff. Im Rahmen dieses Buches interessiert uns jedoch weniger die kritische Masse als die Tatsache, daß diese Veränderungen von einem Affenkind eingeleitet wurden.

17. Obwohl Kinder auf dem Weg „vom Körper aufwärts" stark von den Strukturen ihrer Kultur beeinflußt werden, scheinen sie außerdem etwas Einzigartiges oder Originäres in diesen Austausch einzubringen, das ein Produkt ihrer Reise „vom Wesen abwärts" sein könnte.

18. Kornej Tschukowski: *From Two to Five.* Berkeley: University of California Press, 1963.

19. Lewis Thomas: *Late Night Thoughts on Listening to Mahler's Ninth Symphony.* New York: Viking, 1983, S. 60 f.

20. Derek Bickerton: „Creole Languages". In *Scientific American,* 249, Juli 1982, S. 116 ff.

21. John M. Chernoff: „Music-making children of Africa". In *Natural History,* 88, 1979, S. 75.

22. Jeremy Bernstein: *Einstein.* Harmondsworth: Penguin, 1973, S. 16.

23. John B. Schaffer und David M. Glinsky: *Models of Group Therapy and Sensitivity Training.* Englewood Cliffs, N. J.: Prentice-Hall, 1974, S. 108 f.

24. Erich Neumann: „Leonardo da Vinci und der Mutterarchetypus". In *Kunst und schöpferisches Unbewußtes.* Daimon Verlag, 2. Aufl. 1980.

25. Zitiert in Marshall McLuhan: *Das Medium ist Massage.* Frankfurt: Ullstein Verlag, 1969, S. 93.

26. Ashley Montagu: *Zum Kind reifen.* Stuttgart: Klett-Cotta Verlag, 1984.

27. Dan Kiley: *Das Peter Pan Syndrom.* Kabel Verlag, 1987.

28. Marie Louise von Franz: *Der ewige Jüngling.* München: Kösel, 1987.

29. Ebenda, S. 25.

30. Wilhelm Reich: *Charakteranalyse.* Köln: Kiepenheuer & Witsch, 1989.

31. Arthur Janov: *Der Urschrei.* Frankfurt: Fischer Taschenbuch Verlag, 11. Aufl. 1988.

32. Bob Hoffmann: *No One is to Blame: Getting a Loving Divorce from Mom and Dad.* Palo Alto, Ca.:Science and Behavior Books, 1979.

33. Muriel James und Dorothy Jongeward: *Spontan leben.* Reinbek: Rowohlt Verlag, 1986.

34. James Vargiu: „Subpersonalities". In *Synthesis,* 1:1, 1974, WB 9 ff.

35. C. G. Jung: *Erinnerungen, Träume, Gedanken.* Olten: Walter Verlag, 6. Aufl. 1988, S. 177.

36. Siehe dazu Ken Wilber: *A Sociable God: Toward a New Understanding of Religion.* Boulder, Co.: Shambhala, 1984.

37. M. G. Eshelmann und B. B. Bert: „Threes and eighty-threes: growing together". In *Day Care and Early Education,* Frühj. 1981, S. 7 ff.

38. „Back from world peace mission" In *San Francisco Chronicle,* 15. 1. 1984 B.

39. „Children arrive for peace prizes". *San Francisco Chronicle,* 29. 5. 1984.

40. Gail Pierce: „Children's gardens". In *New Age,* Okt. 1983.

41. C. G. Jung: „Die Psychologie des Kindarchetyps", a. a. O., S. 188.

Siebtes Kapitel

1. C. G. Jung: „Zwei Schriften über analytische Psychologie", GW 7, S. 158.

2. William James: *Principles of Psychology.* Cambridge, Mass.: Harvard University Press, 1983, S. 462.

3. C. G. Jung: „Die Lebenswende", GW 8, S. 446.

4. Stanislav Grof: *Topographie des Unbewußten.* Stuttgart: Klett-Cotta, 1978.

5. Siehe z.B. Ken Wilber: *Das Spektrum des Bewußtseins.* München/Bern: Scherz Verlag, 1987.

6. Ken Wilber: *Das Atman-Projekt,* Paderborn: Junfermann Verlag, 1990, S. 10.

7. Ken Wilber: „The pre/trans fallacy". In *Re-Vision,* 3:2, 1980, S. 51 ff.

8. Ken Wilber: *Das Atman-Projekt,* a. a. O., S. 153.

9. Ebenda, S. 267.

10. Abraham Maslow: *The Farther Reaches of Human Nature.* New York: Viking, 1971, S. 256.

11. In Indien verehren Millionen das Bild von Krishna als Kind als eine Manifestation von Vollkommenheit.

12. Chögyam Trungpa: *Born in Tibet.* Baltimore, MD: Penguin, 1971.

13. C. G. Jung: „Die psychologischen Aspekte des Mutterarchetypus". In *Archetyp und Unbewußtes.* Olten: Walter Verlag 1984, S. 145 f.

14. Siehe Verny/Kelly: *Das Seelenleben des Ungeborenen,* a. a. O. (siehe Anm. 4 zu Kap. 3).

15. Aus Thomas Armstrong: „Transpersonal Experience in Childhood". In *Journal of Transpersonal Psychology,* 16:2, 1984, S. 222. Mit frdl. Genehmigung des Transpersonal Institute.

16. Zu Wilbers dreifältiger Unterscheidung – präpersonal, personal, transpersonal – siehe auch das Kapitel „States of consciousness" in J. White (Hrsg.): *The Highest State of Consciousness.* New York: Anchor, 1972.

17. Dieses Schema setzt keinen Glauben an Reinkarnation voraus, um ein breiteres Entwicklungsspektrum zu erklären. Dieses größere Spektrum könnte auch die Ausrichtung oder Offenheit eines Individuums für sein eigenes tieferes Selbst beschreiben, ohne Hinweis auf eine frühere Existenz zu geben.

18. Das heißt dann auch nicht, daß sehr „junge" Seelen absolut von transpersonalen Erfahrungen ausgeschlossen sind. In manchen mystischen Erzählungen geht es um Anfänger, die gerade erst ihre lange Reise zu Gott antreten. Ihnen wird die Gnade des transzendentalen Erwachens zuteil, und sie überspringen in dem Prozeß einen Großteil des mittleren Feldes.

19. John H. Flavell: *The Developmental Psychology of Jean Piaget.* New York: Van Nostrand, 1963, S. 22 f.

20. Siehe Verny/Kelly: *Das Seelenleben des Ungeborenen,* a. a. O.

21. Erich Neumann: *Ursprungsgeschichte des Bewußtseins,* a. a. O., S. 28.

22. Ebenda, S. 30.

23. Ebenda, S. 31.

24. Das Problem liegt hier zum Teil in der Art, in der Wilber strukturell transpersonale mit personalen und präpersonalen Ebenen gleichsetzt, als ob man die transpersonalen Ebenen einfach wie ein Legosteinchen an die personalen und präpersonalen dranstecken könnte. („Wenn wir all diese höheren Stufen den niederen und mittleren hinzufügen, die die westliche Psychologie so sorgfältig beschrieben und untersucht hat, erhalten wir ein ziemlich ausgewogenes und umfassendes Modell vom Spektrum des Bewußtseins." *Das Atman-Projekt,* S. 16.). Denn: Transpersonale Strukturen, die die tiefreichendsten Bestandteile der Psyche ausmachen, können

nicht einfach als spätere Bereiche der Entwicklung bezeichnet werden. Es handelt sich um *trans*-personale, nicht um *post*-personale Strukturen. Als solche gehen sie über die Entwicklungsstrukturen der Persönlichkeit (präpersonal und personal) hinaus. Sie sind nicht einfach das, was nach diesen niedereren Ebenen kommt. Die transpersonalen Ebenen liegen ebenso den präpersonalen wie personalen zugrunde, wie sie auf komplexe Weise auf sie einwirken. Wilber hat die Anordnung der Ebenen in der Psyche mit dem Aufbau der geologischen Schichten der Erde verglichen: „Sehr ähnlich der geologischen Entstehung der Erde schreitet auch die psychische Entwicklung Schicht um Schicht, Ebene um Ebene, Stufe um Stufe fort, wobei jede Ebene ihre Vorgängerin überlagert, und zwar so, daß sie diese enthält, sie aber gleichzeitig auch transzendiert" (*Das Atman-Projekt*, S. 14). Dieser Vergleich kann für die Komplexität der individuellen menschlichen Entwicklung nicht gelten. Wie Neumann richtig anmerkt: „In der Einzelentwicklung, vielleicht auch in der des Kollektivs, liegen diese Schichten nicht in schöner Geordnetheit übereinander, sondern wie in der geologischen Schichtung der Erde können frühe Schichten nach oben, späte Schichten nach unten verschoben sein." (*Ursprungsgeschichte des Bewußtseins*, a. a. O., S. 45.)

Achtes Kapitel

1. Zitiert in Walter de la Mare: *Early One Morning in the Spring*. New York: Macmillan, 1935, S. 193.
2. Samuel Young: *Psychic Children*. Garden City, N. Y.: Doubleday, 1977, S. 115 f.
3. J. C. Pearce: *Die magische Welt des Kindes*, a. a. O. (siehe Anm. 14 zu Kap. 1).
4. E. Bruce Taub-Bynum: *The Family Unconscious*. Wheaton, Ill.: Theosophical Publishing House, 1984.
5. C. G. Jung: „Analytische Psychologie und Erziehung", GW 17.
6. R. D. Laing: *Die Politik der Familie*. Reinbek: Rowohlt Taschenbuch Verlag, 1979.
7. Die Arbeit von Joseph C. Pearce beschreibt besonders klar, wie dieser Prozeß im Leben des Kindes stattfindet. Siehe *Die magische Welt des Kindes*, a. a. O.
8. Wenn die Gesellschaft ungewöhnliche Erfahrungen in ihr kulturelles Gewebe aufnehmen würde, müßte diese „personale" Kategorie wahrscheinlich in ganz anderen Begriffen beschrieben werden (d. h., es könnte schwieriger sein, die Art von Unterscheidungen vorzunehmen, die ich zwischen den Kategorien gemacht habe).
9. Für eine kulturvergleichende Bestandsliste der vielen Arten von Wissen, das von einer Generation an die nächste weitergegeben wird (und die Art der Weitergabe), siehe Jules Henry: *On Education*. New York: Random House, 1966.
10. Ernest Hilgard: „Imaginary Companions in Childhood". In *Personality and Hypnosis*. Chicago: The University of Chicago Press, 1970.
11. J. Louise Despert: *Schizophrenia in Children*. New York: Brunner/Mazel Publ., 1968, S. 13.
12. Siehe etwa Katherine Briggs: *An Encyclopedia of Fairies*. New York: Random House 1976, und Geoffrey Hodson: *Fairies at Work and at Play*. Wheaton, Ill.: The Theosophical Publishing House, 1982.

13. James Peterson: „Some profiles of non-ordinary perception of children", a. a. O., S. 85. Die Namen von Kind und „Begleiter" wurden geändert.

14. Charles Cayce: „Parapsychology of children", Kassette, Child Quest Conference, Searchlight Seminars, Walnut Creek, Ca., Okt. 1978.

15. Frances Wickes: *The Inner World of Childhood*, a. a. O., S. 156 f.

16. Ernest Hilgard: „Imaginary Companions in Childhood", a. a. O.

17. Edith Cobb: *The Ecology of Imagination in Childhood.* New York: Columbia University Press, 1977, S. 81 f.

18. Samuel Young: *Psychic Children*, a. a. O., S. 116 f.

19. Ebenda, S. 117.

20. Ebenda, S. 117 f.

21. Ebenda, S. 114.

22. Ebenda.

23. Zugleich muß man sehen, daß diese Erfahrungen auch hier, wie bei anderen Ebenen und Stadien der Entwicklung, über Elemente sowohl der subpersonalen wie der suprapersonalen Kategorien verfügen. Im zehnten Kapitel werden wir sehen, daß die Erfahrungen des Kindes paradoxerweise oft gleichzeitig die von der Erde und die vom spirituellen Wesen sind. Es scheint daher weiterhin geraten, diese Kategorien als allgemeine Unterscheidungen beizubehalten, aber keine starren Regeln anzuwenden.

24. Frances Wickes: *The Inner World of Childhood*, a. a. O., S. 192.

25. Ebenda.

26. William Wordsworth: *Ode: Ahnungen der Unsterblichkeit...*, a. a. O. (siehe Anm. 6 zu Kap. 1).

Neuntes Kapitel

1. Botschaft an eine indische Montessori-Schule, 1942.

2. George Arundale: *The Bedrock of Education.* Adyar, Indien: Theosophical Publishing House, 1924, S. 26.

3. Kahlil Gibran: *Der Prophet.* Olten: Walter Verlag, 1988.

4. Hazrat Inayat Khan: *The Sufi Message*, Bd. 3, a. a. O., S. 28.

5. Rudolf Steiner: *The Kingdom of Childhood.* London: Rudolf Steiner Press, 1982, S. 20.

6. Zitiert in Annette Hollander: *How to Help Your Child Have a Spiritual Life*, a. a. O., S. 27.

7. Ebenda, S. 21.

8. Charles Cayce: „How to work with children with psychic sensitivity", (Kassette). Child Quest Conference, Searchlight Seminars, Walnut Creek, Ca., Okt. 1978.

9. Podiumsdiskussion „The world of the psychic child", (Kassette). Child Quest Conference, Searchlight Seminars, Walnut Creek, Ca., Okt. 1978.

10. Steiner sagt über Lehrer und Erziehung: „Es entsetzt mich immer, einen Lehrer zu sehen, der mit dem Buch in der Hand vor der Klasse steht und daraus lehrt... Das Kind scheint das mit seinem oberen Bewußtsein nicht zu bemerken, das ist wohl wahr; aber wenn man sich dieser Dinge bewußt ist, sieht man, daß die Kinder unterbewußte Weisheit haben und sich fragen: Er weiß ja selbst nicht, was ich lernen soll. Warum soll ich lernen, was er nicht weiß?" (Zitiert nach der engl. Ausgabe: *The Kingdom of Childhood*, a. a. O., S. 68.) Das heißt nicht, daß Sie Ihrem Kind

nicht vorlesen sollten. Es gibt viele wunderbare und einfallsreiche Geschichten, Gedichte und Erzählungen, die so mitgeteilt werden sollen. Meiner Meinung nach will Steiner an dieser Stelle darauf hinweisen, daß Eltern und Lehrer ein Buch nicht als Ersatz für wahres inneres Wissen benutzen sollen.

11. Cayce: „How to work with children with psychic sensitivity", a. a. O. Cayce meint, Gruppen für übersinnlich begabte Kinder könnten nützlich und unterstützend sein, wenn sie sehr einfühlsam entwickelt werden.

12. C. G. Jung: „Analytische Psychologie und Erziehung", GW 17 (siehe Anm. 12 zu Kap. 3).

13. Erik Erikson: *Kindheit und Gesellschaft.* Stuttgart: Klett-Cotta Verlag, 9. Aufl. 1984, S. 245.

14. Ich muß meine Kritik von geführter Imagination und Meditation insofern einschränken, als ihr Gebrauch unter bestimmten Bedingungen angemessen sein kann. Sie haben sich für Kinder beim Erlernen der schulischen Fertigkeiten (wie Lesen) als nützlich erwiesen, wo andere Methoden versagt haben. Ebenso können sie bei der Arbeit mit emotional behinderten oder verhaltensgestörten Kindern dienlich sein. Diese Aktivitäten müssen jedoch das Kind selbst stärken, in Zusammenhang mit anderen Aktivitäten angewandt werden und in sinnvoller Verbindung zu den Bedürfnissen und Interessen des Kindes stehen.

15. Hazrat Inayat Khan: *The Sufi Message*, Bd. 3, a. a. O., S. 76 f.

16. Edith Sullwood: „Treatment of Children in Analytical Psychology". In Murray Stein (Hrsg.): *Jungian Analysis.* Boulder, Colo.: Shambhala, 1984, S. 240.

17. Philip Zaleski: „The New Age Interview: Elisabeth Kübler-Ross". In *New Age*, Nov. 1984, S. 41.

18. Ernest Pecci: „Psychic dimensions of schizophrenia and autism in children", (Kassette). Child Quest Conference, Searchlight Seminars, Walnut Creek, Ca., Okt. 1978.

19. Eine Ausnahme bildet hier Earl Ogletree: „Intellectual Growth in Children and the Theory of ‚Bioplasmic Forces'". In Thomas B. Roberts (Hrsg.): *Four Psychologies Applied to Education.* Cambridge, Ma.: Schenkman Publ., 1975. Hier werden Steinersche Prinzipien auf zeitgenössische Fragen der Entwicklungspsychologie angewendet.

20. Ian Stevenson: „The explanatory value of the idea of reincarnation" (siehe Anm. 3 zu Kap. 5).

21. Maya Pines: „Good Samaritans at Age Two?" In *Psychology Today*, Juni 1979, S. 66 ff.

Zehntes Kapitel

1. In Walter de la Mare: *Early One Morning in Spring.* New York: Macmillan, 1935, S. 99.

2. Edward F. Edinger: *Ego and Archetype.* New York: J. P. Putnam's, 1972, S. 11.

3. Eine gute Quelle für die Vielfalt der Bilder, die historisch mit Kindheit zu tun haben, ist Philippe Aries: *Die Geschichte der Kindheit.* München: Deutscher Taschenbuch Verlag, 1978.

4. Friedrich Nietzsche: *Gesammelte Werke*, Bd.13/3. München: Musarion Verlag, 1925.

5. Siehe Elsworth Baker: *Der Mensch in der Falle.* München: Kösel Verlag, 1980.

6.Siehe Arthur Avalon: *Die Schlangenkraft.* München/Bern: O. W. Barth/Scherz, 3. Aufl. 1978.

7. Carl Kerenyi: „The primordial child in primordial times", a. a. O., S. 50.

8. Faust II, 3. Akt.

9. C. G. Jung: „Zur Psychologie des Kindarchetypus" a. a. O.

10. Siehe Jungs Beschreibung dieses Traumes im dritten Kapitel.

11. In Edith Cobb: *The Ecology of Imagination in Childhood,* a. a. O., S. 90.

12. Ebenda.

13. Bendit und Bendit: *Die Brücke des Bewußtseins,* a. a. O. (zit. n. d. engl. Ausg., S. 64).

14. Siehe Ursula K. LeGuin: „The child and the shadow". In *The Language of the Night.* New York: Berkley Books, 1982.

15. Frank Haronian: „The repression of the sublime". In *Synthesis,* 1, 1974, S. 51 ff.

Dr. Thomas Armstrong ist internationaler Berater in Schul- und Bildungsfragen und Autor verschiedener Bücher zur erweiterten Pädagogik.

NIZHONI SCHOOL FOR GLOBAL CONSCIOUSNESS

Gegründet von Chris Griscom

Spirituelle Erziehung für alle, die ein mehrdimensionales Leben und sich selbst durch einen Weg des globalen Bewußtseins entdecken möchten.

- Die Schule der kleinen Wesen (6-12 Jahre) oder Die Grundschule
- Die Hohe Schule (13-18 Jahre) oder Das Gymnasium
- Die Akademien (ab 18 Jahren) oder Die Universität
    - Die Akademie für Kunst und Ausdruck
    - Die Schule für globalen Handel und Gewerbe
    - Die Akademie für Ökologie und Energie
    - Die Schule für Sprache und Kommunikation
    - Die Schule für Theologie
- Intensivseminare für Erwachsene mit Chris Griscom
- Internationale Sommer- und Winter-Abenteuer für Schüler
- Intensiv-Sprach-Seminare

Um nähere Informationen zu erhalten, schreiben Sie bitte an:

The Nizhoni School
Route 14, Box 203
Santa Fe (La Cienega), NM 87505
USA

Telefon: 001 - 505 - 473 - 4848
Telefax: 001 - 505 - 473 - 2002

Hinweis an den Leser

Wir verstehen Spiritualität nicht als momentane Strömung der Esoterik, sondern als Erfahrung der Qualität des Seins.

Gerade im Bereich der Bildung und Erziehung bedarf dieses einer starken Akzeptanz und Einbeziehung der praktischen Anwendung.

Wir unterstützen den Aufbau eines Informations-Pools zu diesem Thema, um später verstärkt in der Öffentlichkeit zu wirken. Soweit Sie Forschungen, Kontaktadressen, eigene Erlebnisse oder Erfahrungen in Projekten mit Kindern haben und mit zum Aufbau dieses Pools beitragen möchten, richten Sie Ihr Schreiben bitte an:

Dr. med. Johannes Schinkel oder an Dr. phil. Siegmar Gerken c/o SYNTHESIS, Postfach 14 32 06, D-45262 Essen.

Wir werden Ihre Information weiterleiten. Bitte haben Sie Verständnis, daß **Anfragen nur mit beiliegendem Rückporto** beantwortet werden können, und es etwas Zeit in Anspruch nimmt.

Vielen Dank

Core Energetics

Core Energetik ist eine energie- und bewußtseinsorientierte Körperpsychotherapie. Sie ist eine Weiterentwicklung der psychoanalytischen Arbeit von W. Reich; Bioenergetik (entwickelt durch Dr. Lowen und Dr. Pierrakos); Eva Pierrakos' Pfadlesungen und der umfassenden ganzheitlichen Formulierung durch Dr. med. John C. Pierrakos.

Core Energetik Intensives

mit Rhythm Art, Rolf Exler als Gastmusiker, Körper-Rhythmus-Therapie

Siegmars Ansatz der Core Energetik läßt Dich in Deinem eigenen Weg mit selbstgesetzten Grenzen und oft verdrängtem Material in Berührung kommen. Diesen Prozeß werden wir dann in den folgenden Tagen vertiefen und Dich auch in den Prozeß The Wild Thing® leiten, der Dich mit den Energien Deiner oft unbekannten Schatten oder dunklen Seiten in Kontakt bringt. Der freie Ausdruck dieser gebundenen Lebenskraft ermöglicht die Erfahrung und Integration dieser Energien und bereitet den Raum für Heilung und Meditation.

In all seinen Workshops wird Siegmar auch die von ihm für den Gruppenprozeß entwickelte Intentionssuche - Intention Quest® durchführen, einem intensiven Prozeß, entwickelt aus dem Verständnis der amerikanischen Indianer einer tiefen, spirituellen Visionssuche - Vision Quest.

Sei bereit für die ursprüngliche Lebendigkeit und feine Intensität dieser Gruppe und für die Chance und Freiheit, Deinen Körper, Deine Gefühle, Geist, Willen und Dein spirituelles Selbst zu entdecken, tiefer zu erfahren und zu integrieren.

Dr. phil. Siegmar Gerken, Studium der Anthropologie, Pädagogik und Psychologie. Mitarbeiter der Free Clinic in Heidelberg 1972. Dort die erste Begegnung mit der Humanistischen Psychologie. In den folgenden Jahren dann in Europa und USA Therapie- und Fortbildungsseminare. Siegmar ist Direktor des Institutes für Core Energetik in Wessobrunn. »Die Erfahrungen der grundlegenden neuen Therapieformen und ihrer Begründer sowie spiritueller Meister unserer Zeit, ließ mich nach einer Synthese und Integration meines therapeutischen Prozesses mit meinem eigenen spirituellen Leben suchen. Dies führte mich zur Core Energetik. 1982 begann ich meine Ausbildung mit J. C. Pierrakos und assistierte ihm als CE-Therapeut seit 1985; Ausbilder im CE-Trainingsteam.

Bodo Baginski & Shalila Sharamon **REIKI — Universale Lebensenergie**
Reiki wird als jene Kraft definiert, die die Grundlage allen Lebens bildet. Diese universale Lebensenergie kann durch entsprechende Einstimmungen in jedem Menschen geweckt und aktiviert werden, so daß sie als heilende, ordnende und harmonisierende Kraft durch seine Hände fließt. Reiki bewirkt eine Heil-Werdung im ursprünglichen Sinn, denn es führt den Menschen zu einer Harmonie mit sich selbst und den grundlegenden Kräften des Universums zurück. Die Autoren Bodo J. Baginski und Shalila Sharamon beschreiben in diesem Buch ihre Erfahrungen mit der Reiki-Heilkunst bei Menschen, Tieren und Pflanzen. Sie schreiben über den Ursprung und die Geschichte des Reiki, seine Wirkungsweise, wie man Reiki erlernt, erläutern die verschiedenen Anwendungsmöglichkeiten und geben viele nützliche und hilfreiche Tips für die Praxis des Reiki. Darüber hinaus enthält das vorliegende Buch ein Verzeichnis über die Hintergrundbedeutung von über 200 Krankheitssymptomen aus geistiger Sichtweise. **240 Seiten**

Fran Brown **Reiki-Leben – Großmeisterin Takatas Lehren**
Geschichten aus dem Leben von Hawayo Takata.
Reiki ist Lebensenergie. Im Usui-System des Natürlichen Heilens wird diese Energie geehrt und als Leitfaden des täglichen Lebens genutzt. Sie bietet uns eine einfache Möglichkeit, unser leben als eine heilige und ehrenvolle Erfahrung zu verstehen. Die Geschichten in diesem Buch geben Einblick in das Leben einer Frau, die die Reiki-Lehren gelebt hat. Die Geschichten sind komisch und ernst, voller Freude und Traurigkeit, sie geben Aufschluß über das Heranwachsen dieser Meisterin und über ihr tiefes Vertrauen in die Lebensenergie. Sie schildern das Reifen von Takatas Heilkräften und zeigen ihre Bescheidenheit angesichts ihrer Gaben. Von bescheidenen Anfängen entwickelte sie sich zu einer großen und starken Persönlichkeit, von allen, die sie kannten, geliebt und respektiert.
In diesen liebevollen Erinnerungen an ihre Lehrerin hat Fran Brown die farbenfrohen Geschichten gesammelt, die Hawayo Takata während der 35 Jahre erzählt hat, in denen sie die einzig lehrende Reiki-Meisterin war. Die Geschichten geben einen inspirierenden Überblick über Takatas Lehren und schildern die praktischen und spirituellen Aspekte eines Lebens, das dem Heilen gewidmet war. **180 Seiten**

Ron Kurtz **Körperzentrierte Psychotherapie – Die Hakomi-Methode**
Körper und Bewegungen eines Menschen drücken zentrale Anschauungen, Bedürfnisse, Gefühle und Besonderheiten seines Daseins aus. Psychologische Informationen formen den Körper. In Anerkennung dieser Verbindung beginnt die Methode mit der Arbeit am Körper. Besonderes Kennzeichen der Hakomi-Methode ist die genaue Anwendung der buddhistischen Prinzipien von *Innerer Achtsamkeit* — die Aufmerksamkeit wird auf das gelenkt, was jetzt genau vor sich geht — und *Gewaltlosigkeit* — wir unterstützen Abwehr und spontanes Verhalten, lassen entwickeln, anstatt zu konfrontieren und zu bekämpfen. **320 Seiten, ill., geb.**

Gerda und Mona Lisa Boyesen **Biodynamik des Lebens**
Die Gerda-Boyesen-Methode – Grundlage der biodynamischen Psychologie. Jeder Körper reagiert in einer Streßsituation mit Anspannung, aus der der gesunde Körper wieder zu seinem Gleichgewicht zurückfindet. Oft geschieht dies jedoch nicht: Hervorgerufene Gefühle oder Ängste werden nicht ausreichend abgebaut oder verarbeitet, und wir verharren in einem unausgeglichenen Zustand. Die Selbstregulation unseres Organismus findet nicht statt, das Ungleichgewicht manifestiert sich in den Muskeln und unseren inneren Organen; besonders dem Verdauungstrakt. Dieser ist das Hauptregulans für die Freilassung nervöser Energien und besitzt damit die Fähigkeit, Neurosen »zu verdauen« und das vitale Energiegleichgewicht im Organismus zu regeln.
Mit dieser Erkenntnis entwickelte Gerda Boyesen in ihrer klinischen Arbeit die Methode der biodynamischen Psychologie, in der sie die Freudsche Psychoanalyse und die dynamische Physiotherapie mit der Vegetotherapie und Orgontherapie W. Reichs zu einer Synthese vereinte und damit die biologische Basis der Psychodynamik legte. **200 Seiten**

Dr. Malcolm Brown **Die Heilende Berührung**
Die Methode des direkten Körperkontaktes in der körperorientierten Psychotherapie. Dieses Buch führt zu theoretischer Klarheit und zum praktischen Verständnis einer Yin / Yang-Körpertherapiemethode, eingebettet in eine grundlegende, humanistische, tiefgehende Art der Behandlung. Beeinflußt durch C. G. Jung, A. Maslow, E. Neumann, C. Rogers und D. H. Lawrence entwickelte Brown seine Methode der Lösung der chronischen Muskelspannung und der Reaktivierung der natürlichen geistig / spirituellen Polaritäten der verkörperten Seele und transzendierten Psyche. **340 Seiten, 30 Abb., geb.**

Don Johnson **Rolfing und die menschliche Flexibilität**
Der Körper ist flexibel, ein fließendes Energiefeld, das vom Moment der Empfängnis bis zum Tod in einem Prozeß der ständigen Veränderung ist. **Inhalt u. a.:** Beschreibung von Rolfing-Sitzungen, Rolfing und die anatomischen Grundlagen; soziales Verhalten und die Auswirkungen auf den Körper . . . **164 Seiten, ill.**

Robert St. John **Metamorphose – Die pränatale Therapie**
Die Methode basiert auf einer überlieferten chinesischen Behandlungsweise der Füße. R. St. John entdeckte in bestimmten Bereichen der Füße Verbindungen zur vorgeburtlichen Phase, in der Energiemuster unser Sein geprägt haben. Durch eine sachgemäße Behandlung des Reflexbereiches der Wirbelsäule an Füßen, Händen und Kopf werden auf natürliche Weise Sperren und Grenzen des Bewußtseins aufgehoben und die ursprünglichen Kräfte der Psyche wieder freigesetzt. **160 Seiten, ill.**

Reinhard Flatischler **Die Vergessene Macht des Rhythmus**
Reinhard Flatischler hat aus schamanistischen Traditionen ein System entwickelt, das mit Sprachrhythmen, Klatschen, elementaren Tanzformen und Gesang jeden die Erfahrung der Rhythmuselemente in seinem eigenen Zeitmaß machen läßt. Diese grundlegenden Erfahrungen sind auf alle Musikinstrumente übertragbar. Sie sind in der Rhythmik jedes Kulturkreises zu finden und haben psychische Wirkungen, die für alle Menschen gleich sind. Davon ausgehend werden wir die Rhythmuswelten Afrikas, Indiens, Koreas, Brasiliens und Kubas aus ihren Elementen kennenlernen, und selbst den Stellenwert finden, den die Rhythmen dieser Kulturkreise für unser tägliches Leben in Europa haben.
228 Seiten, Fotos u. Grafiken, Farbbildteil, geb.; Kassettenkurs (3 Kassetten) separat erhältlich

Reinhard Flatischler **TA KE TI NA – Der Weg zum Rhythmus**
Rhythmus ist die Kraft hinter allen Dingen. Sie vereint die unterschiedlichsten Gebiete des Lebens. Rhythmus schenkt uns Vertrauen ins Leben und in uns selbst. TA KE TI NA ist der Weg, auf dem alle Aspekte von Rhythmus als Einheit erfahren werden können. Es ist eine Synthese aus dem rhythmischen Wissen vieler Kulturkreise und zeigt in konsequenter Systematik, wie Rhythmus für jedermann erlernbar ist. Die mit TA KE TI NA gemachten Rhythmuserfahrungen sind auf alle Musikinstrumente übertragbar, und der Musiker kann in diesem Buch eine neue Quelle zum Komponieren kreativer Rhythmen finden. Ein Einstieg in die körperliche und geistige Erfahrung von Rhythmus geben.
160 Seiten, ill.; Kassette oder CD separat erhältlich

Burkhard Schroeder **AtemEkstase · Rebirthing**
lehrt Dich das Annehmen allen Seins · Einlassen auf bewußtes Atmen in seiner ursprünglichen Form · Loslassen · Auftauchen ins Leben · Reiten auf den Wellen Deiner Ekstase · Verschmelzen mit dem SEIN · Dich und diese Schöpfung zu lieben.
Rebirthing ist eine wirkungsvolle Methode zur körperlichen, emotionalen und geistigen Reinigung und ein effektiver Weg persönlichen Wachstums. Ein gewaltloser Weg, der Dich lehrt, Deiner Energie zu vertrauen, mit ihr zu fließen, loslassen, zu tun durch Nicht-Tun. Dein Atem wird Dir helfen herauszufinden, wer Du bist, Dich anzunehmen und Dein Herz zu öffnen für Schönheit und Ruhe, Lebendigkeit und Lebensfreude. **128 Seiten; angeleitete AtemEkstase-Kassette separat erhältlich**

A. Wallace, B. Henkin **Anleitung zum geistigen Heilen**
Die Autoren beschreiben — auf dem Erfahrungsgrund der Humanistischen Psychologie —, wie sie zum Heilen angeleitet worden sind, ihre Erfolge und die Grenzen dieser Kunst, andere zu heilen. Darüber hinaus zeigen sie eine umfassende Reihe einfacher Übungen für den Anfänger auf und fortgeschrittene Techniken für den, der sich schon mit geistigem Heilen beschäftigt. In der praktischen Anleitung zeigen sie die Beziehung des Heilens zum Vertrauen, zu Weltanschauungen, Träumen und kosmischer Bewußtheit auf. **228 Seiten**

Bob Toben **Raum-Zeit und erweitertes Bewußtsein**
Toben diskutiert in eingehend grafischer Darstellung mit den Physikern J. Sarfatti, C. Suares und F. Wolf in einer verständlichen Wissenschaftssprache die Abhängigkeit unserer Vorstellung vom Universum durch unsere Sinne. **Themen u. a.:** Psychokinese, Lichtbiegen, Materialisation, Astral-Reise, Wissen aus dem Universum, Reinkarnation, Aura, Telepathie, Telekinese, Levitation, Geistheilung. **180 Seiten, ill.**

Richard S. Heckler **Aikido und der Krieger des neuen Bewußtseins**
Meister Uyeshiba, Begründer des Aikido, lehrte eine Kampfart, die die innere Kraft des Menschen stärkt, ohne Rivalität und Streit. Durch die im Aikido entwickelten Methoden zeigt er eine Alternative zu unserer derzeitigen Form des erdrückenden Militarismus, bzw. eines aufopfernden Pazifismus auf. Das Elementarste an Meister Uyeshibas Aikido aber ist der spirituelle Pfad, der die Menschen lehrt, ihr Ki, ihre Energie mit dem Ki des Universums zu verbinden, um in einer Welt der Harmonie, Zentriertheit und des Mitgefühls zu leben. **176 Seiten, ill.**

Roger Hicks und Ngakpa Chögyam **Weiter Ozean – DALAI LAMA**
Diese autorisierte Biographie ist die erste Aufzeichnung des Lebens Seiner Heiligkeit seit seiner Autobiographie »Mein Leben und mein Volk« (1962). Es ist auch die erste Darstellung der Leben der vorhergehenden dreizehn Dalai Lamas, die einem breiteren Publikum zugänglich ist. **240 Seiten, 31 z. T. bisher nicht veröffentlichte Fotos**

Hazrat Inayat Khan **Das Erwachen des menschlichen Geistes**
Die Botschaft des Autors beginnt und endet mit der Aussage, daß es nicht ausreicht, im Geistigen zu leben; was wir heute benötigen, ist ein *menschlicher* Geist. Es ist die Erweckung des Geistes im Menschen auf der Suche nach der Wahrheit. Diese Unterweisungen Hazrat I. Khans beschreiben die Folge der inneren Entwicklungsphasen, die der einzelne auf der Suche nach der geistigen Wirklichkeit durchläuft. **224 Seiten, zahlreiche Fotos**

Pir Vilayat Khan **Der Ruf des Derwisch**
Pir Vilayat Khan ist Leiter des Sufi-Ordens im Westen, der von seinem Vater Hazrat Inayat Khan gegründet wurde. Er ist bestrebt, den Weg und die Essenz der Sufi-Tradition besonders dem westlichen Menschen erlebbar zu machen.
224 Seiten

Benjamin Hoff **Tao Te Puh – Das Buch vom Tao und von Puh, dem Bären**
Was für ein Puh? *Was* für ein Tao? Das Tao Te Puh! . . . in dem uns enthüllt wird, daß einer der größten taoistischen Meister nicht etwa ein Chinese ist, auch kein altehrwürdiger Philosoph . . . sondern wirklich und wahrhaftig kein anderer als der absichtslos in sich ruhende, einfältige kleine Bär. **160 Seiten, ill.**

Affirmationen – »Ich mag mich selbst«
Eine Affirmation ist ein positiver, schöpferischer Gedanke, um deine negativen Glaubenssysteme und Denkmuster zu verändern. Affirmation heißt das Leben bejahen und deinem Denken eine Idee über das Ziel zu geben.
28 Seiten, Büttenpapier

Erik Sidenbladh **Wasserbabys – Geburt und Entwicklung in unserem Urelement**
Der sanfteste Übergang vom Mutterleib in die Außenwelt ist die Geburt unter Wasser. Frühes Training im Wasser bewirkt bei den Kindern eine bessere und schnellere Koordination der Bewegungen und Körperfunktionen. Die zahlreichen, außergewöhnlichen Aufnahmen verstärken Tjarkovskijs Erfahrungen, daß das menschliche Potential besser entwickelt werden kann, wenn wir lernen, Wasser ohne Angst zu akzeptieren.
156 Seiten, durchgehend vierfarbig ill., geb.

Astro-Tafel – Der Weg zur Astrologie

»ALL-EIN-SEIN heißt eins sein mit dem All. Die Schwingungen des Alls wahrnehmen und sich auf diese Schwingungen einzustimmen heißt sein Leben, oder einfach sich selbst, mit dem All in Einklang bringen. Ist die Person (lat. persona, von per-sonare = durch-tönen, zum Erklingen bringen) im Einklang mit dem Kosmos, so resoniert der Kosmos in ihr, der Kosmos findet seinen Wiederhall in der Person. Wird man sich dessen bewußt, hat man kosmisches Bewußtsein erreicht.« Wohl die umfassendste farbige Informationskarte zum Thema Astrologie und Harmonik. Außer der allgemeinen Beschreibung der Wirkweise der einzelnen Tierkreiszeichen, Planeten, Aspekt- und Himmelspunkte wird auch die Methodik der Verknüpfung dieser astrologischen Elemente zur Deutung erklärt und ausgeführt. Auch die Zuordnung der Töne zu den Planeten sowie der musikalischen Intervalle zu allen Aspekten, wie auch deren farbliche Zuordnungen, können der Karte entnommen werden.

13-Farb-Druck (DIN A2) auf besonderem Qualitätspapier, mit Begleitheft

Lee Sannella **Kundalini-Erfahrung & die neuen Wissenschaften**

In einem verdunkelten Raum sitzt ein Mann allein. Sein Körper wird von Muskelkrämpfen geschüttelt. Unbeschreibliche Empfindungen und stechende Schmerzen schießen von seinen Füßen ausgehend durch Beine und Rücken bis zum Hals. Er hat das Gefühl, sein Schädel würde zerspringen. Im Inneren seines Kopfes hört er tosende Geräusche und hohes Pfeifen. Seine Hände brennen. Er glaubt, sein Körper müsse innerlich zerreißen. Dann plötzlich lacht er und wird von Glücksgefühlen überwältigt.

Ein psychotischer Anfall? Nein, dies ist eine psycho-physische Transformation, ein Prozeß der »Wiedergeburt«, der ebenso natürlich ist wie eine physische Geburt. Pathologisch erscheint dieser Vorgang nur, weil die Symptome nicht zum Ergebnis in Beziehung gesetzt werden: zur psychischen Transformation eines Menschen. Wenn dieser Prozeß ungestört zum Abschluß gelangt, kann ein tiefes psychologisches Gleichgewicht erreicht werden, ein Zustand innerer Stärke und emotionaler Reife.

Sannellas Buch ist unentbehrlich auf dem Weg des tieferen Verstehens von mystischen Erfahrungen und Momenten des erweiterten Bewußtseins. **160 Seiten**

Stuart Perrin **LEAH – Die Geschichte einer meditativen Heilung**

»Als ich Leah das letzte Mal sah, war sie voller Leben, strahlend und bezaubernd schön. Ich war überzeugt, daß sie zu einem besonderen und äußerst ungewöhnlichen Menschen heranwachsen würde. Der Gedanke, daß sie von Krebs befallen war, lag jenseits meiner möglichen Phantasien.

Die Ärzte gaben ihr noch drei Wochen zu leben. – Drei Wochen können eine Ewigkeit sein, wenn man den Moment lebt. In dieser Zeit mußte ich eine neue Logik entdecken, eine, die den Tod entwaffnete und das Unmögliche möglich machte.«

Die dramatische Erzählung eines Heilungsprozesses. LEAH basiert auf einer erlebten Geschichte – die Bemühung eines spirituellen Lehrers, ein junges Mädchen in ihrem Kampf gegen ihren Krebs zu unterstützen. **120 Seiten**

Ken Dychtwald **KörperBewußtsein**

Basierend auf den Arbeiten von W. Reich, I. Rolf, M. Feldenkrais, F. Perls, W. Schutz, A. Lowen, St. Keleman, R. Kurtz u. a. und verschiedenen Yoga-Richtungen, verbindet Dychtwald deren Erkenntnisse mit einer Vielfalt von östlichen und westlichen Einstellungen zur Entwicklung des KörperBewußtseins. Es ist das zur Zeit umfassendste und leichtverständlichste System zur Bewußtwerdung und Diagnose des KörperBewußtseins. KörperBewußtsein von K. Dychtwald ist ein hervorragender Einstieg in das, was wir »Körperlesen« nennen. D. h., durch die Wahrnehmung, wie sich jemand »trägt« oder mit seinem Körper umgeht, erfahren wir mehr über diese Person, als wir sehen. KörperBewußtsein hilft, sich und andere besser »wahr« zu nehmen, indem es aufzeigt, wie der menschliche Körper eine lesbare Karte seiner persönlichen Geschichte ist. Darüber hinaus gibt Dychtwald einen Einblick in verschiedene Körpertherapie-Methoden. Ein lebendiges, gut zu lesendes und sehr menschliches Buch. **320 Seiten, 46 Abb.,**

Georg Schäfer und Nan Cuz **Im Reiche des Mescal – Ein kosmisches Märchen**

Wandere mit Schwarzhaar und dem Schamanen durch Metaphern deiner inneren Welten zum Licht der Erkenntnis . . . Schwarzhaar war ein Träumer, und die Mutter hatte ihre Sorgen mit ihm, denn statt Netze zu flicken oder Brennholz aus dem großen Wald zu holen, lag er am Strand und schaute stundenlang in den Himmel. »Was wird denn hinter den Sternen sein?«, so dachte er, »und wo beginnt das Reich der Götter und wo endet es?« Über solche Gedanken geriet er ins Grübeln und vergaß alles, was ihm die Mutter aufgetragen hatte . . .

40 Seiten, Großformat, vierfarbig, gebunden

Cousto **Die Kosmische Oktave**

Der Weg zum universellen Einklang. In diesem Buch sind alle Schritte erläutert und formalisiert, um aus astronomischen Beobachtungsdaten die Rhythmen und die Stimmtöne der Erde, des Mondes und der Planeten herzuleiten. Ebenso sind die Berechnungsmethoden zur Feststellung des Sonnentones oder auch der Klänge einer Horoskopvertonung dargelegt. **240 S., 50 Grafiken, zahlreiche Tabellen, 32 S. wissenschaftl. Anhang, 15 Farbtafeln, geb. und Paperback**

Ulrich Sollmann (Hrsg.) **Bioenergetische Analyse**

Autoren und Themen: *A. Lowen:* Der Wille zu leben und der Wunsch zu sterben; *R. Robins:* Der rhythmische Zyklus und Widerstand; *E. Muller:* Auswirkungen des Berührens; *H. Petzold:* Der Schrei in der Therapie; *L. Rablen:* Das gespaltene Ich. Krebs und Probleme der Selbstabgrenzung; *A. Kloppstech:* Frauenarbeit mit krebskranken Frauen; *P. Boyesen:* Psychodynamische Analyse; *U. Sollmann:* Prozeßanalytische Körperarbeit in der Gruppe; *E. Svasta:* Jan Velzeboer und die Bioenergetische Analyse; *R. Steiner:* Die energetische Verbindung von Körper und Geist; *R. C. Ware:* C. G. Jung und der Körper — vernachlässigte Möglichkeiten der Therapie? etc. **252 Seiten**

Ernest L. Rossi **Die Psychobiologie der Seele-Körper-Heilung**

Neue Ansätze der therapeutischen Hypnose. Ist es wirklich möglich, über die Seele eine körperliche Krankheit zu heilen? Gibt es tatsächlich eine Verbindung zwischen den Genen und der Seele, mit deren Hilfe unsere Gedanken und

Gefühle die Heilung unterstützen können? Ja, sagt der Autor, und führt uns in die faszinierende Welt der Psychobiologie ein, die die derzeitigen Ansätze innerhalb der Medizin und der Psychologie auf revolutionäre Weise verändert. Rossi zeigt neue Möglichkeiten auf, wie die Heilung von Krebs, Asthma, rheumatischer Arthritis, krankhaften Stimmungsschwankungen und einer Vielzahl anderer psychosomatischer Störungen unterstützt werden können. Sein anschauliches Konzept, wie man Symptome in Signale und psychische Probleme in schöpferische Hilfsquellen umwandeln kann, ist überzeugend, denn es ermöglicht intuitiv zu spüren, daß wir alle den Schlüssel zu unserer Gesundheit und zu unserem Wohlbefinden in uns tragen. **312 S., zahlreiche Tabellen und Abb., Hardcover**

David K. Reynolds **Die Stillen Therapien**

Japanische Wege zu persönlichem Wachstum. Mit diesem Buch stellen sich eine Reihe von Psychotherapien und therapeutischen Methoden dem europäischen Leser vor, die von einem völlig anderen Verstehen des Menschen ausgehen. Während wir im Westen Therapie oft nur als Symptombekämpfung verstehen, ist im östlichen Denken die Befreiung des Geistes als Ganzes im Vordergrund. Damit stehen Die Stillen Therapien im Zentrum der neuen geistigen Bewegung – der Sehnsucht nach Ganzheit, Re-Integration, nach der unmittelbaren Erfahrung des eigenen Selbst.
In diesem Buch finden Sie klare, praktikable und energievolle Wege zu sich selbst. **160 Seiten**

Rosalyn L. Bruyere **CHAKRAS – Räder des Lichts – Einführung**

Dieses ist das Grundlagenbuch für jeden, der über das esoterische Wissen hinaus Einsicht und Wissen in die Funktionen der Chakras und der feinstofflichen Energiefelder erlangen möchte. In diesem Einführungsband wird die Natur der Chakras untersucht und eine Übersicht gegeben. Mit den folgenden sieben Bänden, jeweils einem Chakra zugeordnet, wird dieses Werk die bisher umfassendste Beschreibung der feinstofflichen Energien und des Chakrasystems sein.
Jedes der sieben Primärchakras ist ein »Rad des Lichts«, ein sich drehendes, farbiges, elektromagnetisches Feld. Zusammen erzeugen diese sieben Felder die Aura des Menschen. In alten Überlieferungen schon gibt es verschiedene Beschreibungen dieser Energie- oder Lichtfelder, die aus dem physischen Körper strömen. Doch erst in neuester Zeit hat die Wissenschaft die Existenz der feinstofflichen Energien und der Aura bestätigt. **144 Seiten, großformatig**

Rosalyn L. Bruyere: **CHAKRAS – Räder des Lichts. Band 1. Das Wurzelchakra**

Kapitelinhalte: I Vitalität, II Kundalini, Sitz des physischen Körpers, III Die Kraft des Feuers, IV Sexualität, Kundalini und Karma, V Die Wissenschaft und die Chakras, VI Krankheiten und Dysfunktionen. **144 Seiten, großformatig**
Alle Bände durchgehend mit Fotos, Zeichnungen, wissenschaftlichem Begleittext und Übungen.

Stamboliev **Den Energien eine Stimme geben**

In der Voice-Dialogue Methode werden Energiemuster des Menschen als eigene Persönlichkeiten angesprochen und aktiviert – den Energien wird eine Stimme gegeben, sich mitzuteilen. Die Fähigkeit des Voice-Dialogue Therapeuten, sich auf den Prozeß einzustimmen und mit seinen eigenen entsprechenden Energiemustern mitzuschwingen, ermöglicht dem Klienten ein intensives Erfahren, Erkennen und Integrieren der psychisch-emotionalen Realität dieser Muster.
Stamboliev gibt auch einen Überblick über die Lehre des T'ai-chi-ch'uan und über verschiedene esoterische Systeme, um dem Voice-Dialogue Therapeuten zu helfen, eine größere energetische Sensibilität der Methode gegenüber zu entwickeln.

Thomas Armstrong **Die Spiritualität des Kindes**

Pädagogik für ein neues Bewußtsein. Anhand zahlreicher Beispiele aus Literatur und Wissenschaft, Mythologie und Erfahrung zeichnet der Autor ein Bild vom zweifachen Wesen des Kindes: „Es gehört sowohl zum Himmel wie zur Erde, und es tritt als Brücke zwischen Licht und Dunkel, Körper und Geist, Ich und Selbst, Mensch und Gott in unser Leben. Das spirituelle Kind singt und tanzt diese Ganzheit mit jeder Faser seines Seins. Wir alle täten gut daran, zuzuhören. Und noch besser daran, mitzusingen und mitzutanzen!" **192 Seiten**

Helmut G. Sieczka **CHAKRA-KASSETTE. Energie und Harmonie durch den Atem**

Unser Atem ist die wichtigste Brücke zwischen dem Körper und der Seele. Der Atem ist die Verbindung von Innen und Außen, vom Individuum zum Universum. Die sieben feinstofflichen Energie- und Bewußtseinszentren, den sogenannten Chakren, fließt unsere Lebensenergie.
Mit diesen zwei praktischen Atemübungen können Sie Störungen auf der energetischen, körperlichen und geistigen Ebene ausgleichen und harmonisieren. **Spieldauer: je Seite ca. 42 Minuten**

David V. Tansley **RADIONIK – Energetische Diagnose & Behandlung**

Radionik ist ein System der Diagnose & Behandlung, das die menschliche Fähigkeit der übersinnlichen Wahrnehmung direkt mit einbezieht, um somit die tiefliegende Bedeutung der Krankheit in einem lebenden Organismus zu erkennen. Diese Kunst des Heilens entwickelte sich aus einem Bereich der medizinischen Forschung von Prof. Dr. A. Abrams, der aufzeigte, daß Leben — und somit auch Krankheit — schwingende Energie ist, die energetisch behandelt werden kann. Die moderne Physik bestätigt dieses Modell seit langem. Radionik kann in jeder Therapieform praktiziert werden. Überwiegend wird sie in Verbindung mit Homöopathie, Schüssler-Salzen und der Bach-Blütentherapie angewandt. Radionik ist ein sanfter Ansatz zur Heilung, frei von den unliebsamen Nebeneffekten der herkömmlichen medikamentösen Therapie. David Tansley, die führende Autorität auf dem Gebiet der Radionik, beantwortet in diesem Buch u. a.: Wie arbeitet Radionik? Wie kann ein Therapeut die Diagnose stellen und die Behandlung ausführen, ohne den Patienten zu sehen? Was umfaßt eine Radionik-Diagnose? Welche Krankheiten können mit dieser Methode behandelt werden? **100 Seiten**